UNIQUE STRATEGIC FRAMEWORK FOR SUCCESS!

전략경영 이해와 활용

구병모

박영사

프로페셔널 직장인들에게 물었다. 자수성가 기업가와 가족기업 경영자인 소유 기업인에게도 물었다. 그리고 전문경영인에게도 물어보았다. "경영이나 경영관리는 감성만으로 성과를 내기에는 한계가 있고, 냉철한 이성만으로도 외부의 경쟁에서 앞서갈 수 없더라, 특히 수요자보다 많은 공급자가 우글대는 생존이 시급한 정글과 같은 자유경쟁시장을 헤쳐 가는 데 도움이 되는 수단이나 무기 같은 것이 있다면, 앞으로 나가는 데도 보신용으로도 쓰임새가 많을 것 같다"가 공통된 답이었다.

본 책은 공급자가 우글대는 자유경쟁이란 정글 속에서 바로 내 손에 쥐어진 무기 같은 것, 방향을 구체화시켜주는 수단이 될 수 있는 것을 제공해 줄 것이다.

저자는 현재 사랑과 존경을 듬뿍 받을 예비 프로페셔널 조직의 성원, 기업가가 될 학생들에게 미력을 다하는 교수의 직분에 전념하고 있지만, 기업체에서 고객을 상대로, 경쟁기업을 상대로, 조직의 구성원을 상대로, 20여 년 동안을 완전무장하고 실전을 경험하였다.

이 책은 저자가 기업체의 중간관리자일 때, 전략 및 기획관련 부서에 구성원 또는 보직자로 발령받았을 때, Scout되어 새로운 기업에서 더 많은 것을 요구받았을 때, 기업의 생존강화를 위한 컨설턴트로 활동하면서 지침서로 함께할 책이 있었으면 좋겠다는 생각에서, 기본적인 이론도 배우고 기업 현장에서 활용되는 실전도 배우고 경영 및 마케팅 전략도 익힐 수 있는 책으로 예비 프로페셔널 조직의 성원, 전략전문가, 기업가가 될 학생들에게 강점을 육성시켜주고 가르칠 수 있는 책이 있으면 좋겠다는 경험에서 출발하여 저술된 책이다.

이 책을 익히고 학습하면 기업의 경영계획을 순서에 따라 수립할 수 있으며, 각 순서에서 필요로 하는 기본이론과 활용할 수 있는 30여 가지의 전략기법과 스킬을 익힐 수 있다.

전략적인 마인드와 전략스킬을 배우고 싶은가?, 동료 및 구성원들에게 전략가란 부러움을 받고 싶은가?, 성공적인 컨설턴트로 살아남고 싶은가?, 그런 독자들에게 책을 추천한다. 국내외 어느 책보다 더 실전을 근간으로 기본적인 이론을 이해하고 활용할 수 있는 전략기법을 소개한 책은 본 책밖에 없다. 저자가 조사한 바로는 …

이 책이 출간되는 데 마음과 각 종의 참고자료들로 도움을 주신 지인님들, 동료 교수님들, 박영사 담당자님들, 아내와 딸 아들, 형제자매 가족님들, 이 책으로 공부하며 앞서가실 지혜로운 식자님들께 머리 숙여 감사드린다.

2017년 7월 로뎀관 연구실에서

저자 **구병모**

차 례

Unique Strategic
Framework for Success

전략경영
이해와 활용

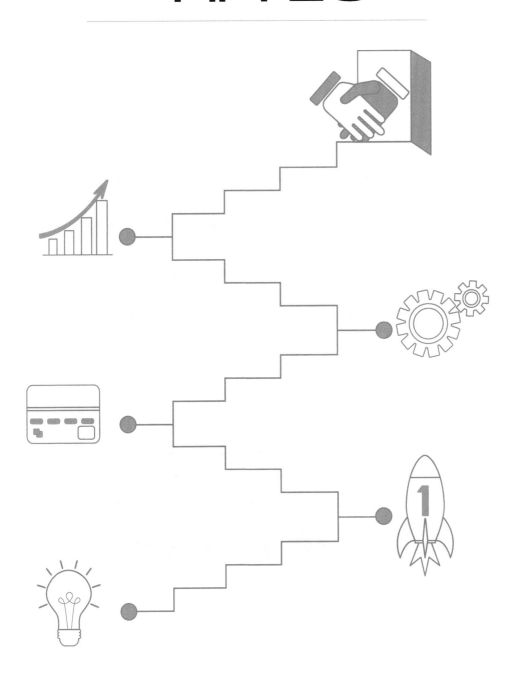

CHAPTER 01 **전략경영의 개요**

PART

01

전략경영의 개요

CHAPTER

전략경영의 개요

01

1. 시대 및 환경의 전략경영 요구
2. 전략경영의 개념과 단계
3. 전략수립의 체크포인트
4. 본 책의 특징과 구성 체계

1. 시대 및 환경의 전략경영 요구

1.1. 경영환경의 변화

기업에서 제조하는 제품, 취급하는 상품, 제공하는 서비스용역 등은 공급자 중심에서 소비자 중심으로 변하였고, 재화나 용역을 공급하는 공급자 중심의 마케팅전략이나 제품전략으로는 더 이상 시장을 선도하거나 지배할 수 없다. 이는 소비자의 라이프 스타일이 곧 재화나 용역의 공급기준이고 진화의 방향이기 때문이다.

라이프 스타일(Lifestyle)은 개인의 관심, 취향, 활동, 만족 및 불만족, 개선 및 건의와 같은 의견의 집합체로 이들은 모두 소비자행동으로 표현되고, 표현된 소비자행동의 결과가 재화의 구매 및 서비스용역의 사용이며 이는 공급자의 유통경로 선택과 영업수익의 증가 및 감소와 직결되는 요인으로 작용한다.

이러한 소비자중심사회의 활성화는 마케팅의 개념을 생산중심에서 제품중심으로, 제품중심에서 판매중심으로, 판매중심에서 고객 맞춤중심으로 변화시키고 있다.

생산중심 마케팅개념은 수요가 공급보다 많을 때 공급자중심의 대량생산을 요구하던 시장의 형태로, 공급자가 시장에 대해서는 강력한 교섭력을 가지고 소비자와 시장을 선도 및 지배하고, 기업 내에서는 대량생산을 통하여 생산원가를 절감하고 경험곡선효과와 규모의 경제를 실현하였는데, 이때는 품질이나 기능보다는 생산에 초점을 맞춘 가장 초기의 공급자중심의 생산개념이다.

● 그림 1-1 **Lifestyle의 변화**

제품중심 마케팅개념은 공급자중심의 재화나 서비스용역에 품질의 개선, 새로운 기능의 반영, 성능의 향상 등을 부가시킨 것을 마케팅의 핵심으로 한다. 이때는 공급자의 강력한 교섭력이나 원가절감의 대량생산체계를 약간 벗어나긴 했으나 여전히 공급자에 의하여 재화나 용역이 결정되었다.

판매중심 마케팅개념은 공급자의 재화나 서비스용역 기술이 비슷한 수준으로 상향평준화되어 차별화나 경쟁우위요소가 소비자의 구매 욕구를 자극하지 못하는 시장이다. 이때는 촉진믹스[1]가 마케팅의 핵심으로 대두되었고 맞춤중심 개념으로의 변화를 주도하는 시기이기도 하다.

● 그림 1-2 **Marketing Concept의 변화**

---

1 촉진믹스는 재화나 서비스용역의 판매활성화를 위하여 공급자가 전개하는 4가지 전략을 말하는데, Sales Promotion, PR, Personal Selling, Advertising이 그것이다.

맞춤중심 마케팅개념은 STP(Segmentation, Targeting, Positioning)전략으로 시장세분화를 통하여 인구통계학적 특성, 지역, 제품의 기능이나 성능에 부합되는 목표시장을 선택하여 역량을 집중하는 개념이다. 이는 제4차 산업혁명의 도래와 부합되어 소비자 개인(個人)이나 소비자 군(群)을 대상으로 한층 강화 및 고도화되고 있다.

1.2. 전략경영의 필요성

작금의 경영환경은 가격(Price), 품질(Quality), 디자인(Design), 성능(Performance) 등 어느 것 하나라도 1등 기업만이 경쟁력을 확보하여야 살아남는 글로벌(Global) 경쟁시대에서 요구하는 다음과 같은 기업의 생존 요건을 갖춰야 한다.

● 그림 1-3 **글로벌시대 기업의 생존 요건**

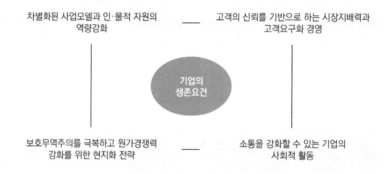

요구되는 생존조건으로 차별화된 사업모델과 인·물적자원의 역량강화, 고객의 신뢰를 기반으로 하는 시장지배력과 고객의 요구화(化)[2] 경영, 보호무역주의를 극복하고 원가경쟁력 강화를 위한 현지화 전략, 소통을 강화할 수 있는 기업의 사회적 활동들이 그것이다.

---

2 고객요구화 경영(顧客要求化 經營, Customer demand management)은 고객중심화 경영, 고객만족경영, 고객맞춤경영의 선도 단계(Leading Level)로 고객의 신체적 특성, 사회속의 활동 등의 움직임까지 반영하여 구체적인 요구사항까지 제품이나 서비스용역에 반영하는 고객경영 기법이다.

또한 기업에서 추구하고자 하는 목표와 대상은 정치환경(PE, Politic Environment), 경제환경(EE, Economic Environment), 사회환경(SE, Social Environment), 기술환경(TE, Technological Environment)규정이나 법규환경(LE, Legal Environment) 등에 따라 경영전략도 달라져야 한다.

● 그림 1-4 **기업환경과 경영전략**3

뿐만 아니라 기업을 둘러싸고 있는 제반 환경은 변화와 혁신을 거듭하고 있다. 따라서 이러한 변화와 혁신의 핵심과 환경패턴을 인지하고 기업의 전략방향을 수립하는 것은 매우 중요하다.

대량생산에 초점이 맞추어져 인간을 노예로 전락시켰다는 비판을 받는 공급부족시대(1900~1950), 제2차 세계대전 후 유휴생산설비가 다량 발생하고 소비자 욕구중심으로 제품이 개발되기 시작한 수요창조시대(1950~1980), 과잉생산능력으로 마이클포터의 전략적 경영을 중시하게 된 공급과잉시대(1980~1990), 선택과 집중을 통한 핵심역량의 시대로 자원창출을 위한 혁신을 중시하게 된 자원경쟁시대(1990~2000), ICT의 발달로 소비자 정보취득의 용이성, 1등 기업만이

---

3 최승욱(2009). 경영정책과 전략, 형지사.

살아남을 수 있는 무한경쟁시대(2000년 이후~현재)와 같은 추이(Trend) 또한 소
비자 중심의 전략경영을 요구하는 것들이라 할 수 있다.

● 그림 1-5 **환경과 경영패턴의 변화**4

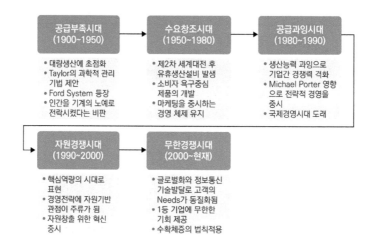

● 2. 전략경영의 개념과 단계

2.1. 전략과 경영의 개념

우리가 사용하는 전략을 의미하는 Strategy는 그리스어인 Strategos(將軍)
및 Strategia(將軍術)에서 유래된 말로서 군사적 용어에 그 어원을 두고 있다. 이
는 자원을 효율적으로 활용하여 전쟁에서 적을 제거하여 승리를 도모함을 목적
으로 하는 것으로, 전투를 계획 및 조직화하여 수행하는 방안 또는 방법을 의미
한다.

시대 및 그들이 처했던 환경에서 주요 학자들의 전략에 대한 견해를 정리
하면 다음과 같다.

---

4 김영수(2014). 전략경영론, 학현사.

전략(戰略, Strategy)이란 조직의 장기적인 목표의 결정과 달성을 위하여 행동방향을 결정하고 필요자원을 할당하는 것이며, 조직구성원의 행동방향을 결정하고 이를 이끄는 의사결정의 원칙이다. 이는 조직이 참여한 해당 사업의 분야에서 목표를 수립하고 그 목표를 달성하기 위하여 수립한 방안이나 정책을 말하며, 경쟁사보다 더 효율적인 경쟁우위를 갖고 이를 향상시키는 노력으로, 자신만의 독특한 가치창조와 행동양식이다.[5]

전략을 설명하는 위와 같은 학자들의 견해를 정리하면 다음과 같이 2가지로 정의할 수 있다.

첫째, 조직의 장기적인 목표를 결정하고 이를 달성하기 위하여 행동방향을 결정하고 자원을 할당하는 의사결정의 원칙이다.

둘째, 조직이 속한 산업 내에서 경쟁사보다 더 효율적이고 독특한 경쟁우위를 갖고 이를 강화하기 위한 가치창조를 위한 중장기적인 방안이나 정책이다.

● 표 1-1 **경영활동 5단계 프로세스와 핵심내용**

구분	핵심내용
계획 (Planning)	• 경영목표를 수립하고 이를 달성하기 위한 가장 합리적인 방안을 도출하고 • 조직이 수행해야 할 목표의 우선순위를 정하여 여기에 도달하기 위한 최적의 방안 및 방법을 구체화하는 단계이다.
조직 (Organization)	• 계획단계에서 수립된 목표를 성취하기 위하여 조직을 구성하고, 여기에 부합되게 인적 및 물적 자원의 배분과 구성원의 직무를 조정하는 단계이다.
지휘 (Directing)	• 수립된 조직의 목표를 달성하기 위한 업무가 잘 수행될 수 있도록 구성원들을 자극하고 격려하는 일련의 활동을 하는 단계이다.
조정 (Coordinating)	• 직무와 직무, 부서와 부서 간 서로 유기적으로 관련시켜 업무가 더 효율적으로 수행되도록 하는 단계이다.
통제 (Controlling)	• 수립된 사업계획서대로 구성원들이 제대로 직무를 수행하고 있는지, 목표 대비 진척도(度)에 문제가 없는지 등을 확인 및 모니터링하고 문제가 있을 경우 피드백 및 보완하는 단계이다.

---

5 Alfred D. Chandler Jr. (1962). Strategy and structure: chapters in the history of the industrial; Ansoff, H. I., McDonnell, E. J. (1990). Implanting strategic management. Prentice hall; Andrews, K. R. (1971). The concept of corporate strategy, Richard D. Irwin, Homewood, IL; Ohmae, K. (1983). The mind of the strategist. Harmondsworth: Penguin; Porter, ME. (1996). What is strategy, Harvard business review.

다음은 경영(經營, Management)이다.

경영은 전략을 실행하기 위한 경영활동으로, 이윤을 목적으로 하는 기업과 비영리 조직을 모두 포함하여 수립된 조직의 목표를 달성하기 위하여 인적 및 물적 자원을 효율적으로 배분하고 운용하는 것을 말한다.

경영활동은 크게 계획, 조직, 지휘, 조정 및 통제(Controlling) 등 5가지를 핵심내용으로 단계별 프로세스로 이루어져 있다.[6]

2.2. 전략경영의 개념

전략경영(戰略經營, Strategic management)은 조직의 인적 및 물적 자원을 고려하여 중·장기적으로 수립된 목표를 계획, 조직, 지휘, 조정, 통제의 단계로 구체화하여 조직단위 차원에서 실행되는 일련의 전략적 경영활동(Strategic management activities)을 말하며, 그림과 같은 계층구조(Hierarchical structure)로 구현할 수 있다.

● 그림 1-6 **전략경영의 계층구조**

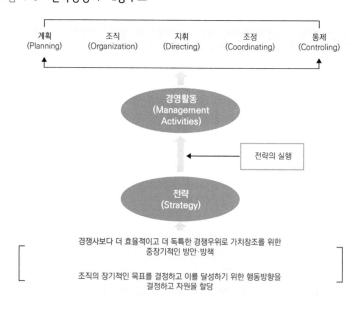

---

6 윤남수(2015). 경영학 이론과 실제, 한올 출판사.

2.3. 전략경영의 단계와 전략수준

전략경영(戰略經營, Strategic management)은 조직의 문화, 구성원의 인적역량, 보유한 유형의 자원역량과 무형의 기술역량, 그리고 의식 등과 밀접한 관계가 있으며, 또한 이들에 의하여 수립된 목표를 달성할 수도 있고, 아무런 거리낌 없이 지연될 수도 있으며, 전혀 달성하지 못할 수도 있다.

또한 이들을 바탕으로 하여 조직은 전략경영의 단계이기도 한 사명(Mission), 비전(Vision), 목표(Goal), 전략(Strategy), 전술(Tactics) 및 정책(Policy) 등이 정의되고 수립된다. 또한 전략의 종류이자 수준인 기업전략(Corporate strategy), 사업전략(Business strategy), 기능별 전략(Functional strategy)이 정의 및 설정되고 실행된다.

● 그림 1-7 **전략경영의 단계와 전략수준**

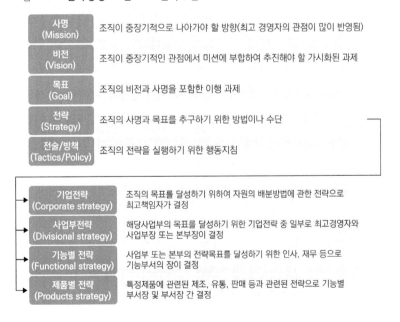

사명(使命, Mission)은 조직이 중장기적으로 가고자 하는 사업의 영위방향이다. 이는 보통 최고경영자(Owner 경영자, CEO 경영자)가 정하는 경우가 대부분이

다. 그러나 글로벌(Global) 기업 및 초일류기업 등에서는 시대, 경영환경, 기술의 진보, 가치의 변화, 라이프 사이클 등을 조사·연구하여 기획 및 전략담당부서에서 의사결정 보고서로 제출하기도 한다. 미션은 구체적인 숫자나 문장보다는 광의측면에서 방향성을 제시하는 것으로 정의된다.

비전(Vision)은 조직이 중장기적인 관점에서 미션이라는 방향으로 가기 위하여 이에 부합되게 정한 추진과제를 말한다. 비전은 미션보다 숫자나 대상을 좀 더 구체화시켜 가시성을 제공하여야 하는데 미션과 같이 대부분의 기업에서 최고경영자가 정하지만 담당부서에서 복수 개를 보고하여 최고경영자와 임원진이 협의하여 정하는 절차를 채택하기도 한다.

목표(目標, Goal)는 조직이 나아가야 할 방향인 미션과 비전보다 숫자와 대상이 좀 더 구체화된 가시화된 비전을 달성하기 위하여 수립된 이행과제이다. 이때 목표의 대상은 명확하게 구체화되어야 한다. 반면 숫자는 비전보다는 좀 더 구체화된 수준이지만 전략을 설명하는 정도이다.

전략(戰略, Strategy)은 사명과 비전을 달성하기 위하여 수립된 목표를 구체화시킨 결정물로 대상과 숫자가 명확하게 구체화되어야 한다. 이의 적용은 시간기준, 공간기준, 유무형의 대상기준 등으로 적의 운용할 수 있다.

전술(戰術, Tactics) 또는 방책(方策, Policy)은 사명과 비전을 달성하기 위하여 수립된 목표, 목표의 대상과 숫자를 구체화한 전략을 실행하기 위한 구체적인 실행지침이다. 이는 일정이나 기간 등 시간적 단위로 할 수도 있고, 지역이나 권역 등 공간적 단위로 할 수도 있으며 구성원 단위로 할 수도 있다.

다음은 전략수준이다.

전략수준(戰略水準, Strategic level)은 보통 조직의 사명과 비전을 달성하기 위한 목표 단계에서 수립되며, 기업전략, 사업부전략, 기능별 전략, 제품별 전략으로 구분할 수 있다. 대부분의 전략관련 서적에서는 기능별 전략까지를 전략수준으로 구분 및 설명하지만 본 책에서는 조직의 기능, 사업부, 기업을 유지 및 존재케 하는 핵심인 제품을 전략단위까지 구분하여 설명한다.

기업전략(企業戰略, Corporate strategy)은 기업, 기관 등 조직전체 단위 측면에서 그 조직의 미션과 비전을 달성하기 위하여 대상과 숫자를 구체화시킨 것으로 최고경영자 중심으로 결정된다. 기업전략은 전략의 대상에 따라 시장대응전략과 경쟁우위전략으로 구분된다.

● 표 1-2 **기업전략의 분류**

구분	대상별 전략	요인별 전략	비고
기업 전략	시장대응 전략	제품수명주기전략	Product Life Cycle 전략[7]이다.
		포트폴리오전략	BCG 매트릭스 모델[8]이다.
		제품시장믹스전략	기존시장침투전략,[9] 신 시장개척전략,[10] 신제품 개발전략,[11] 다각화전략[12]이 있다.
	경쟁우위 전략	원가우위전략[13]	원가절감을 통한 Cost 우위전략이다.
		차별화전략[14]	비싼 가격으로도 판매되는 전략이다.
		집중화전략[15]	세분화된 고객을 파고드는 전략이다.

사업부전략(事業部戰略, Division strategy)은 기업전략 중 해당부서(사업부, 본부)에 해당하는 것을 전략화한 것이다. 이는 사업부 또는 본부의 장이 결정하지만 사안에 따라서는 최고경영자와 협의하여 결정할 수도 있다. 사업부와 본부[16]

---

7 제품수명주기전략(製品壽命週期戰略, Product life cycle strategy)은 제품의 수명에 따라 도입기, 성장기, 성숙기, 쇠퇴기로 구분하여 각 주기마다 판촉 전략을 달리해야 한다는 전략이다. 제5장 기본목표와 전략목표 수립 Chapter의 상세내역을 참고하기 바란다.

8 포트폴리오전략(Portfolio strategy)은 제품 또는 전략적 사업단위인 SBU(Strategic Business Unit)의 육성, 유지, 철수 등을 상대적시장점유율과 시장성장률을 기준으로 결정하는 의사결정 전략이다. 이 또한 제5장 기본목표와 전략목표 수립 Chapter의 상세내역을 참고하기 바란다.

9 기존시장침투전략(既存市場浸透戰略, Penetration strategy)은 기존제품을 가지고 기존시장에 진입하는 것으로 저가전략이라고도 한다. 상세내역은 제5장 기본목표와 전략목표 수립 Chapter를 참고하기 바란다.

10 신 시장개척전략(新 市場開拓戰略)은 기존제품을 가지고 새로운 시장으로 진입하는 전략이다.

11 신제품개발전략(新製品開發戰略)은 신제품을 가지고 기존시장에 진입하는 전략이다.

12 다각화전략(多角化戰略)은 신제품을 가지고 신 시장으로 진입하는 전략이다.

13 원가우위전략(原價優位戰略, Cost-leadership strategy)의 단점은 더 저렴한 동일 제품이 동일 시장으로 진입할 경우 고객을 잃을 수 있다.

14 차별화전략(差別化戰略, Differentiation strategy)은 품질, 디자인, 브랜드 등 어느 하나의 제품속성이 경쟁기업보다 우위에 있어야 한다.

15 집중화전략(集中化戰略, Focus strategy)은 STP(Segmentation targeting positioning)를 통하여 선정된 세분화 시장을 집중적 공격하는 전략이다.

16 사업부(事業部, Division)는 부서 내에서 기획, 운영, 평가를 모두 하는 조직으로 기업 내 또 하나의 기업 역할을 하는 조직이라고 보면 되겠다. 본부(本部, Headquarter)는 사업부와 같이 독립된 부서가 아니라 특정 기능의 업무를 A에서 Z까지 한다고 보면 되는데, 예를 들어 경영

의 역할을 구별하여 전략을 수립하여야 한다.

기능별 전략(機能別戰略, Functional strategy)은 사업부전략에서 제시된 목표 중 해당 조직(팀, 그룹)에 해당하는 전략을 전술 및 정책으로 수립하여 실행하는 전략이다. 이는 특정기능을 담당하는 직무를 부서화한 것으로 제조업무 기능을 담당하는 생산팀, 생산된 제품을 유통하는 운영팀, 조사와 개발을 담당하는 R&D팀, 판매촉진을 담당하는 마케팅팀 등을 예로 들 수 있는데, 이때의 조직단 위인 팀은 기업에 따라 그룹, 파트 등으로 명칭을 달리하여 운영하기도 한다.

제품별 전략(製品別戰略, Products strategy)은 제품을 기준으로 모든 기능을 해당제품의 제조나 판매를 중심으로 수립하는 전략이다. 이는 기능별 전략의 단 점을 극복할 수 있는 장점이 있으며, 기능별 부서장과 협의 및 공유하여 전략을 결정하므로 상호 핵심의 것을 전략으로 채택하여 단점을 최소화 및 제거할 수 있다.

3. 전략수립의 체크포인트

마케팅전략, 경영전략, 유통전략, 촉진전략, 가격전략, 제품전략 등과 같이 전략은 다종다양한 곳에서 사용할 수 있고 사용되고 있다. 그러나 전략이 성립 되려면 필수요소를 갖추어야 하는데 정합성, 중점성 또는 집중성, 계획성, 목 적성이 그것이다.[17] 또한 본 4가지 요소가 전략수립의 체크포인트로 이용되는 데, 정합성은 HOW, 중점성은 What과 Where, 계획성은 When, 목적성은 Why 이다.

정합성(整合性, How)이란 해당 조직의 사업 방향과 사업 목적이 경영전략과 일관성을 유지하고 상호 대치되지 않아야 하는데, 정합성 유지 조건을 들면 다 음과 같다.

지원본부는 경영지원관련 업무인 재무 및 회계, 인사, 구매 및 총무만을 담당하지 마케팅이나 영업, 운영업무 등은 담당하지 않는다.

17 송병선, 전외술(2014). 경영혁신기법을 중심으로 한 전략경영, 도서출판 청람을 편집하여 재이용.

첫째, 환경이 바뀌면 전략도 바뀌어야 하는 외부환경과 경영전략과의 정합성이다.

둘째, 제품별 전략, 기능별 전략, 부서별 전략은 기업전략의 내용을 함의하고 동일한 방향으로 수립되어야 하는 기업의 사업전략과 각 전략의 정합성이다.

셋째, 평가 제도를 수립할 경우 평가결과에 따른 상과 벌 또는 보상과 비보상과 같은 내부시스템의 정합성이다.

중점성·집중성(重點性·集中性, What and Where)은 자사의 인·물적 자원을 고려하여 목적(Target)을 선택하고, 선택된 목적을 달성하기 위하여 집중시키는 것이다.

계획성(計劃性, When)은 목표에 이를 때까지 수립된 계획에 부합하여 이행하는 것이다. 그러나 경영환경이 변하였을 경우에는 기존의 사업계획을 고집스럽게 유지할 것이 아니라 변화관리로 대응하면서 목표를 달성하여야 한다.

● 그림 1-8 **전략의 구성 4요소와 체크사항**

목적성(目的性, Why)은 기업의 존재 이유를 정의하는 것으로 무엇을 위하여 경영을 하는가?, 무엇을 위한 전략인가?의 문제이다.

4. 본 책의 특징과 구성 체계

4.1. 특징

본 책 「전략경영 이해와 활용」은 저자가 기업체 및 컨설팅 회사에서 20여 년간 근무하면서 어느 것은 경험을 통하여 기업에서 사용했던 것을 중심으로, 어느 것은 컨설팅 회사에서 근무하면서 활용했던 방법론이나 전략기법을 중심으로, 어느 것은 최소한의 이론적인 것이 필요하거나 요구되는 것을 중심으로 내용을 엮었다.

또한 대학교에서 전략(마케팅전략, 경영전략)과목을 강의하면서 이론적인 내용(Academically contents)뿐만 아니라 기업현장에서 활용할 수 있는 내용(Active contents)이 필요함을 절감하고, 가능한 제반의 것을 담고자 노력하였다.

이러한 필요와 충분조건을 반영하여 저술된 본 「전략경영 이해와 활용」은 본 책만의 다섯 가지 특징을 가지고 있다.

첫째, 전략경영에 필요한 필수이론을 기술하여 전략경영의 이해로 제시하였고, 실제 기업이나 컨설팅 회사에서 사용되고 있는 전략 방법론과 기법을 소개하여 전략경영 활용편으로 설명하여, 본 책만 보더라도 필수이론을 습득하고 마케팅 및 경영전략 기법을 학습하고 활용할 수 있도록 하였다.

둘째, 본 책은 최신의 이론과 전략기법 등을 다루고 있어 마케팅 및 경영전략 교재, 컨설팅학과의 석·박사 학위과정 교재, 기업체의 실무담당자, 컨설팅 회사의 주니어급 컨설턴트가 활용하는 데 적합하다.

셋째, 핵심어의 정의나 개념을 정리할 때 한자와 영자를 함께 제시하여 정의와 개념을 명확하게 이해하도록 하였다.

넷째, 추가설명이나 개념을 필요로 하는 핵심어는 각주로 설명하여 검색이나 사전을 찾지 않고 읽어가면서 이해할 수 있게 하였다.

다섯째, 참고문헌은 별도로 구성하지 않고 인용한 문장마다 각주로 처리하여 내용의 객관성과 신뢰성을 높였고, 필요할 경우 즉시 학술검색을 할 수 있도록 하였다.

4.2. 구성 체계

본 「전략경영 이해와 활용」 책은 총 12장으로 다음과 같은 목적과 내용으로 구성하였다.

첫째, 2장부터 10장은 기업에서 실전 경영전략을 수립할 때의 순서와 내용을 그대로 반영하여 전개한 것으로 본 책의 순서대로 학습하고 익혀 실무에서 활용한다면, 체계적인 이론을 통한 능수능란하며 전략 및 기법 활용이 뛰어난 전문가가 될 것이라 확신한다.

둘째, 1장부터 12장까지 서론, 본론, 결론의 방식으로 전개하였는바, Part 1이 서론에 해당하고 1개의 장으로 전략경영의 개요와 필수이론을 설명하였다.

Part 2가 본론인데 여기에는 2장부터 9장까지 8개의 장으로 설명하였고, 다종다양한 전략방법론과 기법 등이 소개되는 본 책의 핵심부분이라고 할 수 있다.

결론은 Part 3으로 10장부터 12장까지 3개의 장을 넣었는데 12장은 조직의 활동성과 창의성을 더하기 위한 성과보상제도의 이해와 활용을 소개하였고, 12장은 전략이나 기획을 담당하는 인사라면 누구나 알아야 할 재무제표와 회계의 이해 내용을 기술하여 본 책을 읽은 인사라면 전략뿐 아니라 재무와 회계부문 또한 탄탄한 실력자가 되도록 구성하였다.

셋째, 본론이 시작되는 2장 지난해(前年) 경영실적 평가와 반성부터 12장 재무제표와 회계까지 해당의 경영전략 수립 단계에서 기본적으로 필요한 전략기법을 소개했음은 물론, 이외에 활용할 수 있는 전문분야의 전략기법을 소개하여 실전에서 경영전략을 수립하거나 마케팅 조사를 할 때, 컨설팅을 할 때, 대학원이나 대학교에서 교수님의 지도로 사례분석 등 수업을 할 때 최고의 학습효과를 얻을 수 있도록 하였다.

넷째, 각 장이 끝날 때마다 실전에서 수립하는 경영전략 순서에 맞게 순서

도를 그림으로 제시하였고, 이와 함께 해당 장표에서 꼭 익혀야 할 내용 등을
스스로 학습기법으로 기술하여 복습 및 정리하고 다음 장(Next chapter)으로 넘
어갈 수 있도록 구성하였다.

● 　그림 1-9 　**본 책의 구성 체계**

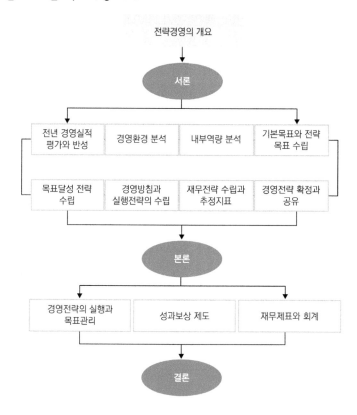

PART

02

경영전략의 수립

CHAPTER

02

경영실적 평가와 반성

1. 경영전략수립 프로세스
2. 경영실적 평가의 목적
3. 평가의 대상과 방법
4. 평가를 통한 전략의 도출
5. 사업계획서와 경영계획서의 차이점
6. 활용할 수 있는 전략기법과 스킬
7. 경영전략수립 프로세스 1단계의 핵심과 산출물

1. 경영전략 수립 프로세스

경영전략의 수립절차는 그 대상이 일반기업 또는 공공기관 등 조직에 따라 수립절차, 수립 시 반영 및 평가 요소, 수립방법, 수립 시 참여 대상 등 다종다양한 방법과 형태를 가지고 있다. 또는 그 기업마다의 전통과 특별한 차별점을 가지고 있을 수도 있다.

본 책에서는 복수의 중견그룹사에서 상용되고 있는 프로세스 및 반영요소를 중심으로 경영전략 수립 프로세스를 정립하였고, 이후 진행은 본 경영전략 수립 프로세스 순서에 준하여 전개한다.

● 그림 2-1 **경영전략 수립 프로세스**

2. 경영실적 평가의 목적

경영실적 평가의 목적은 잘한 것과 잘못한 것, 개선이 요구되는 것과 혁신이 요구되는 것, 제거해야 될 것과 계속 유지강화해야 할 것, 청산해야 할 것과 육성해야 할 것 등을 찾기 위한 반성에 첫 번째 목적을 두어야 한다.

2.1. 일반기업

경영실적은 조직 구성원 전체가 미션 및 비전에 부합하여 수립된 목표를 달성하기 위하여 회계연도(Fiscal year) 기간 동안 이룩해 놓은 노력의 결과물로, 목표수립보다 더 비중 있게 다루어야 할 대상이 경영실적의 평가이기도 하다.

경영실적 평가는 다음의 5가지 목적을 가지고 실시한다.

첫째, 경영계획서(사업계획서와는 구분할 필요가 있음)상에 수립된 목표의 달성 여부를 알기 위해서이다. 목표라는 의미 자체가 사후 평가관리를 전제로 수립되는 것이기도 하다. 목표달성 여부를 위한 경영실적 평가는 전략수준 대상과 유사하게 기업의 목표, 사업부 또는 본부의 목표, 기능중심으로 편제된 그룹 또는 팀 등의 부서단위 목표를 대상으로 1년간의 경영실적을 평가한다.

둘째, 역동적이고 긍정이 지배하는 조직육성을 위해서이다. 지속적이고 효과적인 개선과 혁신은 역동적인 조직의 대표적인 산물이며, 이와 같은 조직의 산물은 조직의 구성원들이 공유된 목표를 인식하고 자발적으로 참여하고자 하는지, 아니면 조직의 구성원이란 의무 때문에 마지못해 참여하는지 여부에 달려 있다.

셋째, 비전과 미션에서 정하고 있는 기업의 나아갈 방향과 정합성이 있는지를 판단하기 위해서이다. 미션과 비전은 대상과 숫자의 구체화가 덜 된 것이므로 매 회계연도의 목표수립 시는 물론 목표를 평가할 때에도 정합성 여부를 평가하여 중장기적 노력과 성과가 요구되는 미션과 비전의 나아갈 방향과 부정합성 발생을 최소화하여야 하고, 부정합성이 발견되면 그 원인을 찾아 제거하여야 한다.

넷째, 조직의 이해관계자 및 협력사에게 경영정보를 제공하기 위해서이다. 기업은 주주, 투자자, 은행 등의 이해관계자는 물론 완성품을 생산하는 데 참여하는 협력사들에게 회계연도의 경영실적을 공개하여 올바른 의사결정을 할 수 있도록 하여야 한다.

다섯째, 전항 이외의 기타 목적을 위해서이다. 여기에는 올바른 세무처리를 위하여, 기업의 인수 또는 합병을 위하여, 기업공개 준비를 위하여, 미래경영을 위한 Data(데이터) 확보를 위하여 등 전항의 주요 4가지 이외의 목적을 위하여 경영실적을 평가한다.

● 표 2-1 **일반기업의 경영실적 평가목적**

평가목적	평가결과 용도
경영계획서상의 목표 달성여부를 알기 위해	전략수준별 강·약점과 문제점·개선점·강화점 파악 등
역동적이고 긍정적인 조직육성을 위해	성과보상, 동기부여, 승진, 인사이동 등
미션과 비전의 정합성 여부를 판단하기 위해	미션과 비전의 지속적 공유, 비정합성의 일관화 작업 등
이해관계자 및 협력사에게 경영정보를 제공하기 위해	재무제표 공유와 요구사항 반영 등
기업공개 준비를 위해	IPO[1] 요구조건 충족, 우량투자자 확보 등
기업의 인수 및 합병을 위해	인수 및 합병 기업과 주가비율 및 매각가격 산정 등

2.2. 공공기관

기획재정부가 공공기관 평가단을 통하여 정부기관, 준정부기관, 공기업을 대상으로 매년 경영실적을 평가한다. 평가 대상을 계량지표와 비계량지표로 구분하고 각각의 지표에 가중치를 부여하여 배점하는데, 평가결과는 탁월(S), 우수(A), 양호(B), 보통(C), 미흡(D), 아주미흡(E) 등 6등급으로 구분하고 다음의 4가

---

1 IPO(企業公開, Initial public offering)는 일반인 주주를 대상으로 공개되지 않은 기업이 유가증권시장이나 코스닥시장에 공개(상장)하기 위해 주관사를 선정하여 그 주식을 법적인 절차와 방법에 따라 불특정 다수의 투자자들에게 팔아 투자자금을 유치하고 재무내용을 공시하는 것을 말한다.

지를 핵심 평가항목으로 한다.

첫째가 주요사업 추진계획은 구체적이고 적정하게 수립되었는가?이다. 본 항목에서는 적합한 사업계획 수립여부, 주요사업별 예산과 인력 배분의 적합성 여부, 전년도 반성결과를 반영했는지 여부, 우선순위에 맞게 업무가 이루어졌는지 여부를 핵심요소로 평가한다.

둘째가 주요사업 추진계획은 적정하게 집행되었는가?이다. 여기에서는 환경변화를 반영하기 위한 변화관리(Change management)와 지속적인 모니터링여부, 위험관리시스템(Risk management system) 운영여부를 중점적으로 평가한다.

셋째가 주요사업의 비계량적 성과는 적정한 수준인가?이다. 본 항목에서는 실행지표가 구체성이 결여된 나열식으로 되어 있는지 여부, 교육과 학습이 제대로 이루어졌는지 여부 등을 핵심요소로 하고 있다.

넷째가 주요사업의 환류활동은 적절하게 수행되었는가?이다. 여기에서는 PDCA관점에서 주요사업의 성과에 대한 모니터링 수행여부를 핵심요소로 평가한다.[2]

● 표 2-2 공공기관의 경영실적 평가목적

평가항목	핵심 평가요소
수립된 사업계획의 구체성과 적정성	사업계획 적정수립여부, 예산과 인력배분 적합성, 전년도 반성결과 반영여부, 작업이행의 우선순위 적용여부 등
사업계획 집행의 적정성	변화관리와 이의 지속적 모니터링 여부, 위험관리시스템 운영 여부 등
주요사업의 비계량적 성과수준 적정성	실행지표의 나열식 여부, 교육과 학습의 이행 여부 등
주요사업의 환류활동의 적절성	PDCA 관점에서의 주요성과 모니터링 여부 등

---

2 환류(還流)는 중간 및 최종평가의 결과를 미흡단계로 돌아가 반영하거나, 개선대상의 것에 필요로 하는 것을 반영했는지를 의미하는 Feedback을 말하는 용어로 공공기관 중심으로 사용되고 있다. PDCA는 Plan(계획), Do(실천), Check(확인), Action(조치)을 의미하는 영어의 두어(頭語, Initial)이다.

3. 평가의 대상과 방법

3.1. 평가의 대상

경영실적 평가의 대상은 정량적 대상과 정성적 대상으로 구분할 수 있다. 정량적(定量的, Quantitative object) 대상은 계량화, 숫자화가 가능하고 이것으로 나타낼 수 있는 손익계산서, 재무상태표, 현금흐름표 및 자본이동표로 구성된 재무제표이다. 또한 기업의 수익성이나 재무위험을 평가하는 수익성분석, 효율성분석, 재무위험분석, 성장성분석, 시장가치분석 등이 있다. 반면 정성적(定性的, Qualitative object) 대상은 협력사 임직원 교육수행 횟수, 불만고객의 클레임 요구 Zero화, 환경 및 조직변화 시 변화갈등관리 강화, 경영합리화의 달성 등과 같이 계량화나 숫자로 평가가 어려운 것으로 핵심평가지표(核心成果指標, Key Performance Index) 중 비계량화(非計量化) 지표를 말한다.

● 표 2-3 **경영실적 평가대상과 기준**

구 분	평가대상		평가기준
정량적 평가	재무제표	손익계산서, 재무상태표, 현금흐름표, 자본이동표	
	수익성분석	자기자본이익률, 총자산이익률, 매출총이익 등	• 기간별 비교
	효율성분석	총자산회전율, 매출채권회전율, 재고자산회전율 등	• 목표대비 비교
	재무위험분석	유동비율, 당좌비율, 부채비율, 이자보상배율 등	• 경쟁사 또는 목표 기업 대비 비교
	성장성분석	총자산증가율, 매출 증가율 등	• 국내 동일업종 대비 비교
	시장가치분석	주당순이익, 주당순자산 등	
정성적 평가	비계량화지표	협력사임직원 교육수행 횟수, 불만고객의 클레임제기 제로(Zero)화, 환경 및 조직변화 시 변화갈등관리 강화, 경영합리화 달성 등	• 국외 동일업종 대비 비교 등

3.2. 평가기준

경영실적의 평가기준은 전년 및 전년 동기 등과 같은 기간별 비교, 목표대비 비교, 경쟁회사 대비 비교, 국내 동일업종 대비 비교, 국외 동일업종 대비 비교가 있다.

4. 평가를 통한 전략의 도출

반성을 전제로 시행한 전년도 경영실적 평가는 평가대상에 따라, 평가목적에 따라, 평가기준에 따라 각각의 전략적 시사점이 도출된다. 도출된 시사점을 잘한 것과 잘못한 것으로 구분하여 정리한 것이 도출된 전략이다. 이 중 잘못한 것은 차년도의 개선전략이 되는 것이고, 잘한 것은 강화전략이 된다.

● 그림 2-2 **평가와 반성을 통한 전략의 도출**

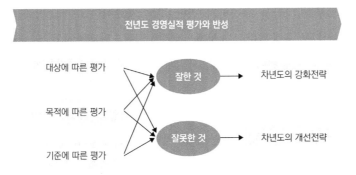

5. 사업계획서와 경영계획서의 차이점

본 책으로 학습하는 대부분의 식자들이 잘 알고 있는 사업계획서와 경영계획서의 핵심 차이점에 대하여 짚고 넘어가고자 한다.

사실 사업계획서와 경영계획서는 동전의 앞면과 뒷면의 관계와 같이 혼용을 하던, 사업계획서가 경영계획서이고 경영계획서가 사업계획서로 알고 있어도 가치의 변화에 큰 의미를 주지 못하는 것이 사실이다. 그러나 전략경영을 학습하고 경영전략을 수립·운영·평가·피드백하거나, 시장을 조사·분석하고 마케팅 전략을 수립 및 의사결정정보를 취급하는 전략직무 관련자라면 간과하는 것이 쉽지 않다는 것에 동의할 것이다.

경영계획서는 본 책에서 다루는 내용에 해당한다. 즉 운영 연속상의 기업이나 기관 등의 조직이 향후 단기·중기·장기에 하고자 하는 것을 다루는 조직 내부 실행을 전제로 한다. 반면 사업계획서는 창업(Start-up)을 준비하는 기업, 기존의 기업이 시장 및 제품 확장전략에 소용되는 자본유치를 필요로 할 때, 창업 및 기존 기업이 소유한 지적재산권(Intellectual Property Rights)[3]의 가치평가를 받고자 할 때 등 운영 비연속상의 기업에서 필요로 하는 것으로 조직 외부 사용에 비중과 목적을 두고 있다.

사업계획서를 수립하는 필요성으로는 첫째, 창업과정의 시행착오를 감소시킬 수 있다. 둘째, 사업의 기본방향에 대한 지침서 역할을 한다. 셋째, 투자자나 금융기관으로부터 자금을 유치하기 위한 기본 자료이다. 넷째, 각종 인·허가를 위한 제출서류로 활용된다. 다섯째, 역량 있는 인재영입의 레버리지 도구(Leverage tool)로 활용된다. 여섯째, 사업과 관련된 이해관계자들을 위한 자료로 활용된다.

이러한 필요성을 갖고 있는 사업계획서는 기업의 개요, 사업계획의 개요, 해당사업의 시장현황과 전망, 생산계획, 영업 및 판매계획, 원자재 및 부자재의 조달계획, 조직 및 인력의 수급계획, 수요자금 조달계획, 해당사업의 손익계획, 재무계획, 해당사업의 추진일정, 기타 외부 이해관련자들이 필요로 하는 사항을 필수 기재요소로 하고 있다.

---

3 지적재산권(知的財産權) 또는 지식재산권(知識財産權)이라고 한다. 여기에는 산업재산권, 저작권, 신지식재산권이 있다. 산업재산권에는 특허권, 실용신안권, 디자인권, 상표권이 있고, 저작권에는 저작재산권, 저작인격권이 있다. 신지식재산권에는 산업저작권, 첨단산업재산권, 정보재산권, 신상표권 및 의장권이 있다. 상세한 것은 본 책의 제6장 목표달성 전략 수립의 기술 사업화전략(Technology commercialization)을 참고하기 바란다.

● 표 2-4 **사업계획서 수립 필요성과 필수기재 요소**

구분	주요 내용
수립 필요성	• 창업과정의 시행착오를 감소시킬 수 있다. • 사업의 기본방향에 대한 지침서 역할을 한다. • 투자자나 금융기관으로부터 자금을 유치하기 위한 기본 자료이다. • 각종 인·허가를 위한 제출서류로 활용된다. • 역량 있는 인재영입의 레버리지 도구로 활용된다. • 사업과 관련된 이해관계자들을 위한 자료로 활용된다.
필수 기재 요소	• 회사(사업장)의 개요 • 사업계획의 개요 • 해당사업의 시장현황과 전망 • 제품의 생산계획 • 영업 및 판매계획 • 원자재 및 부자재의 조달계획 • 조직 및 인력의 수급계획 • 주요자금 조달계획 • 해당사업의 손익계획 • 재무계획 • 사업의 추진일정 • 기타 외부 이해관련자 필요사항

● 6. 활용할 수 있는 전략기법과 스킬

지금까지 경영전략 수립의 첫 번째 단계인 전년 경영실적의 평가와 반성을 학습하였다.

저자가 제시한 프로세스와 방법으로 전년 경영실적의 평가와 반성을 통하여 도출된 전략적 시사점을 정리하면 차년도(次年度)의 경영전략 중 일부를 수립하는 데 충분하다. 하지만 본 단계에서 전략적 시사점을 도출하는 방법론으로 Brain storming(브레인스토밍, 자유연상)기법과 Fishbone Diagram(문제근원도출, 특성요인도) 기법을 소개한다.

이 두 개의 기법은 개선점을 찾거나, 창의적인 또 다른 결과를 도출하고 싶을 때, 문제의 개선점이나 핵심을 찾고자 할 때 등 여러모로 활용할 수 있는 기법 중의 하나이니 익혀두면 매우 유용하게 응용할 수 있을 것이다.

6.1. Brain Storming 기법

브레인스토밍은 미국의 광고회사인 BBOD의 창립자인 오스본(A. F. Osborn)이 개발한 창조성기법으로 일명 오스본법이라고도 부른다. 회오리바람을 일으킨다는 의미로 진행자(리더), 기록자, 참가자(Stormer) 등 10명 전후를 회의참여 구성원으로 한다.

이와 같은 집단 브레인스토밍은 어떤 구체적인 문제를 창의적으로 해결하기 위해 판단을 유보하며, 가능하면 많은 양의 아이디어를 내고, 앞에서 나온 아이디어를 개선하거나 다른 아이디어와 결합하여 더 좋은 아이디어를 산출하는 자유연상 기법이다.[4]

● 표 2-5 **브레인스토밍 기법의 6단계 프로세스**

구분	주요 내용
1단계 (회의그룹 선정과 준비)	• 10명 전후의 참가자 준비 • 회의 진행자는 대상 내용에 대한 전문가여야 한다.
2단계 (회의 이슈정의)	• 회의목적을 이룰 수 있는 구체적이고, 참가자 전원이 창의적으로 참여할 수 있는 폭넓은 이슈를 준비한다.
3단계 (프로세스 정의)	• 회의진행에 필요한 제약사항, 각각의 역할, 규칙, 회의 시간 등을 설명한다.
4단계 (회의 진행)	• 시간 외에는 통제하지 않는다. 참가자 전원이 회의에 집중할 수 있도록 분위기를 조성하고 질보다는 양을 중시한다.
5단계 (회의 마침)	• 참가자와 참가자들 간에 감사인사 및 계획된 다음 단계를 전달한다.
6단계 (도출내용 정리)	• 진행자와 기록자는 도출된 아이디어를 종합하고, 정해진 틀에 따라 정리한다.

브레인스토밍은 자유롭고 융통성 있는 사고를 증진하고 구성원들의 창조성을 촉진시키는 것을 목적으로 하며, 회의그룹선정과 준비, 이슈정의, 프로세스

---

4 Parnes, S. J., Meadow, A.(1959). Effects of brainstorming instructions on creative problem solving by trained and untrained subjects. Journal of Educational Psychology, 50(4); Collaros, P. A., Anderson, L. R.(1969). Effect of perceived expertness upon creativity of members of brainstorming groups. Journal of Applied Psychology, 53(2p1); Brown, V. R., Paulus, P. B.(2002). Making group brainstorming more effective: Recommendations from an associative memory perspective. Current Directions in Psychological Science, 11(6); 전경원(1997). 브레인스토밍에 관한 문헌 고찰. 창의력교육연구, 1(1).

정의, 회의진행, 회의마침, 도출내용 정리 등 6단계 프로세스로 진행한다.

브레인스토밍 기법의 핵심은 도출되는 아이디어(Idea)의 질보다는 가능한 많은 양이 목적이므로 회의 진행시 다음과 같은 4가지를 유념하여 진행하여야 한다.

첫째, 참가자가 어떠한 내용을 발언하든 비판은 금지하여야 한다. 참가자의 아이디어를 비판하면 좋은 아이디어를 낼 수 없기 때문이다.

둘째, 이상적, 비현실적인 아이디어도 받아들인다. 좋은 아이디어는 예상하지 못한 곳에서 우발적으로 나올 수도 있기 때문이다.

셋째, 아이디어는 질보다는 양이다. 도출된 아이디어 중 30% 전후는 질적인 아이디어로 변하기 때문이다. 비판도 제약도 없이 무작위로 아이디어를 쏟아 낼 수 있도록 하여야 한다.

넷째, 참가자 간에 유사내용 발언, 모방발언도 잘 한다고 칭찬한다. 참가자 간 벤치마킹(Bench marking) 아이디어가 새로운 아이디어의 실마리 또는 기폭제가 될 수도 있기 때문이다.

6.2. Fishbone Diagram 기법

Fishbone diagram은 1968년 일본의 Kaoru Ishikawa에 의하여 제품디자인(Product design)과 품질결함의 방지(Quality defect prevention)를 목적으로 만들어졌다.

원래의 명칭은 본 다이어그램의 작자 이름을 딴 Ishikawa diagram이다. 이는 결과가 어떤 요인에 의해 영향을 받고 있는가를 조사하여 특성과 요인 사이의 관계를 도형으로 나타낸 것이다.

피시본 다이어그램은 도형의 생김새가 물고기(Fishbone) 몸체를 닮았다하여 어골도(魚骨圖) 또는 어골형(어골形) 도형이라고도 한다.

이는 원인과 결과를 나타내는 도형이라 Cause and effect diagram 또는 특성요인도라고도 하는데, 본 책에서는 국내에 들어오면서 가장 많이 사용되는 명칭인 Fishbone diagram(特性要因圖)으로 통칭하여 기술한다.

Ishikawa(이시가와)가 제시한 Fishbone diagram의 핵심구조는 원인과 결과로 이루어져 있다. 이를 그림으로 설명하면 〈그림 2-3〉과 같다.

● 그림 2-3 **Fishbone Diagram의 핵심구조**

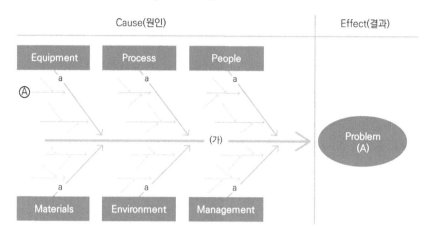

(참고)

Explanation; Ishikawa diagram, in fishbone shape, showing factors of Equipment, Process, People, Materials, Environment and Management, all affecting the overall problem. Smaller arrows connect the sub-causes to major causes.

원인(Cause)은 〈그림 2-3〉의 「a」와 같은 부문의 원인과 부문의 원인을 설명하는 조그만 화살로 이루어진 소(少)원인인 「Ⓐ」로 구성되어 있음을 알 수 있다. 이와 같은 부문의 원인들은 「(A)」라는 결과(결과문제)로 귀결된다.

본 기법은 탄생기반에서 확대되어 현재는 사용처가 정해짐 없이 제조업, 서비스업 등 모든 산업이나 직종에서 문제해결을 위한 창의적 기법으로 활용되고 있는 대표적인 문제해결 기법이다.

〈그림 2-4〉는 Bio분야에서 활용했던 사례5를 참고 및 활용하도록 넣은 것이다.

다음은 본 기법의 적용 프로세스이다.

먼저 잠재적 원인을 순서대로 범주화한다. 그 다음에 범주에 속하는 결과가 도출된 과정상의 문제나 문제점들을 모두 찾아내 기술하고 그 중에서 근본적 원인(Root cause)을 찾아내는 일련의 과정으로 진행되는데, 브레인스토밍 기법을

---

5 Wong, K. C.(2011). Using an Ishikawa diagram as a tool to assist memory and retrieval of relevant medical cases from the medical literature. Journal of medical case reports, 5(1).

● 그림 2-4 Fishbone Diagram 활용 사례

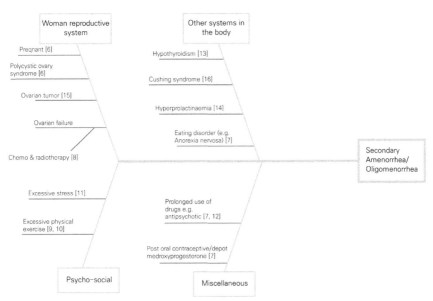

활용하면 더욱 만족스러운 결과를 얻는 데 도움이 된다.

Fishbone 다이어그램은 다음의 5단계 프로세스를 이용하여 진행하며, 〈그림 2-3〉을 기준으로 각 단계를 설명한다.

첫째, 진행자, 기록자, 참가자 및 토의 내용을 공유할 수 있는 화이트보드나 기록지 등 토의에 필요한 제반의 것을 준비한다.

둘째, 진행자는 화이트보드나 기록지에 그림의 「(A)」를 그려놓고, 여기에 왼쪽으로 사선을 그어 「(가)」를 그린다. 이는 결과 「(A)」를 도출하기 위하여 「(가)」가 필요하고 「(가)」를 통하여 「(A)」가 도출되는 프로세스이고, 이 과정을 통하여 원인을 찾는 것이 핵심이란 것을 공유하기 위해서이다.

셋째, 문제해결, 즉 결과의 원인을 도출하기 위하여 브레인스토밍 기법을 이용하여 토의한다. 진행자는 토의의 방향을 「(A)」를 이루는 부문원인인 「a」를 우선 도출시켜, 「(가)」를 향하여 「a」의 사선을 긋는다. 이는 Fish의 가시와 같은 것으로 Issue tree의 일종이라 생각해도 무방하다.

넷째, 자유로운 브레인스토밍을 통하여 도출되는 원인 및 내용들을 해당하

는 각 「a」에 사선을 그어 「Ⓐ」와 같이 표기한다.

다섯째, 진행자와 기록자는 토의결과로 도출된 결과, 부문원인 등을 정리 및 공유하고 토의를 마무리한다.

● 표 2-6 Fishbone Diagram의 적용 5단계 프로세스

구분	주요 내용
1단계 (토의그룹 선정과 준비)	• 진행자를 포함하여 10명 전후의 참가자 준비(브레인스토밍에 부합되도록 준비한다) • 기록 및 공유에 필요한 도구를 준비한다.
2단계 (회의 이슈정의)	• 회의 이슈인 아젠다(Agenda, 원인을 찾고자 하는 결과문제 또는 문제점)를 기술하고, 결과문제 「(A)」를 해결하기 위한 원인을 찾는 방법과 진행방법을 설명한다.
3단계 (부문원인 도출)	• 브레인스토밍 기법으로 토의를 진행하고, 결과문제를 구성하는 부문원인 「a」들을 도출하여 기술한다.
4단계 (소원인 도출)	• 부문원인을 이루는 소원인 「ⓐ」 및 부문원인을 설명하는 내용을 도출하여 부문원인을 향하는 화살표에 사선을 그어 공유할 수 있도록 기술한다.
5단계 (도출결과 정리 및 공유)	• 진행자와 기록자는 도출된 원인과 결과를 종합정리하고, 미흡한 것을 보완한 후에 도출된 전체 내용을 공유하고 토의를 마무리한다.

(참고)
그림 2-3 Fishbone diagram의 핵심구조를 가지고 설명한 것임.
결과문제=「(A)」, 부문원인=「a」, 소원인=「ⓐ」, 「(가)」=부문(「a」) 및 소원인(「Ⓐ」)을 결과문제(「(A)」)로 이어주는 사선을 의미.

전년도의 경영실적 평가와 반성 단계에서 활용할 수 있는 경영전략 기법은 〈표 2-7〉과 같다.

● 7. 경영전략수립 프로세스 1단계의 핵심과 산출물

경영전략수립 프로세스 2단계에서 활용할 수 있는 전략기법은 〈표 2-7〉과 같고, 본 단계의 핵심 및 산출물은 〈그림 2-5〉와 같다.

● 표 2-7 **전년도 경영실적 평가와 반성 단계에서 활용할 수 있는 전략기법**

전략기법	개념	활용용도 및 특징
Brain Storming (자유연상 기법)	• 구체적인 문제를 창의적으로 해결하기 위해 판단을 유보하며, 가능하면 많은 양의 아이디어를 도출해 내고, 이미 도출된 아이디어와 다른 아이디어를 결합하여 더 좋은 아이디어를 산출하는 자유연상 기법 • 광고회사 사장 오스본이 개발	• 자유롭고 융통성 있는 사고를 증진하고 구성원들의 창조성을 촉진하는 것이 목적 • 어떠한 내용이라도 비판금지, 이상적 또는 비현실적 아이디어라도 수렴, 질보다 양 중심의 토의기법
Fishbone Diagram (문제근원 도출기법 또는 특성요인도)	• 결과를 가지고 원인을 도출해 내는 문제해결 기법 • 본 기법의 제작자 이름을 차용하여 Ishikawa Diagram이라고도 호칭 • 1968년 일본의 Kaoru Ishikawa가 개발한 문제해결 기법	• 물고기의 몸체와 비슷한 Fishbone Diagram은 토의결과를 기록하며 기술 및 공유하며 문제를 해결하는 기법 • 보통 6단계의 프로세스를 통하여 결과를 도출

● 그림 2-5 **경영전략수립 1단계의 핵심과 산출물**

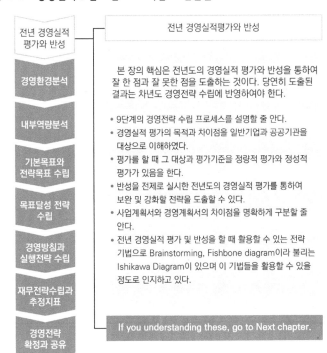

전년 경영실적 평가와 반성

경영환경분석

내부역량분석

기본목표와 전략목표 수립

목표달성 전략 수립

경영방침과 실행전략 수립

재무전략수립과 추정지표

경영전략 확정과 공유

전년 경영실적평가와 반성

　본 장의 핵심은 전년도의 경영실적 평가와 반성을 통하여 잘 한 점과 잘 못한 점을 도출하는 것이다. 당연히 도출된 결과는 차년도 경영전략 수립에 반영하여야 한다.

• 9단계의 경영전략 수립 프로세스를 설명할 줄 안다.
• 경영실적 평가의 목적과 차이점을 일반기업과 공공기관을 대상으로 이해하였다.
• 평가를 할 때 그 대상과 평가기준을 정량적 평가와 정성적 평가가 있음을 한다.
• 반성을 전제로 실시한 전년도의 경영실적 평가를 통하여 보완 및 강화할 전략을 도출할 수 있다.
• 사업계획서와 경영계획서의 차이점을 명확하게 구분할 줄 안다.
• 전년 경영실적 평가 및 반성을 할 때 활용할 수 있는 전략 기법으로 Brainstorming, Fishbone diagram이라 불리는 Ishikawa Diagram이 있으며 이 기법들을 활용할 수 있을 정도로 인지하고 있다.

If you understanding these, go to Next chapter.

CHAPTER

03

경영환경 분석

1. 환경분석의 개요
2. 내부환경과 외부환경 분석
3. How to develop the 전략적 사고
4. 경영전략수립 프로세스 2단계에서 활용할 수 있는 전략기법, 핵심과 산출물

앞장의 전년도 경영실적 평가와 반성을 통하여 2가지 부문의 차년도 전략이 도출되는 과정과 방법을 학습하였다. 다음 단계는 기업이나 기관 등 조직을 둘러싸고 있는 경영환경을 분석하여 경영전략 수립에 반영하여야 한다. 기업을 둘러싸고 있는 환경은 직·간접적으로 경영활동과 경영실적에 중대한 영향을 줄 수 있기 때문이다.

1. 환경분석의 개요

환경분석(環境分析)에는 경영의 주체인 기업이나 기관 등 조직과 어떠한 관계에 있는가, 얼마만큼의 직접 또는 간접적인 영향을 미치는가에 따라 해당 기업을 정점으로 내부환경 분석과 외부환경 분석으로 구분한다.

1.1. 내부환경 분석

내부환경분석은 경영활동에 직접적으로 작용하여 해당기업의 미션, 비전, 목표, 전략 및 전술의 수행과 경영실적에 직접적인 관계가 있는 것을 분석하는 것이다. 때문에 이는 내부의 경영환경 요인인 사업의 모델 및 본질, 조직의 하드웨어 및 소프트웨어, 가치사슬(Value chain) 요인간의 상관관계 등이 핵심대상이 된다.

1.2. 외부환경 분석

외부환경분석은 기업과 직접관계는 미약하지만 기업의 경영 및 비즈니스 활동과 결과에 간접적으로 영향을 미치는 정치, 경제, 사회문화, 기술, 법규와 규정, 환경을 대상으로 하는데 비즈니스의 특성이나 영역에 따라 국내뿐 아니라 국제측면까지 분석하여야 한다.

● 표 3-1 **경영환경 분석의 대상과 주요 분석 내용**

구분	분석 대상과 종류	경영에 미치는 영향	주요 분석 내용
경영 환경	내부환경 분석	경영활동과 실적에 직접적으로 작용	• 사업모델 및 사업의 본질 • 조직의 하드 및 소프트웨어 • 가치사슬 요인 간 상관관계
	외부환경 분석	경영활동과 실적에 간접적으로 작용	• 정치 및 경제 분야 • 사회 및 문화 분야 • 유무형의 기술 분야 • 법규와 규정 분야 • 기타 환경 분야

● 2. 내부환경과 외부환경 분석

조직의 전략 담당자 또는 마케팅을 담당하는 마케터가 원하는 결과를 도출하기 위한 정보 분석의 수단으로는 설문 등과 같은 수단으로 측정하여 계량화된 숫자를 분석하는 통계분석 방법론, 비계량화된 대상을 조사 및 분석하는 논리 및 창의기반의 방법론(Methodology)이 있다. 환경분석은 계량화된 조사결과를 입력(Input)하여 결과를 도출(Output)할 수 있는 대상이나 내용이 아니다. 때문에 논리 및 창의중심의 방법론을 사용할 수밖에 없다. 본 책에서는 경영의사결정을 위한 정보의 도출이 가능한 환경분석 방법론인 비즈니스모델링 기법, 7S 전략, VCM 전략, PESTLE 기법을 소개한다.

2.1. 내부환경 분석기법

기업내부의 환경분석 기법으로 핵심 9개 요인(Essential 9factors) 중심으로 구성된 비즈니스모델링 기법, 조직의 공급망(구매부서, 영업부서, 마케팅부서, 전략부서 등 단위조직) 간의 가치사슬관계를 분석하는 VCM 전략이 있다.

2.1.1. 비즈니스모델링 기법

비즈니스모델 기법은 2010년 작가이자 비즈니스모델 혁신 강사인 Alexander Osterwalder 박사와 로렌스 대학교에서 경영정보시스템 교수를 역임하였던 Yves Pigneur 박사가 저술한 Business Model Generation에서 비즈니스모델 필수 9개 요인인 CS(고객세분화), VP(가치제안), CH(유통채널), CR(고객관계관리), RS(수익원), KR(핵심자원), KA(핵심활동), KP(핵심파트너), CS(비용구조)를 활용 및 적용하여 수익모델을 창출하거나, 상대적 경쟁우위 요소의 체계적 분석을 목적으로 제시된 「The Business Model Canvas[1]」를 의미하는 것으로 본 책에서는 비즈니스모델링 기법으로 칭한다.

비즈니스모델링 기법은 기업이 생산제품이나 취급상품, 제공하는 서비스용역 등의 수익모델을 수립하는 과정에서 어느 것이 경쟁사 대비 상대적 우위요소인지를 체계적으로 조사·분석하는 논리 창의기반의 방법론이다.

비즈니스모델은 기업이나 기관 등 조직이 경영을 영위하고 있는 산업 내에서 현재보다 더 우수하고 경쟁력 있는 고객가치를 창출함은 물론 창출된 가치를 확보하기 위한 위치에 해당 기업이나 기관을 포지셔닝(Positioning)[2]시키기 위하여 무엇을 언제, 어떻게 실행할지를 결정하는 일련의 사항이다.[3]

비즈니스모델링 기법인 비즈니스모델 캔버스의 구성인자는 앞에서 기술한

---

1 Osterwalder, A., Pigneur, Y.(2010). Business model generation: a handbook for visionaries, game changers, and challengers. John Wiley & Sons.

2 자사의 유형 제품이나 무형서비스가 경쟁사의 것보다 더 높고 강하게 고객의 마음속에 자리 잡게 하는 것을 Position이라 한다.

3 Afuah, A., Tucci, C. L.(2001). Internet business models and strategies. New York: McGraw-Hill; 방용성, 주윤황(2015). 컨설팅 방법론.

바와 같이 핵심 9개로 이루어졌다. 〈표 3-2〉가 그것인데 원문을 함께 기술하여 본 책으로 학습하는 식자들의 이해와 생각에 도움을 주고자 한다.

● 표 3-2 7S 구성요소별 핵심내용과 특징

핵심 9요소	주요 내용	요구가치
Customer Segments (CS, 고객세분화)	• The customer segments building block defines the different groups of people or organizations an enterprise aims to reach and serve • 어떤 고객에게 상품/서비스를 제공할 것인가를 검토하고 가장 유망한 고객대상을 목표시장으로 결정	• For whom are we creating value? • Who are our most important customers?
Value Propositions (VP, 가치제안)	• The value propositions building block describe the bundle of products and services that create value for a specific customer segment • 목표고객에게 어떤 차별화된 가치를 제공할 수 있는지 또는 제공할 것인지를 결정하며 차별화가치를 창출	• What value do we deliver to the customer? • Which one of our customer's problems are we helping? • What bundles of products and are we offering to each customer segments?
Channels (CH, 채널전략)	• The channels building block describes how a company communicates with and reaches its customer segments to deliver a value proposition • 고객에게 계획한 가치를 어떤 경로를 이용하여 제공할 것인지를 결정	• Through which channels do our customer segments want to be reached? • How are we reaching them now? • How are our channels integrated? • Which ones are most cost-efficient? • How are we integrating them customer routines?
Customer Relationships (CR, 고객관계관리)	• The customer relationships building block describes the types of relationships a company establishes with specific customer segments • 고객 특성에 기초한 계획, 지원, 평가의 마케팅 활동을 어떻게 할 것인가를 결정	• What type of relationship does each of our customer segments expect us to establish and maintain with them? • How costly are they? • How are they integrated with the rest of our business model?
Revenue Streams (RS, 수익원)	• The revenue streams building block represents the cash a company generates from each	• For what are our customers really willing to pay?, For what do they currently pay?

	customer segment	
	• 수익의 창출을 어떤 구조로 할 것인지(할 수 있는지), 그리고 어떤 방법으로 지속적인 수익창출이 될 수 있는 운영구조를 만들 것인지 또는 창출이 가능한지를 판단	• How are they currently paying? • How would they prefer to pay? • How much does each revenue stream contribute to overall revenue?
Key Resources (KR, 핵심자원)	• The key resources building block describes the most important assets required to make a business model work • 비즈니스 수행에 없어서는 안 될 핵심자원으로서 통제 가능한 자원의 종류와 확보방법을 검토	• What key resources do our value propositions require? • Our distribution channels? • Customer relationship? • Revenue streams?
Key Activities (KA, 핵심활동)	• The key activities building block describes the most important things a company must do to make its business model work • 비즈니스를 성공적으로 수행하는 데 필요한 핵심적인 활동으로서 통제 가능한 요소들을 검토	• What key activities do our value propositions require? • Our distribution channels? • Customer relationship? • Revenue streams?
Key Partnerships (KP, 핵심파트너십)	• The key partnerships building block describes the network of suppliers and partners that make the business model work • 자신의 부족한 부분을 보완시켜줄 수 있는 파트너십의 필요성 및 확보방법을 검토	• Who are our key partners and suppliers? • Which key resources are we acquiring from partners? • Which key activities do partners perform?
Cost Structure (CS, 비용구조)	• The cost structure describes costs incurred to operate a business model • 사업을 운영하는 데 소요되는 비용의 원천과 크기 등을 검토	• What are the most costs inherent in our business model? • Which key resources are most expensive? • Which key activities are most expensive?

비즈니스모델링 기법을 활용한 전략도출 토론에 필수적인 Business Model Canvas Type은 〈그림 3-1〉과 같다.

● 그림 3-1 Business Model Canvas 구성요소와 Type

KP (핵심파트너십)	KA (핵심활동)	VP (가치제안)	CR (고객관계관리)	CS (고객세분화)
	KR (핵심자원)		CH (채널전략)	
CS (비용구조)			RS (수익원)	

2.1.2. 7S 전략

7S전략은 7S전략(Seven S strategy) 또는 7S분석(Seven S analysis)이라고도 한다. 이는 1980년대 초(the beginning of 80's) 글로벌 컨설팅 회사(Global consulting firm)인 맥킨지(Mckinsey)에서 개발 및 제시되어 7S Mckinsey Model이라고도 불린다. 7S기법은 성공적인 조직으로의 수준향상, 효율적이고 효과적인 조직으로의 개선, 중장기사업의 고성과(高成果) 수행을 위한 조직개편 등 기업이나 기관 등의 내부조직진단에 전문성과 그 성과가 전 세계적으로 검증된 조직 진단 기법이다.[4]

7S기법은 S자(英語 S字)로 시작되는 7개의 단어로 조직의 뼈대가 되는 근간을 이루는 하드웨어(Hardware of success) 측면을 다루는 3개의 S와 소프트웨어(Software of success) 측면을 다루는 4개의 S로 조합되어 있다.

조직의 하드웨어 측면의 3S는 Strategy(전략), Structure(구조), System(시스템)이고 소프트웨어 측면의 4S는 Shared Value(공유가치), Skill(수준), Staff(조직구성원), Style(조직 및 구성원의 스타일)이다.

---

4 Palatková, M.(2011). The 7-S-McKinsey model: an implementation tool of a destination marketing strategy in the Czech Republic. Global Management Journal, 3(1/2).

다음은 일본의 오마에 켄이치 박사[5]가 우리나라를 방문하여 맥킨지의 7S 모델을 바탕으로 했던 강연의 내용을 공유한다. 이를 통하여 7S의 활용과 사상 체계, 구성요소와 특징을 사전에 이해하는 기회가 되기를 바란다.

강연주제: 저성장 시대의 성장전략 일본의 교훈(by Omae Kenichi)

Strategy(전략): 고성장 국가에서 이익을 획득하라. 신흥국가의 경제성장이 Big Trend(대세)로 지속되고 있으므로 일본 내에서의 저성장을 걱정하지 말고 신흥고속시장으로 이동하면 된다. 중국은 직접투자가 감소하고 있는 반면, 아세안 주요 국가는 직접투자가 확대되고 있다. 또한 인도는 설비투자확대, 해외진출 및 선진국 기업매수 등의 투자활동을 강화하고 있기 때문이다.

Structure(구조): Value Chain(가치사슬)의 핵심 요소들을 외부로 옮겨라. 최저의 비용으로 최고의 가치를 내야 하는데 중국, 필리핀, 멕시코와 같은 아웃소싱이 가능한 지역이 그곳이다. 전 세계적으로 옮긴 뒤에는 공장뿐 아니라 본사의 지원까지 IT로 통합하여야 한다.

System(시스템): e컴퍼니가 되라. 잭 웰치[6]는 모든 동사에 e를 붙이라고 말했다. 모바일 및 사이버 공간에서 다양한 기회들이 있기 때문이다.

---

5 오마에 켄이치(Omae Kenichi, 1943년 産). 와세다대학교를 졸업하고 도쿄공업대학 석사, MIT대학원 원자력공학박사 졸업 후 맥킨지 오사카지사 부지사장과 맥킨지 일본(Japan) 회장을 역임하였다. 오마에 박사는 미국 유력경제주간지인 이코노미스트가 선정한 세계사상적 지도자 4인에 오르기도 했던 세계적 경제석학이다. 본 강연내용은 LG CNS가 개최한 앤투루 월드2007 행사의 기조연설에서 발췌한 것이다.

6 John Frances Welch Jr(1935년 11월, 미국 매사추세츠 産). 1960년 일리노이대학교에 화공학박사학위를 취득하고 GE에 입사하였다. 1981년 GE의 최연소 최고경영자가 되어 2001년 퇴임할 때까지 회사가치를 40배나 높였으며 GE를 세계최고 기업으로 성장시켰다. 경영의 달인, 세기의 경영인 등의 별칭을 얻었고, 1,700여 건의 기업인수합병을 성사시키기도 하였으나, 10만 명 이상의 직원을 해고하여 중성자탄 잭(Neutron Jack)이라는 별명도 갖고 있다. 「Jack: Straight from the Gut」란 자서전을 발간하였다.

Skills(조직수준): 최상의 파트너, 최적의 파트너와 협력하라. 이런 면에서 동아시아지역은 최상의 지역이다. 동아시아는 정치적, 감정적으로는 좋지 않지만 경제적인 부문에서는 정치 및 제도적인 조합은 없어도 EU와 같이 하나의 시장처럼 움직이고 있다. 일본은 원료 및 제조설비 등의 강점을 바탕으로 동아시아 지역 간 교역에서 이익을 보고 있다. 일본은 잘하는 곳에만 집중하면 된다. 중국이 인건비에 강점이 있다면 일본에 강점이 있는 최종제품보다 소재, 원재료나 반도체, LCD 제조설비 등에 집중해야 한다.

동아시아 국가 간에는 서로 의지하고 있다. 중국은 대만에 의존관계이고, 또한 중국은 경영스타일이 없다. 중·장년층에서는 관리능력(Management talent)이 없고, 젊은 층은 외국의 유명대학에서 공부했어도 경험이 없다. 그 사이에 갭(Gap, 차이)이 존재하는데 이 점은 인도와 다른 점이기도 하며 이 점이 일본의 Skill을 살릴 대상이다.

Shared Value(공유가치), 오마에 박사는 공유가치를 슈퍼지향목표(Super-oriented Goal): 정치와 환율 변동으로부터 독립적으로 하라. 일본은 4번의 엔화절상으로 엔화가 강화되는 경험을 갖고 있다. 한국도 환율변동으로부터 자유로울 수 있어야 함을 강조하였다.

Staff(조직구성원): 글로벌 마인드(Global mind)와 능력을 갖춘 인적자원을 개발하라. 21세기 교육은 과거와는 다르다. 정답이 없으며, 교사도 없고, 해답은 끊임없이 바뀐다. 매일의 생활과 친구들로부터 배운다. 피라미드 조직보다 네트워크조직이 중요하다. 또한 창의성, 기업가 정신, 리더십, 사람 간 대립을 조정하는 능력, 주도적으로 행동하는 것, 문제 해결력, 논리적 사고 등이 중요시 된다.

Style(조직 및 구성원의 스타일): High Concept의 회사가 되라. 제4의 물결은 무엇인가? 정보화(제3의 물결)에서는 인도와 경쟁이 되지 않고, 산업(제2의 물결)에서는 중국과 경쟁이 더 이상 되지 않는다. 중국과는 원가(Cost) 기반으로는 경쟁에서 승산이 없다.

제4의 물결로 우뇌의 기능이 강조되기도 하고, 다니엘핑크[7]는 완전히 새로운 사고로서

---

7 Daniel H. Pink(1964년 미국 産). 1991년 Yale Law School에서 법학박사학위를 받았다. 세

디자인, 스토리, 조화, 공감, 놀이, 의미 등 6가지 감각이 중요하다고 말한다. 그는 MBA보다 디자인과 센스를 가진 예술가를 뽑으라고 말한다. 이것을 일본어로 말하면, High Concept, 구상력(構想力)으로 표현할 수 있겠다. 눈에 보이지 않는 사물의 본질을 파악하는 전체적인 사고능력과 새로운 것을 발상하고 실행해나가는 능력이다.

● 　그림 3-2　**7S Model의 구성요소**

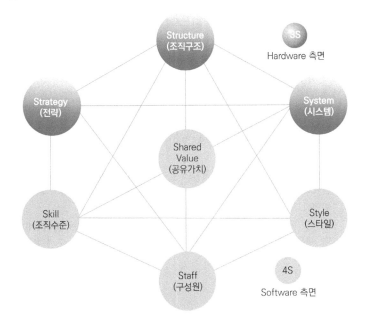

7S의 7가지 구성요소는 요소 간 상호 상관관계가 높아 네트워크형을 이루고 있다는 것이다. 이는 7S의 구성요소별 특징이기도 하다. 이는 다음에 소개하는 가치사슬관리(Value chain management)가 조직 내부 부서(팀, 그룹) 간 사슬관계를 통한 가치창출 형태와 유사한 상호관계로 이루어졌다.

계를 이끄는 기업사상가 중의 한명이며 5종의 베스트셀러의 작가로 총 200만부 이상이 판매되었고, 35개 언어로 번역되기도 하였다. 베스트셀러 책 중의 하나인 「프리 에이전트의 시대」에서 High Concept의 시대에서 요구되는 6가지 조건을 제시하며 이들의 조건을 갖춘 인재가 미래를 지배한다고 주장하였다. 엘 고어 전 미국 부통령의 연설문을 작성하기도 하였다. 경제·기술·노동에 관한 기사 및 서평을 뉴욕타임스와 워싱턴 먼슬리 등에 기고하고 있다.

● 표 3-3 **7S 구성요소별 핵심내용과 특징**

구성요소	핵심내용	요소의 특징
Strategy (전략)	사명과 비전을 달성하기 위하여 수립된 목표를 구체화시킨 결정체이다.	전략은 시스템, 조직구조, 스타일, 구성원의 능력 및 구성원 개개인에 영향을 미친다.
System (시스템)	조직의 관련제도, 관리세계, 운영절사, 업무매뉴얼 등이다.	승진제도, 본사와 지사의 수명체계, 신상품 입고에서 출고까지의 운영프로세스, A에서 Z까지의 직무처리 프로세스 등에 영향을 미친다.
Structure (조직구조)	최고경영자를 중심으로 설계된 조직도이다.	전략, 목표, 전술과 구성원 개개인의 R&R[8]에 영향을 미친다.
Shared Value (공유가치)	조직의 모든 구성원들이 함께 공유해야 할 이념 및 가치관으로 보통 미션 및 비전이다.	공유가치는 7S 전 구성요소에 영향을 미친다.
Style (스타일)	조직 문화를 말하지만, 최고경영자 및 사업부장의 경영스타일까지 포함한다.	7S 전 구성요소에 영향을 미치며, 스타일에 따라 피동적인 조직 또는 긍정적이며 활동적인 조직형성에 중대한 영향을 미칠 수 있다.
Skill (조직 수준)	조직수준은 조직구성원 개개인의 능력은 물론 조직의 능력이 결집된 역량이다.	여타 7S 구성요소에 영향을 미치며, 특히 신입 조직구성원 공고나 채용 시 영향을 미친다.
Staff (조직 구성원)	조직을 형성하고 있는 구성원 개개인이 보유하고 있는 태도, 능력, 속성 등이다.	이 또한 전 7S에 영향을 미치며, 여성 직원의 비율이 높다거나 구성원들의 매너가 뛰어나다거나 하는 결과로 표면화된다.

2.1.3. VCM 전략

가치사슬관리(Value Chain Management) 전략은 하버드대학교 교수인 마이클 포터[9]가 1985년 그의 베스트셀러 저서인 「Creating and sustaining superior performance. Competitive advantage」에서 정립하여 소개한 모델이다.

이는 기업 활동에서 부가가치 창출활동에 직접 또는 간접적으로 관련된 일

---

8 R&R은 Role and Responsibility의 약자로 조직단위, 구성원단위의 역할과 책임을 말한다.

9 Michael Eugene Porter(1947년 5월 미국 앤아버 産). 하버드대학교에서 경영학 석사 및 기업경제학 박사학위를 취득하고 26세의 나이로 하버드대학교 교수로 임용되었다. 35세 때 최연소 나이로 하버드대학교 정년 보장교수가 되었다. 현대 전략분야의 아버지로 불리고 있으며 저서 중 「Competitive Strategy, 경쟁전략(1980)」, 「Competitive Advantage, 경쟁우위(1985)」, 「The Competitive of Nations, 국가 경쟁우위(1990)」 3부작은 경영전략의 바이블로 애독되며 많은 독자층을 확보하고 있다.

련의 활동, 기능, 프로세스의 연계를 의미하는 것으로, 모든 방안의 가치창출활동(Value creating activities)과 세트로 연결된(Linked a set) 것이 Value Chain이라고 정의[10]할 수 있다.

VCM은 조직내부, 즉 자사분석 기법으로 출발하였으나 현재는 이러한 가치사슬관계를 넘어 GVC(Global Value Chain)로[11] 불리며, 지역(Local)과 글로벌(Global)을 연결하여 가치를 창조하는 관리기법으로 그 대상과 영역을 확대해 나가는 기법이기도 하다.

〈그림 3-3〉의 Value chain의 기본구조에서 보여주듯 기본요소는 지원활동과 본원활동으로 구성되어 있다. 이 중 Support Activities(지원활동)는 회계 및 재무, 총무, 기획 및 전략, 법률 등 기업의 기본 구조를 이루는 기업의 하부구조(Firm infrastructure)와 필요인력의 계획, 모집, 교육훈련, 투입 및 퇴사 등의 인적자원관리활동(Human resources management), 그리고 기업의 경쟁력 확보와 영속기업을 좌우케 하는 기술개발활동(Technology development) 및 필요물품을 조달하는 구매조달활동(Procurement)으로 구성되어 있다.

● 그림 3-3 **Value Chain의 기본 구조**

각 요소에 해당하는 항목들은 제조업 또는 서비스업에 따라 명칭을 달리

---

10 Dekker, H. C.(2003). Value chain analysis in interfirm relationships: a field study. Management accounting research, 14(1).

11 Gereffi, G., Fernandez-Stark, K.(2016). Global value chain analysis: a primer.

할 수도 있겠으나 대표적인 가치사슬활동의 예는 〈표 3-4〉와 같다.

● 표 3-4 Value Chain Activities(가치사슬활동)의 예

	가치사슬 활동	항목의 예
본원활동	IL(물류투입활동)	자재관리, 저장, 재고관리, 안전재고 등
	OP(운영활동)	기계화, 자동화, 작업설계, 포장, 조립 등
	OL(물류산출활동)	수송, 배송, 배차, 수·배송 라우팅 관리 등
	MS(마케팅 및 판매활동)	시장조사, 4P활동, 광고 및 홍보 등
	SE(서비스 활동)	설치, A/S활동, 품질보증 등
지원활동	FI(기업의 하부구조)	재무/회계, 일반관리, 미션/비전, 전략 등
	HRM(인적자원관리)	모집, 교육훈련, 보상, 노조관계 등
	TD(기술개발활동)	제품 및 프로세스 개선, 연구개발 등
	PR(구매조달활동)	자재구입, 기계 및 설비 등

Primary Activities(본원활동)은 물류투입활동(IL), 운영활동(OP), 물류산출활동(OL), 마케팅 및 판매활동(MS), 서비스 활동(SE)으로 구성되어 있다.

● 그림 3-4 Value Chain의 기본구조와 부가가치 활동의 관계

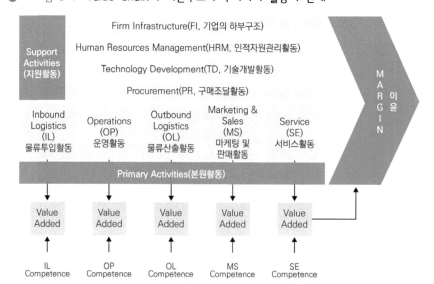

〈그림 3-4〉[12]의 Value chain의 기본구조와 부가가치 활동의 관계에서 보듯이 부가가치는 각 요소활동의 역량으로부터 발생되는 것을 알 수 있다. 즉 물류투입활동(IL활동)은 물류투입활동을 통하여 물류투입활동 역량을 확보할 수 있으며, 확보된 역량으로 물류투입활동에 대한 부가가치를 얻을 수 있다는 것이다. 이는 운영활동(OP활동), 물류산출활동(OL활동), 마케팅 및 판매활동(MS), 서비스 활동(SE활동)도 동일한 프로세스를 거쳐 각 요소의 부가가치를 창출한다.

VCM 기법의 활용목적은 기업의 지속적인 성장과 유기적인 생존을 통하여 끊임없는 부가가치 창출을 위하여 투입(Inbound), 변환(Conversion) 및 가공(Processing), 산출(Output)하는 반복된 과정으로, 각 요소인 지원활동과 본원활동이 상호작용하여 기업의 생존과 성장이 이루어진다.

VCM 분석의 중요성을 다음과 같이 3가지로 정리할 수 있다.

첫째, 지원활동 및 본원활동 등 기업의 전체적인 측면에서 프로세스 및 상호관계를 고려하여야 한다.

● 표 3-5 **VCM 기법을 활용한 원가구조 분석 예시**[13]

본원활동 요소	IL 활동	OP 활동	IO 활동	MS 활동	SE 활동
원가구성비	39%	31%	10%	14%	6%
원가항목	원재료비 부자재비 노무비 기타	노무비 감가상각비 수선비 소모품비 임차료 보험료 복리후생비 통신비 여비 잡비 기타	노무비 창고비 운송비 차량비 보험료 복리후생비 통신비 감가상각비 기타	판매인건비 출장여비 접대비 복리후생비 임차료 통신비 소모품비 광열비 인쇄비 판매촉진비 매출할인 기타	인건비 노무비 접대비 복리후생비 소모품비

---

12 Chyi Lee, C., Yang, J.(2000). Knowledge value chain. Journal of management development, 19(9).

13 조형래, 유정상, 안연식(2014). 기술경영(Management of technology in the perspective of

둘째, 특정 프로세스 또는 요소만을 대상으로 하는 부분적이거나 국지적인 활동은 지양하여야 한다.

셋째, 전체적인 프로세스를 입체적인 관점에서 보고 상호유기적인 관계를 통한 효과의 극대화를 도모하여야 한다. 〈표 3-5〉는 VCM기법을 활용하여 원가구조를 분석한 예시이다(〈그림 3-4〉의 본원요소활동 참조).

VCM 기법을 활용한 원가구조 분석을 통하여 다음과 같은 시사점을 얻을 수 있다.

첫째, 프로세스 단계별로 원가요인을 분류하고 단계별 원가구성비의 편중 현상에 착안하여 원가절감 방안을 검토할 수 있다.

둘째, 동종 및 경쟁기업과 원가구조를 비교분석 할 수 있다.

셋째, VCM 기법은 부분체적화보다는 요소 간 상호관계를 고려하여 전체측면에서 원가구조의 전체 체적화(Whole maximization)를 도모하여야 한다.

가치사슬관리활동의 적용은 다음과 같이 5단계를 가장 일반적으로 지향한다.

● 그림 3-5 **Value Chain Management 적용 5단계**

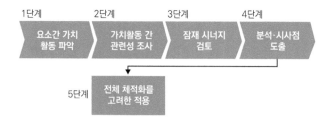

2.2. 외부환경 분석 PESTLE 기법

외부환경 분석은 지속적인 경쟁우위 확보, 기회와 위협의 정의, 다른 조직과 협업 측면에서 매우 중요하다. 이와 같은 외부환경 분석기법으로는 PEST,[14]

management innovation), 학현사.

14 Dare, C.(2006). The UK tour-operating industry: A competitive analysis, Journal of Vacation Marketing, 6(4).

STEPE[15](국내에서는 STEEP라고 한다), PESTLE이 있는데 모두 ETPS로 알려진 Aguilar[16]의 사상을 원조모델(the original form)로 하고 있다.[17]

이는 정치(Political), 경제(Economical), 사회(Social), 기술(Technological), 법 (Legal), 환경(Environmental)을 의미한다. 이때 사회는 Social부분에 Culture(문화)를 포함하여 분석하고, Legal부분에 Law(규정)을 포함, 분석하여 사회전반의 것을 아우른다.

PESTLE은 기업입장에서 볼 때 2가지의 기본적 기능과 언제 필요한지의 4가지를 분석할 때를 제공해 준다.

● 표 3-6 **PESTLE 분석의 2가지 기본제공기능과 4가지 분석할 때**

구분	핵심 내용
2가지 기본제공 기능	기업경영을 둘러싸고 있는 환경을 정의할 수 있다.
	기업이 불확실한 미래의 상황과 환경을 예측할 수 있는 데이터나 정보를 제공한다.
4가지 분석할 때	새로운 상품이나 서비스를 출시하고자 할 때
	새로운 지역이나 국가에 진출하고자 할 때
	시장 확장을 위하여 새로운 유통경로를 검토할 때
	전략 추진 팀의 구성원으로 참여하여 업무를 할 때

다음은 PESTLE 분석의 적용단계이다. 이는 5단계를 적용하며 이미 학습한 브레인스토밍 기법을 활용하여 효과적인 결과를 도출할 수 있다.

---

15 Richardson, Jr. J. V.(2006). The library and information economy in Turkmenistan, IFLA Journal, 32(2).

16 Aguilar F. J.(1967). Scanning the Business Environment, Macmillan.

17 Yüksel, I.(2012). Developing a multi-criteria decision making model for PESTEL analysis, International Journal of Business and Management, 7(24).

● 그림 3-6 **PESTLE 분석 5단계**

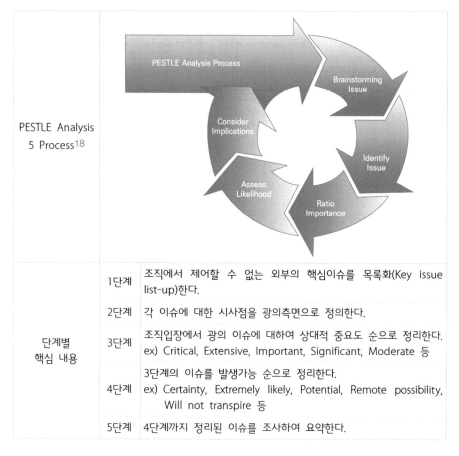

PESTLE Analysis 5 Process[18]		
단계별 핵심 내용	1단계	조직에서 제어할 수 없는 외부의 핵심이슈를 목록화(Key issue list-up)한다.
	2단계	각 이슈에 대한 시사점을 광의측면으로 정의한다.
	3단계	조직입장에서 광의 이슈에 대하여 상대적 중요도 순으로 정리한다. ex) Critical, Extensive, Important, Significant, Moderate 등
	4단계	3단계의 이슈를 발생가능 순으로 정리한다. ex) Certainty, Extremely likely, Potential, Remote possibility, Will not transpire 등
	5단계	4단계까지 정리된 이슈를 조사하여 요약한다.

PESTLE의 **구성요소이다.**

정치(Political): 민영화, 산업구조조정, 좌우파의 정책성향, 여론 등

경제(Economical): 환율, 금리, 무역수지, 신용경색정도, 가계부채, 가처분소득, 인플레이션 증가 및 감소율, 경기성장률, 소비수준 등

사회문화(Sociocultural): 인구통계, 사회문화, 문맹률, 교육수준, 행동양식 및 규범, 라이프 스타일, 인구분포도, 인구이동 비율, 소비문화, 각종 인구 통계적 특성 등

기술(Technological): 디지털통신, 생명공학, 바이오공학, 물류공학, 에너지 및 의학,

---

18 구병모, 김선구(2016). 국내 화물정보망산업의 시장현황에 대한 탐색적 연구, 상업교육연구, 30(5)를 편집하여 재인용.

지적재산권, 신기술개발 등

법·규정(Legal): 탈규제화, 시장자율경쟁, FTA 등

환경(Environmental): 기후변화, 대기오염, 지구온난화 등

〈그림 3-7〉은 PESTLE 분석기법을 활용한 전략방향 도출 사례이다.

● 그림 3-7 **PESTLE 분석을 활용한 전략방향 도출 사례**

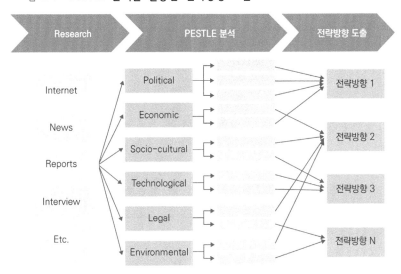

3. How to develop the 전략적 사고

기업이나 기관 등 조직 내에서 전략이나 시장분석을 담당하는 사람은 문제
해결역량(Problem solving competence)이 남달라야 한다.

많은 전략관련, 시장분석관련, 컨설팅관련 도서에서 공통적으로 강조하는
것이기도 한데, 해결역량(Problem solving competence)은 전략적 사고(Logical
thinking)의 필요조건이기 때문이다.

본 책에서는 문제해결을 위한 논리적 사고 프레임워크(Framework)나 몇몇
기법을 설명하지는 않는다. 왜냐하면 필요조건인 논리적 사고의 훈련이나 육성

을 습관화하는 것이 더 유용하게 실전에서 활용될 수 있기 때문이다.

필요조건이 육성되었을 때 충분조건인 프레임워크와 기법을 활용한다면 탄탄한 전략적 사고의 활용자가 될 수 있다.

전략적 사고(戰略的思考, Logical thinking)는 4가지 핵심스킬인 논리력(論理力, Logic), 창의력(創意力, Creativity), 분석력(分析力, Analysis), 통합력(統合力, Integration)을 〈그림 3-8〉과 같이 균형 있게 배양하는 것이 필수이며, 한 가지 스킬에 집중하는 것은 지양하여야 한다.

● 그림 3-8 **전략적 사고의 균형점**

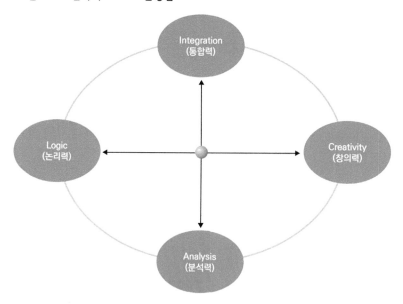

통합력과 분석력의 균형은 부분이 아닌 전체의 파악, 중요 요인의 상호관계 파악, 구체적인 이미지, 중요 포인트에서의 세부 창의력, 사실(Fact)에 근거한 산출물 확보를 통하여 가능하게 된다.

● 그림 3-9 **통합력과 분석력의 균형과 불균형 현상의 이해**

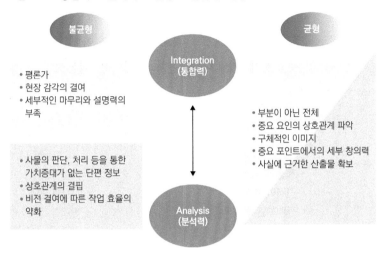

논리력과 창의력의 균형은 체계적인 문제의 이해, 상식에의 도전, 시각의 전환, 발상의 자유도 확대를 통하여 가능하게 된다.

● 그림 3-10 **논리력과 창의력의 균형과 불균형 현상의 이해**

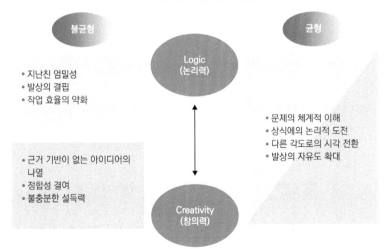

3.1. 논리력(論理力, Logical)

논리적으로 잘 정리되지 않으면 그 내용이 사실이건 아니건 상대방이나 고객을 설득할 수 없는 문장에 지나지 않는다. 논리력은 기본적인 프레임워크 (Framework)를 익힘으로써 상당한 수준까지 향상시킬 수 있다.

● 그림 3-11 **논리적 분석의 사례(1)**

현상	생각 가능한 원인		가능한 대책
지속적인 시장 점유율 하락	• 제품이 매력적이지 않음	→	• 제품개발
	• 가격이 비싸다.	→	• 디자인 변경
	• 판매사원의 게으름	→	• 판매력 강화
	• 낮은 기업이미지	→	• 광고 및 선전전개
	• 소비자의 Needs 변화	→	• 제품개발

또한 논리적으로 탐구하지 못하면 피상적이면서 선언적인 해결책 정도 밖에 도출할 수 없기 때문에 상황을 쪼개어 보고, 손에 잡히는 구체적인 해결책 (Solving method)이 도출될 때까지 Why(왜)?를 반복적으로 던져 문제의 해(解)에 도달하는 훈련과 습관을 육성하여야 한다.

● 그림 3-12 **논리적 분석의 사례(2)**

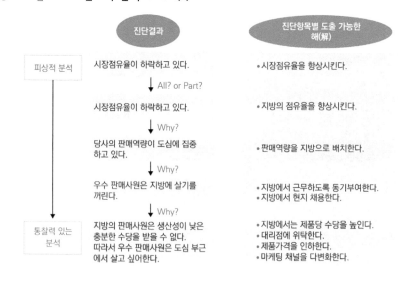

3.2. 창의력(創意力, Creativity)

창의력은 선천적인 재능에 의하여 상당부분은 좌우된다고 하는 학자도 있다. 그러나 노력이나 훈련을 통하여 극복하지 못하는 것은 없는바, 다음과 같은 창의력 배양 방법들을 활용하여 노력한다면 누구나 창의적인 역량가가 될 수 있다.

● 그림 3-13 **창의력 배양 방법 사례**

창의력 배양 방법	훈련 내용
지식 상식의 DB화	• 다른 업종, 다른 분야의 지식 • 문제해결 기법의 숙지(창조적/논리적)
체험의 중시	• 관찰한다. 직접 듣는다. 고객, 유통 채널 등을 충분히 이해한다. • 만진다. 느낀다.
Zero-base 사고훈련	• Concept block busting(사고의 벽을 부순다) • Why?/How?의 습관화(이유의 이유를 추구)
조직 내 환경 조성	• 조직 제도상의 연구 • 도전과 혁신을 장려하고, 실패를 용인하는 조직분위기 배양 • 동기부여를 한다.

3.3. 분석력(分析力, Analysis)

분석력이라고 하여 고도의 수학적 방법론이나 기법을 사용하는 경우보다는 그렇지 않은 경우가 대부분이다. 때문에 내용과 대상에 따라 일정한 법칙 정도만 숙지하여 사칙연산($+$, $-$, $\times$, $\div$)을 유효적절하게 사용한다면 원하는 결과를 얻을 수 있는데 이와 같은 것을 분석력이라 한다.

추가하여 엑셀의 함수를 능수능란하게 다루는 Skill을 함양한다면 진단 대상을 분석적으로 정리하는 것뿐만 아니라 원하는 Data(정보)를 도출하는 데 매우 유용하다.

● 그림 3-14 **분석력 배양 프로세스 사례**

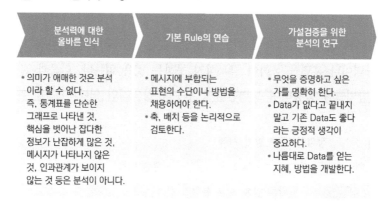

● 분석력에 대한 올바른 인식
- 의미가 애매한 것은 분석이라 할 수 없다. 즉, 통계표를 단순한 그래프로 나타낸 것, 핵심을 벗어난 잡다한 정보가 난잡하게 많은 것, 메시지가 나타나지 않은 것, 인과관계가 보이지 않는 것 등은 분석이 아니다.

● 기본 Rule의 연습
- 메시지에 부합되는 표현의 수단이나 방법을 채용하여야 한다.
- 축, 배치 등을 논리적으로 검토한다.

● 가설검증을 위한 분석의 연구
- 무엇을 증명하고 싶은가를 명확히 한다.
- Data가 없다고 끝내지 말고 기존 Data도 좋다라는 긍정적 생각이 중요하다.
- 나름대로 Data를 얻는 지혜, 방법을 개발한다.

3.4. 통합력(統合力, Integration)

부분적, 단편적으로 모은 각종 정보로부터 이런 정보는 「결국 무엇이다」라는 전체 이미지를 깨끗하게 구조화하는 역량이 통합력이다. 개선방법으로는 장벽의 제거, 문제의 해를 도출할 때까지 지속적인 So What의 의문 제기 등을 들 수 있다.

● 그림 3-15 **통합력 향상 방법 사례**

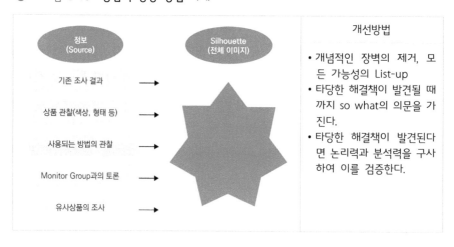

정보 (Source)

Silhouette (전체 이미지)

- 기존 조사 결과 →
- 상품 관찰(색상, 형태 등) →
- 사용되는 방법의 관찰 →
- Monitor Group과의 토론 →
- 유사상품의 조사 →

개선방법
- 개념적인 장벽의 제거, 모든 가능성의 List-up
- 타당한 해결책이 발견될 때까지 so what의 의문을 가진다.
- 타당한 해결책이 발견된다면 논리력과 분석력을 구사하여 이를 검증한다.

조직의 내부 및 외부를 대상으로 하는 경영환경분석에 활용할 수 있는 전략기법을 정리하면 〈표 3−7〉과 같다.

4. 경영전략수립 프로세스 2단계에서 활용할 수 있는 전략기법, 핵심과 산출물

경영환경 분석 단계에서 활용할 수 있는 전략기법은 〈표 3−7〉과 같고, 경영전략수립 프로세스 2단계에서의 핵심 및 산출물은 〈그림 3−16〉과 같다.

● 표 3-7 **경영환경 분석 단계에 활용할 수 있는 전략기법**

전략기법	개념	활용용도 및 특징
Business Modeling Strategy (비즈니스 모델링전략)	• Customer segments, Value pro-positions, Channels, Customer relationships, Revenue streams, Key resources, Key activities, Key partnerships, Cost structure 등 9개 요인으로 구성 • 2010년 Osterwalder와 Pigneur박사에 의하여 제시된 수익모델 창출, 상대적 경쟁 우위 요소를 체계적으로 분석하는 기법	• 기업이 생산제품이나 제공 서비스의 수익모델을 수립하는 과정에서 어느 것이 경쟁사 대비 상대적 우위요인인지, 열위요소인지를 체계적으로 분석하는 창의기반의 경영전략 기법
Seven S (조직내부 진단기법)	• Strategy, System, Structure, Shared Value, Style, Skill, Staff 등 S로 시작하는 7개 단어의 머리글자를 따 7S로 명명 • 1980년대 글로벌 컨설팅 Firm인 Mckinsey에서 제시되어 7S Mckinsey model로도 호칭되는 조직진단기법이다.	• 성공적인 조직을 위한 수준의 향상, 효율적이고 효과적인 조직으로의 개선, 고성과 창출을 위한 조직개편 등을 목적으로 하는 경영전략기법 • 조직의 뼈대와 근간이 되는 하드웨어 측면의 3S와 소프트웨어 측면을 다루는 4개의 S로 구성되었으며 컨설팅 현장에서 광범위하게 활용되는 기법
Value Chain Management (유·무형 자원 분석 전략)	• Support activities(지원활동) 4가지 요인과 Primary activities 5가지 요인으로 구성 • 기업의 부가가치 창출 활동에 직간접적으로 관련된 일련의 활동, 기능, 프로세스의 연계를 통한 가치창조 활동 기법이다. • 1985년 하버드대학교의 Michael Eugene Porter에 의하여 소개	• 가치를 창출하는 것은 단독이 아닌 기업의 직접 및 간접 등 모든 부서가 유기적인 협조가 어우러질 때 가치창출이 극대화되는 것을 근간으로 하는 경영전략 기법 • 당초에는 조직의 내부 대상의 부가가치창출 활동으로 소개되었으나 지금은 조직의 내부 간, 조직의 내부와 외부 간 유기적인 네트워크를 통한 가치창출 활동으로 확대

| PESTLE (거시환경 분석기법) | • Political, Economical, Socio cultural, Technological, Legal, Environmental 등 6가지 요인으로 구성
• 조직내부 및 산업 내 분석이 아닌 일반 환경 및 거시환경 분석기법이다. | • 기업환경을 둘러싸고 있는 환경의 정의, 불확실한 미래의 상황과 환경을 예측할 수 있는 데이터나 정보의 제공
• 상품이 서비스를 출시하고자 할 때, 새로운 지역이나 국가에 진출하고자 할 때, 유통경로를 검토할 때에 적합한 마케팅환경조사기법 |

● 그림 3-16 **경영전략수립 2단계의 핵심과 산출물**

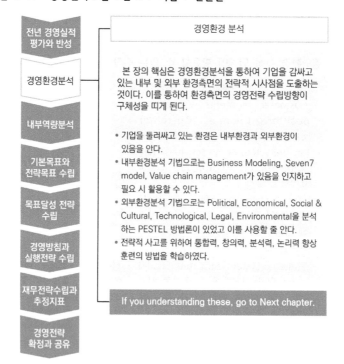

내부역량 분석

CHAPTER

04

1. 역량분석의 개요
2. 역량분석의 대상과 방법
3. 역량분석과 전략방향의 도출
4. 활용할 수 있는 전략기법과 스킬
5. 경영전략수립 프로세스 3단계의 핵심과 산출물

1. 역량분석의 개요

역량(力量, Competence)은 특정분야에서 우수한 결과를 보여주는 능력(能力, Ability or capacity)이나 사물에 관한 단편적인 원리적 판단의 체계인 지식(知識, Knowledge) 등과는 다른 것으로, 개인과 조직 두 가지 측면에서 설명할 수 있다.

첫째, 조직 구성원인 개인 측면이다. 이는 지식, 기능, 사고(思考)유형, 가치관, 심리자세, 경험 등 개인의 내적 특성이 융합되어 그 사람의 외적 특성으로 나타나는 행동특성, 언행특성, 판단특성, 리더십특성이다.

둘째, 구성원들이 종사하는 집단체인 조직 측면이다. 이는 조직의 내적 특성인 조직이 보유한 인·물적 자원과 유·무형 자산이 융합되어 도출되는 마케팅믹스, 제품믹스, 촉진믹스와 같은 무형의 결과물[1]과 무형의 결과물을 실행한 결과로 나타나는 시장점유율, 매출 및 영업이익, 재계순위와 같은 유형적인 외적

---

1 마케팅믹스는 4P라고도 한다. 이는 P자로 구성된 영어단어 4개인 Product(제품), Price(가격), Promotion(촉진 or 판매촉진), Place(유통 or 유통물류)이다. 제품믹스는 Width of product mix(제품믹스의 폭), Length of product mix(제품믹스의 길이), Depth of product mix(제품믹스의 길이), Consistency of product mix(제품믹스의 연관성) 4가지로 구성된다. 촉진믹스는 4P의 Promotion을 전문화한 것으로 Sales promotion(판매촉진), PR(홍보), Personal selling (인적판매), Advertising(광고) 4가지로 구성된다. 마케팅믹스, 제품믹스, 촉진믹스는 모두 전략기법들이다.

특성이다.

기업이나 기관 등 조직에서 역량분석을 하는 것은 내부의 강점과 약점을 분석하여 외부환경에서 기회를 활용하고 위협을 제거 또는 회피하여 생존, 즉 조직이 살아남기 위함을 목적으로 한다.

● 그림 4-1 **기업역량 분석 프로세스**

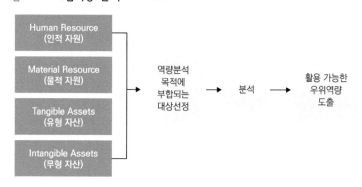

역량은 그 목적을 무엇으로 하는가에 따라 역량이라는 본질을 유지하면서 각기 다르게 분류할 수 있는데, 신제품개발역량, 인적자원역량, 국가의 과학기술역량, 혁신역량 등이 그것이다. 여기서 국가 차원의 혁신역량을 사례로 들어 식자 여러분들의 이해와 안목에 도움을 주고자 한다.

국가차원의 혁신역량(革新力量, Innovation competency)이란 어느 한 국가 또는 경제가 장기간에 걸쳐 경제적으로 가치가 있는 일련의 혁신을 지속적으로 이루어내는 것을 말하는데, 역량평가를 위한 지표를 5가지 부문으로 구분하여 평가한다.

● 표 4-1 **국가차원의 과학기술 역량평가 지표 사례**[2]

부문	자원	활동	네트워크	환경	성과
평가대상	인적자원 조직 지식자원	연구개발투자 창업활동	산학연협력 국제협력 기업 간 협력	지원제도 물적 인프라 문화	경제적 성과 지식창출

---

2 국가과학기술위원회(2012). 2011년 국가 과학기술혁신역량평가, 한국과학기술기획평가원.

2. 역량분석의 대상과 방법

역량분석의 대상은 기업에서 소유하고 운용하는 모든 것이 대상이 될 수 있다. 앞장에서 학습한 조직진단 기법인 7S의 Structure(조직구조), Strategy(전략), System(시스템), Share value(공유가치), Style(조직스타일), Skill(조직수준), Staff(조직구성원) 7가지 요인 모두를 대상으로 할 수도 있고, 이 중 Hardware 측면의 3S(Structure, Strategy, System)만을 대상으로 할 수도 있다.

국내 대부분의 중견기업에서는 매출중심의 손익계산서와 조직 구성원들의 동기부여, 성과보상, 보직임명 등 인사관리를 위하여 개인 및 조직단위 측면에서 평가하는 KPI(Key performance indicator, 핵심성과지표)의 정량적인 실적정도를 대상으로 역량을 분석하는 경우가 대부분이다.

본 책에서는 모든 조직에서 공통적으로 적용하고 활용되는 재무성과, 시장경쟁력, 핵심역량을 역량분석의 대상으로 한다.

역량분석은 분석된 실적이나 결과를 경쟁사 실적대비, 해당 산업의 평균지표 대비, GDP 성장률 대비 등 비교를 통하여 자사역량의 수준을 분석하는 시장접근법을 가장 일반적으로 사용하고 있는데 이는 역량의 수준을 용이하게 판단할 수 있는 장점이 있다.

2.1. 재무성과 분석

재무성과(財務成果, Financial result)는 기업 및 기관 등 조직에 종사하는 임직원들에게 내재되어 있는 인적역량(신입직원에서 최고경영자까지)과 역량발산의 행위인 인적활동의 결과로 도출되는 회계연도의 최종 산출물이다.

재무성과 분석의 주요 항목으로 매출액, 영업이익, BEP(손익분기점), EBITDA(감가상각 전 영업이익) 그리고 수익성지표인 ROA(총자산이익률), ROE(자기자본이익률), 가치 중심 경영지표인 EVA(경제적 부가가치)가 있다.

매출(賣出, Sales) 또는 매출액은 기업이 그 기업 영업활동으로 제품을 판매 또는 용역을 제공하고 받은 대가로 실현된 수익(收益)을 말하며, 판매수량에 개당 가격을 곱하여 산출한다.

매출액 = P × Q	P = Price, Q = Quantity

영업이익(營業利益, Operating profit)은 해당 기업의 주된 영업활동으로 발생된 이익으로 두 가지로 구할 수 있다.

첫 번째는 매출액에서 변동비와 고정비를 빼서 구한다.

두 번째는 매출액에서 매출원가와 판관비(판매비와 일반관리비)를 빼서 구한다.

또한 매출액에서 변동비를 뺀 것을 공헌이익이라 하고, 매출액에서 매출원가를 뺀 것은 매출총이익이라 한다.

영업이익 = 매출액-변동비(VC) + 고정비(FC)	VC = Variable Cost, FC = Fixed Cost
공헌이익 = 매출액 - VC 매출총이익 = 매출액 - 매출원가	
영업이익 = EBIT	EBIT = Earning Before Interest Tax (이자비용과 세금을 제외하기 전 수익을 말한다)

손익분기점(損益分岐點, Break even point)은 일정기간 투하비용과 매출액이 일치되는 지점, 생산초기에 손실에서 이익으로 전환되는 시점, 일반적으로 손익분기점이 낮아진다면 이익은 더 높아지고 영업위험은 더 낮아진다. 또한 손익분기점은 공학관리자들에게 이익계획 수립에 대한 통찰력을 제공해 주기도 한다.

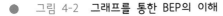

● 그림 4-2 **그래프를 통한 BEP의 이해**

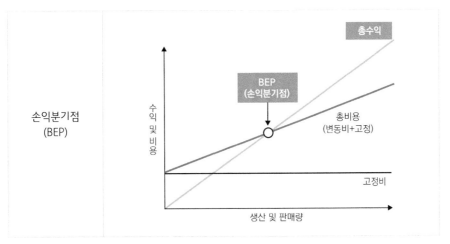

EBITDA(감가상각 전 영업이익, 減價償却 前 營業利益, Earning before interest tax depreciation amortization)은 영업이익(營業利益, EBIT)에 유형자산에 대한 감가상각비(Depreciation)와 무형자산에 대한 감가상각비(Amortization)를 더한 값을 말한다.

EBITDA = EBIT + D + A	EBITDA = Earning Before Interest Tax Depreciation Amortization

다음은 수익성지표인 ROA와 ROE이다.

ROA(총자산이익률, 總資産利益率, Return on assets)는 순이익을 총자산으로 나눈 값으로, 총자산을 이용하여 얼마나 많은 수익을 냈는지를 나타내고 동시에 수익성과 효율성을 측정하는 지표이기도 하다.

ROA = 순이익 ÷ 총자산	또는	= 총자산 회전율 × 매출액 순이익률 = (매출액 ÷ 총자산) × (순이익 ÷ 매출액)

ROE(자기자본이익률, 自己資本利益率, Return on equity)은 순이익을 자기자본으로 나눈 값이다. 이는 자기자본을 이용하여 얼마나 수익을 냈는지를 알 수 있

는 지표이다.

| ROE = 순이익 ÷ 자기자본 | 또는 | = 총자산 회전율 × 매출액 순이익률 × 재무레버리지
= (매출액 ÷ 총자산) × (순이익 ÷ 매출액) × (총자산 ÷ 자기자본) |

여기에서 ROE와 ROA의 부채비율 관계를 정립해 본다.

- ROE가 ROA와 같으면 부채비율은 0%가 되고
- ROE가 ROA의 두 배이면 부채비율은 100%가 되는데, 이는 ROE와 ROA의 차이가 적을수록 부채비율이 낮아짐을 의미하는 것이다. 즉 기업의 효율성이 높다는 것이다.

다음은 가치 중심 경영지표인 EVA에 대하여 알아본다.

EVA(경제적 부가가치, 經濟的 附加價値, Economic value added)는 전통적인 회계이익만으로는 기업의 경영성과를 충분히 알 수 없다는 데 기초하여 개발된 경영성과 지표이며, 이는 EVA를 개발한 미국의 컨설팅 회사인 Stern Stewart Management Services(스턴 스튜어트 관리회사)사의 Trademark(상표)이기도 하다.

EVA는 기업이나 기관 등 조직의 영업활동에 투하한 자산이 얼마나 많은 이익을 실현하였는가를 나타내는 지표인데 이자, 법인세, 주주에게 배당할 기대수익까지 차감한 것으로 실질적인 기업의 경제 부가가치이다.[3]

EVA	= 세후 순영업이익(영업이익 - 법인세) - 자본비용(타인자본비용 + 자기자본비용)
	= 세후 순영업이익 - (투자자본 × 가중평균자본비용)
	= 투하자본수익률(ROIC) - 가중평균자본비용(WACC) × 투하자본(IC)

- IC=영업활동을 위해 투하된 자본규모를 말하는 것으로 「Invested Capital」이다.
- ROIC=타인자본과 자기자본 구조와 관계없이 영업활동에 투하된 자본이 창출한 이익을 말하며 「Return on invested capital」이다.
- WACC=가중평균자본비용으로 타인자본 비용과 자기자본 비용을 조달 규모로 가중 평균한 비용을 말하는 것으로 「Weighted average cost of capital」이다.

---

3 Chen, S., Dodd, J. L.(1997). Economic value added (EVA™): An empirical examination of a new corporate performance measure. Journal of managerial Issues; 김영수(2014). 전략경영론, 학현사.

2.2. 시장경쟁력 분석

시장경쟁력 분석에서는 매출 및 이익 측면의 재무기여도분석(FCA), 고객만족도분석(CSA)을 학습한다.

기여도분석(寄與度分析, Financial contribution analysis)은 제품이나 서비스의 경쟁력을 분석하는 방법 중 하나로, 자사의 제품이나 서비스용역의 매출 및 이익기여도를 평가하는 것이다. 기여도는 매출이나 이익의 규모와 항상 비례하는 것은 아니다. 이를테면 기업이나 기관 등 특정조직의 매출규모가 크더라도 기여도는 다른 제품이나 SBU[4]에 비하여 낮을 수 있고(〈그림 4-3〉의 B), 매출의 규모는 크지 않더라도 이익기여도는 매출의 규모보다 높게 나타날 수 있다(〈그림 4-3〉의 C). 반면 매출규모와 이익기여도 규모가 비례하여 나타나는 경우도 있을 수가 있다(〈그림 4-3〉의 A).

재무기여도를 고려한 제품, 서비스, SBU의 전략적 배치는 시장경쟁력을 강화하는 사업 포트폴리오(Business portfolio)가 될 수 있다.

● 그림 4-3 **매출 및 이익의 규모와 재무기여도와의 관계**

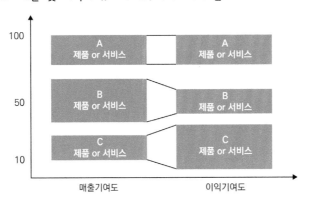

고객만족도분석(顧客滿足度分析, Customer satisfaction analysis)은 기업이나 기

---

4 SBU(Strategy business unit)는 전략적 사업단위를 말한다. 이는 독립적으로 전략 및 목표를 수립하고 재정계획을 수립 및 운용하며 권한과 책임을 부여받고 평가를 받는 특징을 가지고 있다.

관 등 복수의 조직에서 시장에 공급하는 제품, 서비스에 대하여 소비자가 느끼는 만족의 정도를 평가하는 것이다. 그러나 전략이나 목표를 수행하기 위하여 자사의 것 또는 공급자가 공급자를 대상으로 평가하는 경우도 필요하다.

고객만족도분석은 시장에서의 경쟁우위 확보가 대부분 공급사의 목표인 바, 많은 시간과 비용을 투자하여 자사가 직접 조사하는 것보다는 전문조사기관의 조사결과를 활용하는 것도 좋은 방법이 될 수 있다. 물론 국가만족도(NCSI, National customer satisfaction index) 조사를 비롯하여 기관, 언론사, 협회, 학회 등 다종다양하게 이루어지고 있으므로 객관적이고 신뢰성이 기본적으로 확보된 결과물이어야 한다.

〈그림 4-4〉의 사례로 제시하는 것은 한국소비자원에서 실시한 2016년도 국내의 택배서비스 업체별 소비자만족도 조사결과이다. 만족도 조사의 항목은 조사기관에서 소비자, 평가기관, 공급자 등 참여주체들의 의견을 반영하여 정립하는데, 본 만족도 조사 항목은 이용절차 및 직원서비스, 배송가능물품 및 정보제공, 가격, 서비스호감도 등 4문항을 대상으로 5점 만점으로 구성되었다.

● 그림 4-4 **한국소비자원의 소비자만족도 조사 사례**

구 분	종합만족도		이용절차 및 직원서비스	배송가능물품 및 정보제공	가격	서비스호감도
	점수	%				
우체국택배	3.97	79.4	4.07	3.75	3.60	3.94
CJ대한통운	3.86	77.2	3.92	3.74	3.70	3.82
로젠택배	3.83	76.6	3.90	3.60	3.78	3.81
롯데택배	3.76	75.2	3.85	3.54	3.69	3.75
한진택배	3.74	74.8	3.83	3.53	3.65	3.72
평 균	3.83	76.6	3.91	3.63	3.68	3.81

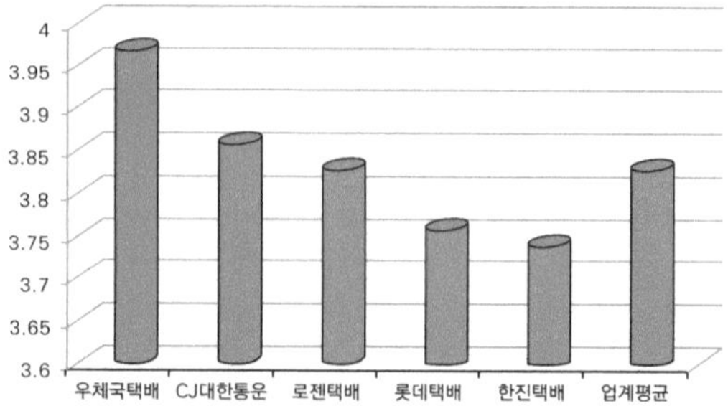

2.3. 핵심역량[5] 분석

핵심역량(核心力量, Core competence)은 경쟁사와 차별화된 강력한 무기로 기업이나 기관 등 조직이 내부적으로 보유한 사업성공을 위한 경쟁의 원천으로, 자원(Resource), 능력(Capability)의 조합을 의미하는 것으로 시장에서 구입하거나 재생산, 복제, 대체가 불가능한 인·물적 자원과 유·무형 자산이다.

자원기반이론(資源基盤理論, Resource based theory)은 1980년대 초반 동일한 환경에서 개별기업의 성과차이가 발생하는 원인에 대해 산업의 매력도 등 환경적인 요인보다 기업내부의 고유한 자원인 역량을 핵심요인으로 보는 이론[6]으로

● 그림 4-5 **핵심역량의 구성과 4가지 조건**

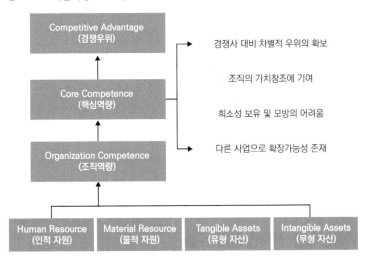

---

5 Prahalad, C. K., Hamel, G.(2006). The core competence of the corporation. In Strategische unternehmungsplanung-strategische unternehmungsführung, Springer Berlin Heidelberg; Prahalad, C. K., Hamel, G.(1997). The core competence of the corporation. En Foss.

6 Barney, J.(1991). Firm resources and sustained competitive advantage, Journal of management, 17(1); Barney, J. B., Wright, P. M.(1998). On becoming a strategic partner: The role of human resources in gaining competitive advantage. Human Resource Management (1986-1998), 37(1); Becker, B. E., Huselid, M. A., Becker, B. E., Huselid, M. A.(1998). High performance work systems and firm performance: A synthesis of research and managerial implications, In Research in personnel and human resource management.

핵심역량을 설명하는 이론이다.

유형자산은 기업의 자금능력, 공장설비, 유통채널, 입지 등과 같은 물리적 자원을 말하고, 무형자산은 산업재산권, 저작권, 신지식재산권을 말하는데, 산업재산권에는 특허권, 실용신안권, 디자인권, 상표권이 있고, 저작권에는 저작재산권, 서작인격권이 있다. 신지식재산권에는 산업저작권, 첨단산입재산권, 정보재산권, 신상표권 및 의장권이 있다.

조직능력이란 신제품개발능력, 효율적 조업능력, 마케팅능력, 전략적 제휴능력 등과 같이 조직에 배어있는 해당 기업만이 가지고 있는 특징을 말한다.

기업이나 기관 등 조직의 인·물적 자원과 유·무형 자산이 뛰어나고 조직역량을 갖췄다고 모두 핵심역량이 될 수 있을까?

물론 핵심역량이 될 수도 있다. 그러나 전략을 담당하는 인사라면 다음을 기억할 필요가 있다.

핵심역량의 조건은 업종이나 산업에 따라 약간의 차이가 있을 수도 있겠으나, 다음과 같은 4가지를 핵심역량의 조건[7]이라고 한다. 첫째, 경쟁사 대비 차별적 우위를 확보하고 있어야 한다. 둘째, 가치창조에 기여하여야 한다. 셋째, 회소성이 있어야 하며 모방이 쉽지 않아야 한다. 넷째, 다른 사업으로 확장가능성이 있어야 한다.

3. 역량분석과 전략방향의 도출

기업의 역량을 분석하는 목적은 기존사업의 강화 또는 신사업을 검토할 때이다. 기존 사업의 경쟁력강화와 보완도 중요하다. 그러나 신사업의 진출 및 확장여부를 결정하기 위한 기업내부의 핵심역량 분석은 신사업의 성패를 좌우하는 원천이 되기 때문에 도출과정부터 객관적이고 한쪽으로 치우치거나, 간과하

---

7 Prahalad, C. K., Hamel, G.(2006). The core competence of the corporation. Springer Berlin Heidelberg; Prahalad, C. K., Hamel, G.(1997). The core competence of the corporation. En Foss.

는 것이 없어야 한다.

본 장까지 학습한 식자 여러분들은 기업내부역량분석을 통하여 핵심역량을 도출하고, 핵심역량을 가지고 기존사업과 신사업에 운용할 다음의 전략적 시사점을 도출하여야 한다(〈그림 4-6〉 참조).

첫째, 기존사업 강화를 위한 전략적 시사점과 방향성

둘째, 신사업의 방향성 정립을 위한 핵심역량의 라인업(Line-up)

셋째, 기존사업과 신사업에 단독 또는 공통으로 적용할 핵심역량의 할당

● 그림 4-6 **내부역량분석 프로세스와 결과물의 활용**

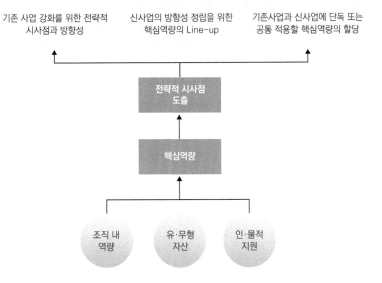

● 4. 활용할 수 있는 전략기법과 스킬

기업 및 기관 등 조직의 내부역량분석을 위한 조사 및 분석을 할 수 있는 전략기법으로 4C 전략과 SWOT 기법을 소개한다.

4.1. 4C전략

4C전략은 경쟁사, 고객, 자사를 의미하는 3C에 또 하나의 「C」를 추가한 것이다. 관련 다른 도서를 보면 커뮤니케이션(Communication)의 C, 유통채널(Distribution channel)의 C 또는 2개의 C 모두를 포함하기도 한다.

본 책은 생산된 제품이나 서비스가 B2B 제품의 경우 중간 경유지인 물류센터, B2C 제품의 배송을 위한 최종 소비자까지 물적유통 및 상적유통[8]의 핵심적인 기능을 수행하는 유통경로를 의미하는 Channel을 추가한 것으로 4C를 정

● 그림 4-7 **3C의 관계를 보여주는 전략 3각형 모형**

---

8 물적유통(物的流通)은 우리가 흔히 말하는 물류(Logistics)를 의미한다. 이는 실제 제품이나 상품의 물리적 이동 활동인 Physical distribution을 말한다. 반면 상적유통(商的流通)은 상류를 의미하는 것으로 판매, 영업, 마케팅 등의 상거래 활동을 말한다.

의하고 전개한다.

전개 및 학습 순서는 4C의 뼈대인 3C를 먼저 학습하고 나머지 1개 C(Channel)를 추가로 학습하도록 한다.

먼저 3C 전략이다.

3C기법은 기업경쟁의 핵심 본질을 3개 요인인 고객(顧客, Customer), 자사(自社, Corporation), 경쟁사(競爭社, Competition) 등 3개의 C로 정의[9]하고 있다.

3C Framework, 3C model, Strategic triangle(전략3각형)으로 알려진 이것은 일본의 경영대가인 Kenichi Ohmae에 의하여 개발 및 제안[10]되었다. 본 책에서는 3C Framework, 3C model, Strategic triangle을 통칭하여 3C 전략으로 기술한다. 3C 전략은 〈그림 4-7〉과 같이 삼각형의 모서리에 각각의 3개 C가 위치해 있다.

3C전략의 각 C가 의미하는 핵심사항을 개발자인 Kenichi Ohmae가 정의한 내용을 요약하여 다음과 같이 약술한다.

첫째, Customer-based strategies(고객기반의 전략을 수립하여야 한다). 기업은 주주(Shareholder)보다 먼저 고객의 만족에 집중하여야 한다. 고객을 우선 돌봄으로써 기업의 이익은 자동적으로 충족될 수 있기 때문이다. 이를 위하여 기업은 다음의 것을 염두에 두고 전략(경영전략, 마케팅 전략)을 수립하여야 한다.

목표에 부합하는 시장세분화
고객 밀집도(密集度)를 고려한 시장세분화
유효적절한 마케팅 믹스의 변화
시장세분화의 재정렬

9 기업 및 기관 등 조직에서 3C의 구성요소를 사용할 때, 자사인 Corporation을 Company로, 경쟁사인 Competition을 Competitor로 사용하기도 한다. 본 3C model의 개발자가 제시한 3C의 구성요소를 확실히 인지하고 동일의미로 활용하는 것은 전략담당자의 몫이 될 것이다.

10 Ward D.(2005). An overview of strategy development models and the ward-rivani model. Economics Working Papers; Wind, Y.(1987). Financial services: increasing your marketing productivity and profitability. Journal of Services Marketing, 1(2); Kenichi Ohmae 박사의 프로필은 제3장의 각주 5를 참조하기 바란다.

둘째, Corporate-based strategies(자사기반의 전략을 수립하여야 한다). 기업은 전략적 사업단위(SBU[11]), 부서(팀, 그룹 등), 사업부 또는 본부 등의 운영과 관계된 기능을 정의하고, 정의된 기능을 기반으로 자사전략을 수립하여야 한다. 자사전략 수립 시 다음 사항을 고려하여야 한다.

중요 사항의 선택과 이의 서열화
조달 방법의 선택(직접 또는 구매 등)
원가 효율성의 개선

셋째, Competitor-based strategies(경쟁사를 의식한 전략을 수립하여야 한다). 기업은 경쟁사 대비 차별화된 자본이 무엇인지, 어떤 것 또는 어느 부분에서 최고가 되고 싶은지를 정의하고, 이를 부분적 또는 전체적으로 반영하여 경쟁사를 의식한 전략을 다음과 같은 것을 고려하여 수립해야 한다.

기업의 이미지 또는 브랜드 가치
이익의 자본화와 비용구조의 차별화
변화 대응이 가능한 실행전략
인·물적 자원과 유·무형자산(Hito-Kane-Mono)

중견기업에서 수립한 3C전략 사례이다.

사례기업은 가장 먼저 3C의 구성요소인 고객, 자사, 경쟁사 등 3C를 정의하였다(〈그림 4-8〉 참조).

다음으로 고객측면의 정의사례로 제품별, 지역별, 고객별 시장규모 추이를 매출액 중심으로 분석한 후 고객별 시장규모 추이를 기반으로 고객을 세분화하였다.

---

11 전략적 사업단위(SBU)에 대한 설명내용은 제4장의 각주 4를 참고하기 바란다.

마지막으로 고객별 속성을 분석하여 소구요소를 정리한 것을 알 수 있다

(〈그림 4-9〉 참조).

● 그림 4-8 **전체 구성요소의 정의 사례**

• 자사의 주요제품, Service 및 공헌도는?
• 자사의 사업운영 흐름 및 조직체계는?
• 정량화해서 파악할 수 있는 자사의 강점은?

Corporation
(자사)

Strategic triangle
(전략 3각형)

Customer
(고객)

Competition
(경쟁사)

• 시장의 규모 및 추이는 어떠한가?
• 주 고객은 누구인가?
• 주 고객의 특성과 속성은 무엇인가?

• 자사의 주 경쟁사는 누구인가?
• 주 경쟁사의 약점은?
• Model이 되는 선진기업의 성공요인은 무엇이며
  자사에 주는 시사점은?

● 그림 4-9 **고객측면의 정의 사례**

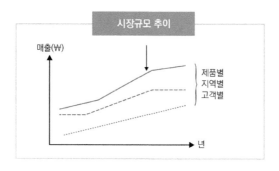

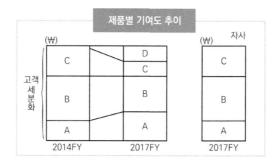

사례기업은 다음으로 자사에 대하여 정의를 하였는바, 생산제품별 매출 및 이익에 대한 기여도 분석, 조직운영체계의 특징 분석 등을 통하여 부문별로 자사의 강점을 정리하였다.

● 그림 4-10   **자사에 대한 정의 사례**

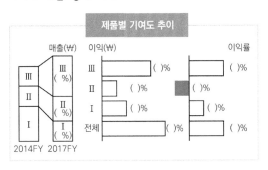

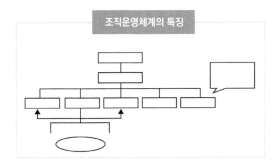

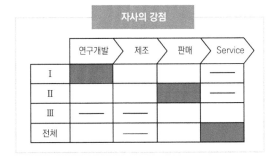

마지막으로 경쟁사측면에서는 제품별 시장점유율 추이, 자사보다 앞서가는 선진기업의 성공요인 및 경쟁사의 약점을 정의하여 Gap Analysis를 통한 자사의 강점 강화와 약점 보완을 고려한 전략수립을 하고 있음을 알 수 있다.

● 그림 4-11   **경쟁사측면의 정의 사례**

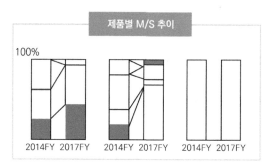

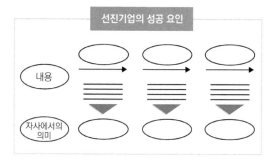

다음은 Channel이다.

Channel은 유통과 유통경로를 아우르는 단어로 유통인 Place channel과 Distribution channel을 설명한다고 할 수 있다.

그러나 본 책에서는 유통과 유통경로에서 꼭 필요한 핵심 내용 중심으로 학습한다. 유통과 유통경로 내용만으로 한권의 책을 낼 수 있는 방대한 분야이

기 때문이기도 하지만, 전략경영의 필수사항만을 대상으로 하기 때문이기도
한다.

유통(流通, Distribution channel)은 상적유통의 줄임말로 제조업자로부터 생
산된 제품이 중간상인(도매상, 소매상 등)을 거쳐 최종 소비자까지 전달되는 과정
을 말한다. 이와 같은 유통과정은 장소의 효용성, 시간의 효용성, 형태의 효용
성, 정보의 효용성을 창출한다.

● 　표 4-2　**유통과정을 통해 창출되는 효용성**

구분	주요 내용
장소의 효용성	소비자가 편리한 장소에서 제품을 구매할 수 있는 공간측면의 효용성을 말한다. 예를 들어 소비자는 제조공장이나 물류센터보다는 소매점에서 구매하는 것이 편리하다. 장소의 효용성은 이와 같은 장소의 이동을 통한 가치창출을 의미한다.
시간의 효용성	소비자가 필요한 때에 제품을 구매하는 효용성을 말한다. 예를 들어 유통업자는 제품을 보관하고 있다 소비자가 필요할 때 소매점에 제품을 공급하여 소비자가 구매하도록 하는데, 이와 같이 보관과 구매의 시간측면에 가치를 창출하는 활동이다.
형태의 효용성	소비자가 구매하기 적당한 양이나 형태로 가공하여 제품을 제공하는 것을 말한다. 예를 들어 Pallet 또는 Lot 단위 제품이 소형 박스나 소량으로 소비자의 Needs 중심으로 포장되는 형태의 변화를 통한 가치창출 활동을 의미한다.
정보의 효용성	제품을 보호하는 포장 겉면에 소비자가 쉽게 이용하고, 주의할 수 있도록 제품에 대한 각종 정보를 제공하는 효용성이다. 이는 소비자들에게 지식, 정보, 사용법 등을 제공활동을 통한 가치창출을 의미한다.

또한 유통은 물적 유통(물류, Logistics)과 비교하여 기능적 특징을 가지고 있
는데, 소유권이전, 촉진, 협상, 금융, 위험부담, 주문, 지불이 그것이다.

소유권이전(所有權移轉, Possession)은 제조업체에서 도매상, 도매상에서 소매
상, 소매상에서 소비자로 재화 및 서비스용역의 소유권이 이전되는 것을 말한다.

촉진(促進, Promotion)은 제조업자와 관계없이 중간상들이 판매활성화를 위
한 각종 Event(이벤트)를 전개하는 촉진활동을 말한다.

협상(協商, Negotiation)은 중간상이나 소매업자가 소비자를 대신하여 제조업
체와 행하는 가격조정을 말한다.

금융(金融, Finance)은 중간상이나 소매업자가 제조업자와 무관하게 외상거
래 또는 어음거래 등을 행하는 것을 말한다.

위험부담(危險負擔, Risk taking)은 소비자와 거래에서 발생한 각종 금전 등

의 위험을 제조업체에게 부담이 없도록 중간상이나 소매업자가 부담하는 것을 말하는데, 제조업자의 소비자에 대한 행동에서 발생하는 위험을 도매상이 부담하는 것도 같은 맥락이다.

● 그림 4-12 **유통의 기능**12

주문(注文, Order)은 소비자를 대신하여 소매업자는 중간상에게, 중간상은 제조업자에게 재화나 서비스용역의 보충을 요구하는 것을 말한다.

지불(支拂, Payment)은 소비자를 대신하여 소매업자는 중간상에게, 중간상은 제조업자에게 소유권이 이전된 재화 서비스용역의 대가로 치르는 금전적 가치를 말한다.

유통경로(流通經路, Place channel)는 재화 또는 서비스 용역을 소비자가 보다 편리하고 효율적으로 구매할 수 있도록 제조업자에서 소비자까지 전달되는 일련의 과정을 말한다. 이 둘은 공통적인 경로의 특징과 서로 다른 경로의 특징을 가지고 있다.

먼저 공통적인 경로상의 특징으로는 제조업자에서 도매상 및 소매업자를

---

12 김성호(2015). 마케팅정론(제2판), 학현사를 편집하여 인용.

거쳐 소비자에게 전달된다는 것이다.

다음은 서로 다른 경로상의 특징이다.

소비재유통경로는 4가지의 유통경로로 설명하고 있다. 첫째, 제조업자가 직접 소비자와 거래하는 형태의 직접 판매경로이다. 둘째, 제조업자와 소비자 사이에 소매업자만 있는 형태이다. 셋째는 제조업자와 소비자 사이에 도매상과 소매상이 개입되는 가장 일반적인 판매경로이다. 넷째는 가장 복잡한 판매경로로 제조업자, 도매상, 중간 도매상, 소매업자가 개입되는 형태인데, 최근에는 극히 일부업종에서만이 존재한다.

산업재(Industrial goods) 유통경로는 다음과 같은 3가지 특징을 가지고 있다. 첫째, 소비재와 다르게 직접 판매경로를 가장 많이 사용한다. 둘째, 영업사원이나 직접 마케팅을 통하여 기업 고객에게 판매되는 경우가 많다. 셋째, 산업재 시장(Industrial goods market)은 소수의 구매자가 대규모로 구매하는 경우가 일반적이다.

유통경로조직(流通經路組織, Place channel organization[13])의 계열화전략이다.

경로조직의 계열화에는 수직적 마케팅시스템, 수평적 마케팅시스템, 복수 유통경로 마케팅시스템이 있다.

● 표 4-3 **유통과정을 통해 창출되는 효용성**

VMS의 종류	주요 내용
Corporate VMS (기업형 VMS)	• 유통경로에 참여한 경로조직 중 한 조직이 다른 조직들을 법적으로 소유하며 관리하는 형태이다. • 여기에는 전방통합과 후방통합이 있다.[14]
Contractual VMS (계약형 VMS)	• 유통경로에 참여한 경로조직 간 계약에 의하여 각 조직원들이 할 마케팅 기능들을 합의로 관리하는 형태이다. • 여기에는 자발적 연쇄점, 소매상협동조합, 프랜차이즈 시스템이 있다.
Administered VMS (관리형 VMS)	• 경로를 구성하는 각 조직들이 특정 조직에 의하여 관리되는 형태이다.

---

13 유통경로조직은 제품이 제조업자에서 소비자까지 전달되는 과정에 관여하는 조직 또는 개인의 집합체를 말하는데, 유통경로기관이라고도 한다.

14 전방통합(前方統合, Forward integration)은 원료를 공급하는 기업이 생산기업을 통합하거나,

첫째, 수직적 마케팅시스템이다. 이는 VMS(Vertical marketing system)라 하는데 제품의 생산에서 구매에 이르는 전 경로과정에 속하는 조직을 통제하여 영향력의 최고화(最高化)와 최대(最大)의 경제성 추구를 목적으로 한다. VMS에는 기업형(企業形), 계약형(契約形), 관리형(管理形) VMS가 있다.

둘째, 수평적 마케팅시스템이다. 이는 HMS(Horizontal marketing system)라 하는데 경로단계에 있는 복수의 경로 참가자가 연합하여 공동으로 마케팅을 계획 및 실행하는 것을 말한다.

셋째, 복수 유통경로마케팅시스템이다. 이는 MMS(Multichannel marketing system)라 하는데 단수의 제품이 편의점, 백화점, 할인점 등 복수의 유통경로에서 판매되는 것을 말한다.

4.2. SWOT 기법

SWOT 기법은 Albert S. Humphrey(알버트 험프리)[15]가 Stanford Research Institute(현재의 SRI International)에 근무할 때 그가 만든 기획팀에서 개발한 SOFT 분석(SOFT Analysis) 이후에 여러 단계를 거쳐 개발된 것이다.

● 표 4-4 **SWOT기법의 구성과 반영 요소**

Strengths(강점)	Weaknesses(약점)
• 제품 및 기술 • 브랜드 자산 • 유통채널 • 가격 • 기타 기업내부 조직의 인·물적 자산 및 유·무형 자산의 강점	• 제품 및 기술 • 브랜드 자산 • 유통채널 • 가격 • 기타 기업내부의 인·물적 자산 및 유·무형 자산의 강점

제품을 생산하는 기업이 유통채널을 통합하는 것을 말하는데, 통합의 대상인 피통합물이 통합조직의 앞에 있다는 것에서 명명된 것이다. 후방통합은(後方統合, Backward integration)은 전방통합의 반대개념으로 제조업자가 원료공급업자를 통합하거나, 유통업자가 제조업자를 통합하는 것을 말한다.

15 Albert S. Humphrey(1926년 6월에 태어나 2005년 10월 79세의 나이로 卒). 비즈니스 및 경영컨설턴트였다. 미국의 일리노이즈 대학교 및 MIT대학교에서 화학공학 학사 및 석사학위를 취득하였고 하버드대학교에서 MBA학위를 취득하였다. SWOT Analysis의 전신인 SOFT Analysis의 개발자이다.

	Opportunities(기회)	Threats(위협)
	• 시장 성장률	• 시장 성장률
	• 경쟁강도	• 경쟁강도
	• 경쟁의 수	• 경쟁의 수
	• 기타 기업외부 환경에서 기업이 가질 수 있는 기회	• 기타 기업외부 환경에서 기업이 처할 수 있는 위협

SWOT 분석은 기업내부 조직에서 강점과 약점을 정의하고, 외부의 환경에서 기회와 위협을 정의하여 분석된 요인들을 전략으로 개발하여, 강점은 육성하고, 약점은 제거하고, 기회와 위협을 이용하는 기법이다.[16]

또한 이는 TOWS Matrix로 확장 분석하여 시장 세분화전략, 시장 다각화 전략, 전략방향의 구체화 등에 폭넓게 활용되는 기법으로 1960년대부터 현재까지 지속적으로 애용되는 경영전략의 ABC이자 가장 대중적으로 활용되는 기법이기도 하다.

● 표 4-5 SWOT기법의 Tows matrix

구분	Strengths	Weaknesses
Opportunities	SO Strategies (공격 전략)	WO Strategies (전환 전략)
Threats	ST Strategies (다양화 전략)	WT Strategies (방어 전략)

- SO Strategies : 강점을 기회로 활용하여 공격 전략을 수립
- WO Strategies : 기회로 약점을 극복하여 위기 전환 전략을 수립
- ST Strategies : 강점으로 위협을 극복할 수 있는 다양화 전략을 수립
- WT Strategies : 약점과 위협을 최소화할 수 있는 방어 전략을 수립

● 5. 경영전략수립 프로세스 3단계의 핵심과 산출물

경영전략수립 프로세스 3단계에서 활용할 수 있는 전략기법은 〈표 4−6〉과 같고, 내부역량 분석 단계의 핵심 및 산출물은 〈그림 4−13〉과 같다.

---

16 Dyson, R. G.(2004). Strategic development and SWOT analysis at the University of Warwick. European journal of operational research, 152(3); Hill, T., & Westbrook, R.(1997). SWOT analysis: it's time for a product recall. Long range planning, 30(1).

● 표 4-6 내부역량분석 단계에서 활용할 수 있는 전략기법

전략기법	개념	활용용도 및 특징
Four C Strategy	• 4C는 일본의 경영대가인 Kenichi Ohmae가 개발한 3C 전략에 유통 또는 유통 경로를 의미하는 Channel을 추가하여 분석하는 기법이다. • Corporation, Competition Customer, Channel 등 4가지 요소로 구성된다.	• 경영전략을 수립할 때 가장 많이 활용되는 마케팅전략이다. • 전통적인 3C를 기반으로 C자 시작의 어떠한 단어가 들어가느냐에 따라 조사내용을 달리하며 운용할 수 있다.
SWOT Method	• SWOT 기법은 Strengths, Weakness, Opportunities, Threats 등 4가지 요인으로 구성되었다. • Humphrey가 Stanford Research Institute에 근무할 때 개발한 SOFT analysis를 기반으로 발전한 조직의 내부 및 외부 환경 분석 기법이다.	• 조직내부의 강점과 약점, 조직 외부의 기회와 위협을 분석하는 경영전략 수립 및 경영환경조사기법이다. • 조직의 특성에 따라 공격전략(SOS), 전환전략(WOS), 다양화전략(STS), 방어전략(WTS) 등 다양한 전략구사가 가능하다.

● 그림 4-13 경영전략수립 3단계의 핵심과 산출물

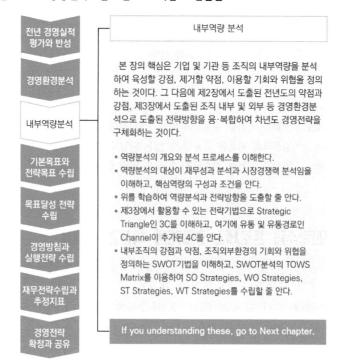

기본목표와 전략목표 수립

1. 기본목표
2. 전략목표
3. 활용할 수 있는 전략기법과 스킬
4. 경영전략수립 프로세스 4단계의 핵심과 산출물

05

잠시 지금까지 학습한 단계를 짚어보기로 한다.

경영전략 수립의 첫 번째 단계는 조직의 최고경영자(기업체의 오너CEO 및 전문경영CEO, 공공기관의 이사장 및 사장, 각종 단체의 장 등)를 비롯하여 전 구성원이 집중하여 이룩한 지난 1년간의 경영실적에 대한 평가와 반성이었다.

평가와 반성의 목적은 잘 한 점과 잘 못한 점을 도출해 내는 것이고, 도출된 핵심을 차(次)년도 경영전략수립에 반영하는 것이 목적이라고 하였다.

두 번째 단계는 경영환경 분석이었다. 이는 기업 내부와 외부를 둘러싸고 있는 환경을 분석하여 환경측면에서 전략적 시사점을 도출하고, 도출된 전략적 시사점을 차년도 경영계획수립에 반영하는 것이라 하였는데, 이를 통하여 조직의 경영전략 수립방향이 구체화된다고 하였다.

경영전략 수립의 세 번째 단계는 조직 내부의 인·물적 자원, 유·무형 자산 대상의 내부역량분석이었다. 이를 통하여 육성 및 강화할 강점, 제거 및 보완할 약점, 이용할 기회와 위협을 도출 및 정의할 수 있다.

3단계까지 학습하면서 구체화된 차년도의 전략방향, 강화 및 보완할 자원과 대상역량이 구체화되었으므로, 4단계는 3단계 과정을 통하여 도출된 요인과 방향을 기준으로 조직이 생존하기 위한 기본목표와 성장하기 위한 전략목표를 수립하여야 한다. 바로 경영계획의 수립단계이다.

경영계획에는 단기계획, 중기계획, 장기계획이 있다. 단기계획은 차년도의 경영계획을 중심으로 차차년도까지의 경영계획을 말하는 것이고, 중기계획은 3년에서 4년 미래의 경영계획을 말한다. 장기계획은 5년 이상의 미래 경영계획을 말한다.

본 책에서 말하는 기본목표와 전략목표는 두 가지 요인을 기준으로 하여 구분하였는데 투자의 높고 낮음과 미래의 기간이 그것이다.

먼저 기본계획은 전략계획에 비하여 상대적으로 투자금액이 높지 않으며 덜 공격적인 중기 이전인 2년 이전까지의 단기 경영계획을 의미한다.

두 번째로 전략목표는 기본계획에 비하여 상대적으로 투자금액이 높고 더 공격적이어서 이사회의 및 사안에 따라서는 주주총회 등 중역진과 이해관계자의 동의 및 의결이 필요한 것으로 중기 및 장기 경영계획을 의미한다.

● 1. 기본목표

1.1. 기본목표의 개요

기본목표와 전략목표를 본 책의 맥락인 전략의 기준으로 구분한다면 두 가지 측면에서 설명할 수 있다.

첫 번째는 제품의 수명주기(壽命週期, Product Life Cycle) 측면에서이다. 제품의 수명주기는 시간의 변화에 따른 매출 또는 이익의 정도를 기준으로 도입기(Introduction stage), 성장기(Growth stage), 성숙기(Maturity stage), 쇠퇴기(Decline stage)로 나뉘는데 성숙기 정점에서 쇠퇴기로 넘어가는 단계에서는 여타 단계에 비하여 해당 부문(SBU 또는 제품)에 유무형의 투자보다는 현상유지 쪽에 무게중심이 이동하게 된다. 이와 같이 대상사업(SBU, Strategy Business Unit)이나 제품(Product)의 시장점유율(MS, Market Share) 향상, 기술경쟁력 제고 등 확장이나 경쟁력 향상에 역점을 두는 것보다는 이익이 발생하는 수준에서 수립하는 목표가 기본목표라 할 수 있다.

두 번째는 BCG Matrix(Boston Consulting Group Matrix)라 불리는 PPM(Product Portfolio Management)분석기법이다. 이는 사업단위 또는 제품을 시장성

장률(MGR, Market Growth Ratio)과 상대적시장점유율(RMS, Relative Market Share Ratio)을 기준으로 현상유지, 투자, 청산을 결정하는 의사결정 전략기법으로, 1사분면부터 별(Star), 물음표(Question mark), 개(Dog), 현금젖소 또는 자금젖소(Cash cow)로 구분한다. PPM에서의 Cash cow는 여타 분면의 사업부문보다 투자를 낮추고 위험수준도 낮은(Low risk) 쪽에 비중을 두며 경영한다. 이때에 수립하는 덜 공격적인 현상유지 중심의 기본목표를 수립하게 된다.

1.2. 기본목표 수립

기본목표는 전술한 바와 같이 공격적, 확장적인 사업의 성장 측면보다는 현상유지 측면이 강하다. 관리지표 또한 매출 및 영업이익 증가율 정도로 단순화하여 관리하는 것이 다반사다. 때문에 목표 수립의 기준이나 참고 또한 자사 중심이거나 동일 산업 내에서 찾는 경우가 대부분이다.

자사 중심의 기준으로는 전년 대비 몇 % 신장할 것인가, 경영진(사업본부장 및 사업부장, 최고경영자)의 의지가 얼마나 강한가, 구성원들의 하고자 하는 욕구가 어느 정도인가, 자본적 지출(資本的 支出, CAPEX, Capital expenditure)[1]이나 설비투자가 많은가 적은가, 전년도에 손실 또는 이익규모가 어느 정도인가 등의

● 표 5-1 **기본목표 수립의 기준 요소와 핵심지표**

기준요소		핵심지표
	핵심 관리지표	• 매출향상 • 영업이익 증가율 • 전년대비 성장률
	자사 중심요소	• 경영진의 의지 • 구성원들의 욕구 • 자본적 지출 규모 • 설비투자 규모 • 경쟁사의 정보
	동일 산업요소	• 산업의 시장 성장률 • 관련 산업의 소비심리

---

1 자본적 지출은 고정자산을 취득한 후 그 자산과 관련하여 비용을 지출한 경우 그 지출의 효과가 당기 이후까지 계속적으로 발생하는 경우, 그 지출액은 자본화되었다가 그 효익(Benefit)의 발생기간에 안분하여 지출하는 비용을 말한다.

범위에서 결정된다.

동일산업 내를 기준으로 할 경우에는 우선 유사규모의 경쟁사보다 높게 할 것인가 또는 동등하게 할 것인가, 산업의 시장성장률이 어느 정도인가, 관련 산업의 소비심리가 높은가 낮은가 등을 반영하여 기본목표를 수립한다.

2. 전략목표

2.1. 전략목표의 개요

전략목표란 정의한 바와 같이 사업의 경쟁력확보와 시장점유율 향상을 위하여 공격적이고 확장적인 투자가 수반되는 경영전략을 전략목표라 하였다. 이는 기본목표와 대별하여 생각할 수 있는 목표로 기본목표의 설명과 같은 맥락에서 제품의 수명주기와 포트폴리오 전략측면에서 이해할 수 있다.

PLC(Product Life Cycle)전략 측면에서 기본목표가 성숙기 이후의 단계라면 전략목표는 상대적으로 투자규모가 요구되는 도입기, 성장기에 해당한다. 또한 PPM전략 측면에서 기본목표가 Cash cow(현금젖소)인 분면에 해당한다면 전략목표는 Star 분면과 Question Mark 분면에 해당한다.

Star 분면에 위치한 SBU(전략적 사업단위, Strategic Business Unit) 또는 제품(Product)은 동 업종의 시장에서 경쟁력 있게 육성하여 현금을 창출해 내는 현금젖소(Cash cow)사업으로 육성하기 위하여 많은 유무형의 투자가 수반되기 때문이다. 또한 Question Mark 분면의 것은 투자를 멈추어 Dog 분면으로 이동 후 청산하든지 더 많은 투자를 통하여 Star 분면으로 이동시킨 후 중장기적으로 Cash cow로 키우기 위해 소요되는 투자가 대규모이기 때문이다.

〈그림 5-1〉에서 보여주듯 전략목표는 PPM모델에서 상대적 시장점유율과 시장성장률이 높은 1/4분면과 시장성장률은 높지만 상대적 시장점유율이 낮은 2/4분면이 된다. PLC모델에서는 도입기인 (1)과 성장기인 (2)가 된다. 그리고 기본목표는 PPM모델에서 상대적 시장점유율은 높고 시장성장률이 낮은 4/4분면이 되고, PLC모델에서는 성숙기인 (3)이 된다.

● 그림 5-1 **기본목표와 전략목표의 구분과 대상**

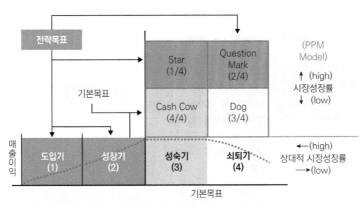

(PLC Model)

2.2. 전략목표의 수립절차와 대상

전략목표는 기업의 현상유지보다는 시장확대, 사업재편 등 대규모 투자가 수반되는 경영전략이다. 때문에 기본목표가 기업내부의 임원진과 최고경영책임자 수준에서 의사결정이 되는 것이라면, 전략목표는 주주총회 및 이사회의2 등 주주 및 중역진의 의사를 필요로 하는 것이 기본목표 대비 상대적으로 요구된다는 특징을 가지고 있다.

대상으로는 대규모 설비투자, 부동산 및 자산의 매각 또는 매입, 기업의 인수 및 합병,3 대규모 구조조정 등 성공 또는 실패의 결과가 기업 경영에 지대한

---

2 주주총회(株主總會, General meeting of stockholders)는 회사의 기본 조직과 경영에 관한 중요 사항에 관하여 주주들이 의사를 표시하여 결정하는 최고 의사결정기관으로 이의 권한은 상법 또는 정관에 정해져 있으며 정기총회와 임시총회가 있다. 주주총회의 결정사항으로는 정관의 변경, 자본의 증감, 영업의 양수도, 이사·감사·검사인·청산인의 임명에 관한사항, 주식배당, 신주인수권의 승인에 관한사항 등이다. 이사회의(理事會議, Board of directors)는 회사의 경영에 관한 일체의 권한을 위임받아 회사의 업무집행에 관한 의사결정을 한다. 상법에 규정된 이사회의의 결정사항을 보면 신주의 발행, 사채의 모집, 지배인의 선임 및 해임, 이사와 회사 간의 거래에 대한 승인, 이사의 직무집행을 감독하는 권한 등이다.

3 기업의 인수합병(引受合倂, Mergers and Acquisitions)은 신기술의 습득, 신속한 시장진입, 규모의 경제실현, 핵심역량 확보, 영위사업의 재편 등을 통한 경쟁우위 및 기업의 영속성 확보를 주된 목적으로 하고 있다.

영향 또는 변화를 가져오는 것을 대상으로 한다.

● 그림 5-2 **전략목표의 수립절차와 대상**

수립 절차	대상전략의 수립 (투자자본, 효과 중심)	주총/이사회의 (정기 및 임시)	전략의 구체화 (전략담당 부서)	전략의 실행 (공개/비공개)
대상	일반적으로 주총 및 이사회의의 의사결정을 필요로 하는 것은 성공 또는 실패의 결과가 기업경영에 지대한 영향이나 변화를 가져옴 • 대규모 설비투자 • 대규모 부동산 및 자산의 매각이나 매입 • 기업의 인수 및 합병 • 대규모 구조조정 등			

3. 활용할 수 있는 전략기법과 스킬

본장에서 활용할 수 있는 전략기법으로 시장세분화전략, 확장된 마케팅믹스전략, 제품포트폴리오기법, 5Forces모델, 제품수명주기전략, 가격전략, 블루오션전략 등을 활용할 수 있다.

3.1. STP 전략

STP Model은 기업이 시장을 세분화하여 새로운 고객을 유치하고 지속적인 수익모델을 낼 수 있는 전략으로 미국의 켈로그경영대학원의 석좌교수인 Philip Kotler[4]가 그의 저서인 「Ten deadly marketing sins: signs and solutions(2004)」에서 제시한 시장세분화 전략기법인데, 고객의 다양한 Needs와 Wants를 찾아내고 만족시켜 줄 수 있는 고객만족의 극대화, 동일시장에서의 Cannibalization[5]의 방지, 시장에서의 새로운 기회 포착을 STP전략 실행의 목적

---

4 Kotler, P. is the S. C. Johnson Distinguished Professor of International Marketing and Northwestern University Kellogg School of Management and the author of thirty books, including Marketing Insights from A to Z and Lateral Marketing.

5 Cannibalization(자기시장잠식, 식인화현상)은 자사에서 새로 출시하는 상품으로 인해 기존에 판매하던 제품의 수익이나 시장점유율이 감소하는 현상을 말한다.

으로 들 수 있다.

이는 Segmentation(시장세분화), Targeting(표적시장 선정), Positioning(제품 또는 서비스용역의 포지셔닝)으로 이루어지는데 Segmentation은 시장세분화(Segmenting markets), 세분화한 시장의 기술(Describing market segments), 세분시장의 매력도 평가(Evaluating segments attractiveness), 세분화된 시장의 선택과 선택된 세분시장에 자원의 할당(Selecting target segments and allocating resources to segments), 그리고 목표고객의 발견(Finding targeted customers) 등 5단계[6]로 이루어졌다.

● 표 5-2 **시장세분화 5단계**

단계	주요내용
Phase 1	Segmentation market (시장세분화)
Phase 2	Describing market segments (세분화한 시장의 기술)
Phase 3	Evaluating segments attractiveness (세분시장의 매력도 평가)
Phase 4	Selecting target segments and allocating resources to segments (세분화된 시장의 선택과 선택된 세분시장에 자원의 할당)
Phase 5	Finding targeted customers (목표고객의 발견 또는 목표화 된 고객의 발견)

시장세분화(STP)의 기준은 개인적 특성기준과 제품관련 소비자특성 기준으로 분류한다.[7]

개인적 특성기준 요소에는 나이(Age), 성별(Gender), 소득(Income), 직업(Job) 등의 인구통계학적 특성(Demographic characteristics), 기후환경, 생활습관 및 문화적 차이인 지리적 특성(Geographic characteristics), 사회계층(Social class), 라이프 스타일(Life style) 및 개성(Personality)인 심리적 특성(Psychographic characteristic)을 들 수 있다.

---

6 R. Core, Team(2013). R: A language and environment for statistical computing. R Foundation for Statistical Computing, Vienna, Austria. Online: http://www. R-project. org; Jun, S.(2011). Technology marketing using PCA, SOM, and STP strategy modeling. IJCSI International Journal of Computer Science Issues, 8(1).

7 김성호(2015). 마케팅정론, 학현사.

제품관련소비자 특성기준 요소로는 제품의 사용상황,[8] 추구편익,[9] 제품의 사용량,[10] 충성도[11]를 들 수 있다.

또한 시장을 세분화할 때에는 다음과 같은 6가지 조건을 고려하여야 한다.

첫째, Homogeneous and Heterogeneous(동질성과 이질성)이다. 이는 같은 세분시장 내의 고객들은 마케팅믹스 또는 마케팅 전략에 유사하게 반응하고, 반대인 경우에는 상이하게 반응하도록 하여야 한다는 것을 말한다.

둘째, Measurability(측정 가능성)이다. 이는 대상 시장에 대한 크기, 소비자들의 구매력 및 특성들을 측정할 수 있어야 함을 말한다.

셋째, Market size(시장의 규모)이다. 이는 세분시장은 충분한 이익을 얻을 수 있을 정도의 규모를 갖추어야 함을 말한다.

넷째, Market accessibility(시장에 대한 접근가능성)이다. 이는 상품을 알리기 위한 대중매체나 커뮤니케이션, 유통을 위한 접근가능성이 좋아야 함을 말한다.

다섯째, Market Differentiability(시장의 차별적인 반응)이다. 이는 시장마다 실행한 전략에 대하여 서로 다르게 반응하여야 함을 말한다.

여섯째, Actionability(실행가능성)이다. 이는 세분시장에 전개한 마케팅전략이 실행될 수 있도록 해당 기업은 생산능력, 자금능력, 인적자원능력 등이 있어야 함을 말한다.

3.2. Seven P 전략

7Ps는 확장된 마케팅 믹스 또는 서비스 마케팅 믹스라고도 불리는 마케팅 전략 기법 중의 하나이다.

서비스 마케팅믹스는 1965년 Borden이 그의 저서인 「The concept of the marketing mix」[12]에 소개된 것이다. 이는 12개 요소인, Product planning(제품

---

8 소비자들은 언제 제품구매에 대한 생각을 하는지, 언제 구매를 하고, 언제 구입한 제품을 사용하는지 등의 집단으로 시장을 세분화하는 것.

9 소비자가 추구하는 편익을 기준으로 시장을 세분화하는 것.

10 제품의 대량 사용자, 소량 사용자 등으로 시장을 세분화하는 것.

11 소비자들의 제품에 대한 충성도(Loyalty)를 기준으로 시장을 세분화하는 것.

12 Borden, N. H.(1965). The concept of the marketing mix, in Schwartz. G., Science in

기획), Pricing(가격), Branding(브랜드), Channel distribution(유통채널), Personal selling(인적판매), Advertising(광고), Promotion(판촉), Packaging(포장), Display (판매장전시), Servicing(서비스), Physical handling(물리적 취급), Fact finding and analysis(실제발견과 분석)로 구성되었다. 이후 연구와 모방 등의 과정을 거쳐 7Ps가 제시되었다.

7Ps(Seven P) 마케팅믹스 기법은 마케팅개념의 핵심 이론 중의 하나로 마케팅믹스인 4Ps보다 더 유용한 Framework이다.[13] 이는 Philip Kotler[14]가 개발한 전통적인 마케팅믹스인 4P를 참고하여 서비스 범위인 Participants(참가자),[15] Physical evidence(물리적 증거),[16] Process(프로세스)[17]까지 확장하여 구성된 Framework로 Booms and Bitner[18]에 의하여 7Ps로 제시되었다.

컨설팅을 수행하거나 자사의 조직내부를 대상으로 전통적 마케팅믹스인 4Ps와 서비스 마케팅믹스인 7Ps를 이용하여 분석할 일은 매우 빈번하게 발생한다. 이와 같은 7Ps의 활용 시 응용 및 적용의 원활화를 위하여 전통적인 마케팅믹스의 핵심 컨셉(Core concept)과 서비스마케팅의 유형을 설명한다.

---

marketing, John Wiley & Sons, New York.

13 Rafiq, M., Ahmed, P. K.(1995). Using the 7Ps as a generic marketing mix: an exploratory survey of UK and European marketing academics. marketing intelligence & planning, 13(9).

14 필립 코틀러(Philip Kotler, 1931년 産), 경제학박사로 미국의 Evanston, IL에 위치한 Northwestern University Kellogg School of Management의 석좌교수이다. 이는 목표고객의 핵심개념으로 4P인 Product, Price, Promotion, Place를 제시하였다.

15 참가자는 서비스 전달과정에 참여하는 모든 행위자로 직원, 고객 등을 말하는데, 일부 서적에서는 People로 표기하기도 한다.

16 물리적 증거는 서비스가 전달되는 과정에서 서비스의 수행이나 커뮤니케이션을 촉진하는 유형적인 요소들을 말한다.

17 프로세스는 서비스의 생산에서 제공까지의 운영시스템, 처리시스템 등 흐름을 말한다.

18 Booms, B. H. and Bitner, M. J.(1981). Marketing strategies and organization structures for service firms, in Donnelly, J. H. and George, W. R. (Eds), Marketing of Services, American marketing association, Chicago, IL.

● 표 5-3 **전통적 마케팅믹스와 서비스마케팅믹스의 특징과 구성요소**

구 분	Kotler	Borden	Booms and Bitner
특징	• 전통적 마케팅믹스 • 목표고객을 핵심 개념으로 정리	• 서비스마케팅 믹스	• 4P를 참고, 서비스영역으로 확장한 서비스마케팅 믹스로 정리
구성 요소	• 4가지 • Product, Price, Promotion, Place	• 12가지 • Product planning, Pricing, Branding, Channel distribution, Personal selling, Advertising, Promotion, Packaging, Display, Servicing, Physical handling, Fact finding and analysis	• 7가지 • Product, Price, Promotion, Place, Participants, Physical evidence, Process

먼저 전통적인 마케팅믹스인 4Ps이다.

이는 목표고객(Target customers)을 핵심으로 Product, Price, Promotion, Place 전략을 실행한다. 또한 이들은 4시스템인 마케팅정보시스템(Marketing information system), 마케팅 기획시스템(Marketing planning system), 마케팅조직과 실행시스템(Marketing organization and implementation system), 마케팅관리 시스템(Marketing control system) 안에 위치해 있다.

4시스템은 마케팅 중재자(Marketing intermediaries), 일반인(Publics, 어떤 제품이라도 구매할 수 있는 가망고객), 경쟁사(Competitors), 공급자(Suppliers) 등 시장(Market) 참여자들이 둘러싸고 있다. 이와 같은 목표고객(Target customers)은 4Ps가, 4Ps는 4시스템들이, 4시스템들은 시장 참여자들이 둘러싸고 있고, 시장 참여자들을 둘러싸고 있는 것은 사회 환경들인 인구 및 경제적 환경(Demographic and economic environment), 기술 및 물리적 환경(Technological and physical environment), 사회 및 문화적 환경(Social and cultural environment), 정치 및 제도적 환경(Political and legal environment)들이다. 때문에 4Ps를 통한 목적을 달성하고자 할 때에는 이를 둘러싸고 있는 시스템, 시장 참여자, 사회 환경 또한 고려하여야 한다.

● 그림 5-3 **전통적 마케팅믹스인 4Ps의 핵심 Concept**

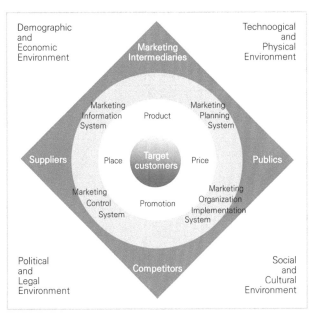

두 번째로 서비스 마케팅의 유형이다.

이는 기업, 서비스 제공자, 고객을 중심으로 이루어지며, 기업과 서비스 제공사 사이에서 내부마케팅(Internal marketing), 서비스 제공자와 고객 사이에는 상호작용마케팅(Interactive marketing), 고객과 기업 사이에서 외부마케팅(External marketing)이 발생한다.

외부마케팅(External marketing)은 가장 전통적인 형태의 것으로 기업이 서비스 전달에 대한 약속을 함으로써 고객의 기대를 형성하고 유인한다.

내부마케팅(Internal marketing)은 기업과 직원 사이의 마케팅으로 외부 고객만족을 위한 필수조건으로 잡아가는 추세를 보이고 있는 마케팅이다. 이는 직원을 내부 고객으로 인식하고 그들의 만족을 위한 복지후생, 근무환경, 업무지원등을 말한다.

상호작용마케팅(Interactive marketing)은 고객과 현장 접점의 서비스 제공사 사이의 마케팅 활동으로 서비스 마케팅에서 가장 중요한 유형이라 할 수 있다. 이는 기업이 외부 고객에게 약속한 제반 사항을 실천하는 모든 활동이다. 서비스 제공사의 직원과 고객과의 만남을 흔히 진실의 순간(Moment of truth)이라고 하며, 진실의 순간은 고객과 만남의 3~5초 사이에 이루어진다고 알려져 있다.

● 그림 5-4 **서비스마케팅의 유형**[19]

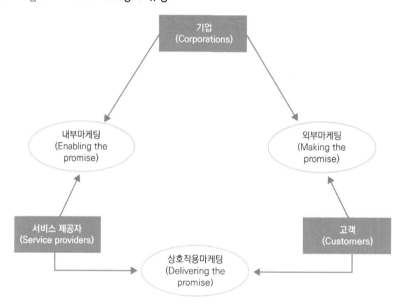

3.3. PPM 기법

PPM(製品 또는 戰略事業單位 管理技法, Product portfolio management)은 미국의 보스턴컨설팅그룹(Boston Consulting Group)에 근무하는 Henderson[20]이 개발한 전략기법으로 Boston Box, Boston Matrix, BCG Matrix라 불리기도 한다. 이는 마케팅 또는 사업전략 수립을 위한 전략적 사고의 틀(Strategic thinking

---

19 김성호(2015). 마케팅정론, 학현사를 편집하여 인용.

20 Bruce Doolin Henderson(1915년 産), 핸더슨은 그의 아버지가 50년간 소유하였던 Southwestern Company에서 세일즈맨으로 직장생활을 시작하면서 University of Virginia에서 수학하였고 1937년 Vanderbit University를 졸업하였다. 이후 Westinghouse Company에서 일하기 위해 수학 중이었던 Harvard Business School을 그만두고, 그 회사에서 37세의 최연소 나이로 부사장에 오른 후 1959년 퇴사, 서비스관리 컨설팅회사에 수석 부사장으로 입사하여 근무, 1963년 보스턴컨설팅 회사의 CEO로부터 영입되었고, BCG Matrix는 BCG에 근무하던 1970년에 개발되었다. 1980년 BCG를 그만두고 1992년 7월 사망하였다.

framework)로 시장성장률과 상대적 시장점유율을 기준으로 한다.

PPM은 도표를 이용하여 분석하는데 Y축에 시장성장률(MGR, Market Growth Ratio), X축을 상대적시장점유율(RMS, Relative Market Share)로 기준하여 이를 고(High)와 저(Low)로 구분한 도표를 4개 분면으로 쪼개고, 쪼갠 4개의 분면에 제품 또는 사업단위를 매치하여 분석하는 기법[21]이다.

● 그림 5-5 **BCG matrix 조합도**

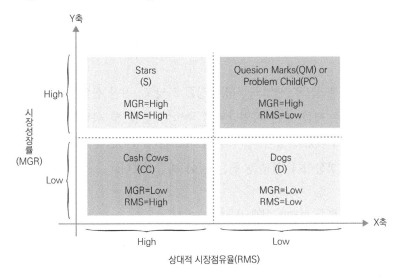

S(별): 시장성장률과 상대적 시장점유율이 모두 높은(High) 제품 또는 전략적 사업단위이다. 이는 중장기적으로 수익을 창출하는 현금창출원이 될 가능성이 높다. 그러나 경쟁사를 대응하고 시장점유율을 높이기 위하여 지속적인 투자가 필요하다.

QM 또는 PC(문제아): 본 제품이나 사업이 속한 산업의 시장성장률은 높지만 해당 제품이나 사업단위의 상대적 시장점유율이 낮아 경쟁력이 없는 제품 또는 사업단위가 이에 해당한다. 이를 Stars로 육성하기에는 많은 시간과 투자자금

---

21 Ioana, A., Mirea, V., Bălescu, C.(2009). Analysis of service quality management in the materials industry using the bcg matrix method. Amfiteatru Economic Review, 11(26).

이 소요된다. 중장기적인 가능성이 있다면 투자를 통한 Stars로 육성하여야 하지만, 가능성이 없는 것이라면 투자를 줄이고 Stars 부문의 것을 육성하기 위한 투자자금 확보를 위한 전략적 의사결정이 필요하다. 매각을 통한 투자자금의 확보, 전략적 제휴를 통한 경쟁우위의 제고경영 등이 여기에 해당한다.

CC(자금젖소): 해당산업의 시장성장률은 낮지만 소속한 산업에서 상대적 시장점유율이 높은 제품 또는 사업단위로 우유를 공급해 주는 젖소처럼 현금의 창출원이다. 이는 해당 산업의 시장성장률이 한계에 봉착한 것으로 경쟁사 대비 상대적 시장점유율 유지를 위한 투자 이외의 수익은 Stars, QM 분면의 제품이나 사업단위 육성의 자금으로 이용하여 제2, 제3의 Cash cow를 육성하는 전략이 바람직하다.

D(개): 3사분면으로 산업의 시장성장률도 낮고, 속한 산업에서의 상대적 시장점유율도 낮은 제품 또는 사업단위로 수익이 낮을 뿐 아니라, 중장기적으로 볼 때 개선될 가능성도 없어 투자의 가치도 없다. Dogs에 해당하는 제품이나 사업은 가능한 청산이나 처분을 하는 것이 바람직하다.

● 그림 5-6 **BCG matrix 실행 프로세스**

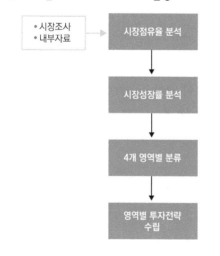

① 시장조사 및 내부 자료를 통하여 해당 제품 및 사업단위(SBU)의 시장점유율을 분석한다.

② 해당 제품 및 사업단위의 상대적 시장점유율을 분석한다.

③ 분석된 결과를 도면에 준비된 4사분면에 영역별로 분류한다.

④ 분류된 4개의 영역별 분석결과에 부합되는 투자전략을 수립한다.

PPM분석기법을 컨설팅이나 실무에서 활용하고자 할 때에는 먼저 시장조사, 내부 및 각종자료를 통하여 해당기업의 제품과 사업단위를 대상으로 시장점유율과 시장성장률을 분석한다. 분석결과를 각 4사분면에 할당하여 영역별로 위치시킨다. 위치된 제품 및 SBU를 대상으로 투자전략을 도출하는 프로세스로 진행하면 된다.

3.4. Five Forces Model

5Forces Model은 미국의 하버드대학교 비즈니스스쿨의 마이클 포터[22] 교수가 1979년 발표[23]한 산업구조분석 기법으로 다섯 가지 경쟁요인을 통해 목적 산업분야의 현황은 물론 이를 통해 미래를 분석하는 전략이다.

5Forces Model의 구성요인은 Threat of new entrants(신규진입자의 위협), Bargaining power of buyers(구매자의 협상력), Bargaining power of suppliers(공급자의 교섭력), Threat of substitutes of products or services(대체 제품 또는 서비스의 위협), Rivalry among existing competitors(기존 경쟁사들의 경쟁강도)이다.[24]

본 다섯 가지 요인들에 대한 특징은 〈표 5-4〉와 같이 요약설명한다.

Threat of new entrants(TNE, 신규진입자의 위협)이다.

신규진입자의 위협은 진입장벽을 고도화하는 기능적 문제이다. 즉 진입장벽을 더 높임으로써 경쟁자는 약해지고 기존진입자는 강해지기 때문이다.

신규진입자를 막을 수 있는 진입장벽으로는 다음과 같은 것을 자원으로 활용할 수 있다. 규모의 경제(Economies of scale), 브랜드 로얄티(Brand loyalty), 원가우위(Cost advantages), 고객전환비용(Customer switching costs), 초기투자비용(Initial capital requirement), 정부규제(Government regulation).

---

22 Michael Eugene Porter(1947년 産), 현재 하버드경영대학원의 Bishop William Lawrence University의 Professor로 재직 중이다. 그는 Princeton University에서 항공우주공학을 전공하였고 Harvard Business School에서 MBA 및 경제학박사학위를 취득하였다. 현재 경제학자, 연구원, 작가, 자문역 등으로 활동 중이다.

23 Porter, M. E. (1979). How competitive forces shape strategy.

24 Porter, M. E. (1979). How competitive forces shape strategy; Porter, M. E., Strategy, C. (1980). Techniques for analyzing industries and competitors. Competitive Strategy. New York: Free; Lee, H., Kim, M. S., Park, Y.(2012). An analytic network process approach to operationalization of five forces model. Applied Mathematical Modelling, 36(4); Grundy, T.(2006). Rethinking and reinventing Michael Porter's five forces model. Strategic Change, 15(5).

● 표 5-4 Five forces model의 5가지 구성요인과 매력도 결정 요인

구성요인	산업매력도 결정 요인
(1) Threat of new entrants	규모의 경제, 브랜드 로얄티(Loyalty), 원가우위, 고객전환비용, 초기투자비용, 정부규제, 제품차별화, 유통채널 접근성
(2) Bargaining power of buyers	고객의 요구에 의한 구매단가의 변화된 가격(인상 또는 인하), 구매자의 정보수준, 구매자의 전환비용, 구매자의 후방 통합능력
(3) Bargaining power of suppliers	쏠림현상, 공급사 교체비용, 제품 및 서비스의 유니크(Unique) 함, 낮은 구매 공헌도, 전방통합의 위험
(4) Threat of substitutes of product and services	기존 제품의 양과 이용이 용이한 기술, 대체재의 가격대비 성능인 가성비, 대체재에 대한 구매자 성향, 전환비용
(5) Rivalry among existing competitors	경쟁구조를 발생시키는 다양한 요인, 공급자들의 대응 및 능력의 문제, 기업 간 차별화, 퇴출장벽의 고도화, 경쟁기업의 수, 산업성장률, 고정비용 비중, 초과생산능력, 산업의 철수장벽

Bargaining power of buyers(BPB, 구매자의 협상력)이다.

구매자의 협상력은 구매자의 더 개선된 품질수준 요구로 인해 발생하는 가격의 인상과 인하의 결과는 산업을 위협할 수 있다. 즉 강력한 공급자(Powerful suppliers)들이 공급교섭을 좌우하듯 강력한 구매자(Powerful buyers)들 또한 구매교섭력을 좌우할 수 있기 때문이다.

Bargaining power of suppliers(BPS, 공급자의 교섭력)이다.

공급자들의 힘의 장벽은 공급가격의 인상 또는 공급제의 품질 감소를 좌우할 정도로 위협적이다. 공급자들이 할 수 있는 힘의 장벽의 예로는 다음과 같은 것을 들 수 있다. 특정 공급사를 집중적으로 이용하는 쏠림현상(Suppliers are concentrated), 공급사 교체비용의 부담(Suppliers switching cost is high), 제품 또는 서비스의 유니크한 경쟁력(Products or services are unique), 공헌도가 낮은 구매자(The industry is not important to suppliers), 전방통합의 위험(Threat of forward integration is high).

● 그림 5-7 **Porter's five forces model**

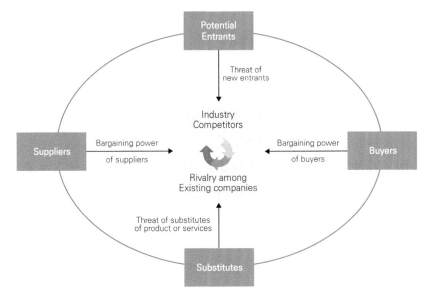

Threat of substitutes of products or services(TSP, 대체 제품 또는 서비스의 위협)이다.

유사고객의 욕구는 차별화된 사업이나 산업의 제품 또는 서비스로 충족될 수 있다. 대체 제품과 서비스의 위협은 대체재(Substitutes)뿐만 아니라 기존의 다른 기술의 양(Number)과 친근함(Closeness)에 의하여 좌우된다.

Rivalry among existing competitors(REC, 기존 경쟁사들 간의 경쟁강도)이다.

기존 기업들 간의 극심한 경쟁은 수익성 유지에 강력한 위협으로 작용한다. 왜냐하면 경쟁의 치열함은 다음과 같은 것과 밀접한 관계가 있기 때문이다. 첫 번째는 산업경쟁구조와 관련된 다양한 요인들이 있을 수 있다. 두 번째는 구매 수요와 관련된 산업의 대응 및 능력의 문제와 관련이 있을 수 있다. 세 번째는 기업 간의 차별화 문제가 있을 수 있다. 네 번째는 퇴출장벽(Exit barriers)의 고도화와 관련이 있을 수 있다.

3.5. 제품수명주기 전략

제품수명주기 전략(製品壽命週期戰略, PLC strategy, Product life cycle)은 제품이 시장에 출시되는 도입기, 판매량이나 수익이 증가하는 성장기, 시장의 수요가 징짐을 찍는 성숙기, 대체제품의 등장이나 수요의 감소 등으로 인해 매출이나 수익이 감소로 돌아서는 쇠퇴기 등 시간과 매출 및 수익과의 관계함수의 변화를 나타내는 공급측면의 개념이다.

이는 제품이 시장에 진입하여 없어질 때까지를 수명주기로 보고, 이를 4단계로 구분하여 각 단계마다 제품이나 서비스의 공급량 증가를 위해 공급회사에서 각 단계마다 수행해야 할 전략의 실행방법을 설명하는 기법이다.[25]

제품수명주기의 형태는 제품에 따라서 다양한 형태를 나타내고 있다. 때문에 단적으로 정의하여 설명할 수는 없다. 일반적으로 특수한 형태의 제품수명주기와 전형적인 제품수명주기로 구분할 수 있는데, 본 책에서는 전형적인 제품수명주기 형태인 S자형(S字形)을 가지는 제품을 대상으로 제품수명주기 전략을 설명한다.

---

25 Day, G. S.(1981). The product life cycle: analysis and applications issues. The Journal of Marketing; Rink, D. R., & Swan, J. E.(1979). Product life cycle research: A literature review. Journal of business Research, 7(3).

● 그림 5-8 **제품수명주기의 특수한 형태**[26]

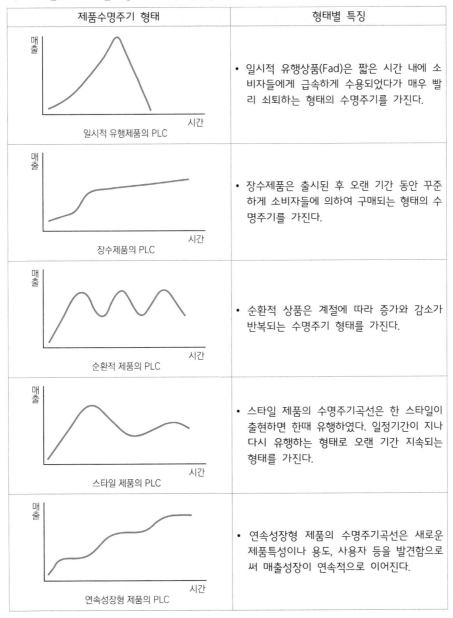

제품수명주기 형태	형태별 특징
일시적 유행제품의 PLC	• 일시적 유행상품(Fad)은 짧은 시간 내에 소비자들에게 급속하게 수용되었다가 매우 빨리 쇠퇴하는 형태의 수명주기를 가진다.
장수제품의 PLC	• 장수제품은 출시된 후 오랜 기간 동안 꾸준하게 소비자들에 의하여 구매되는 형태의 수명주기를 가진다.
순환적 제품의 PLC	• 순환적 상품은 계절에 따라 증가와 감소가 반복되는 수명주기 형태를 가진다.
스타일 제품의 PLC	• 스타일 제품의 수명주기곡선은 한 스타일이 출현하면 한때 유행하였다. 일정기간이 지나 다시 유행하는 형태로 오랜 기간 지속되는 형태를 가진다.
연속성장형 제품의 PLC	• 연속성장형 제품의 수명주기곡선은 새로운 제품특성이나 용도, 사용자 등을 발견함으로써 매출성장이 연속적으로 이어진다.

---

26 안광호, 아영원, 박흥수(2015). 마케팅원론(제6판), 학현사를 편집하여 인용.

제품수명주기의 단계별 실행전략 또는 실행방안은 다음과 같다.

● 표 5-5 **제품수명주기 단계별 마케팅전략과 특성**

구분	도입기	성장기	성숙기	쇠퇴기
전략목표 (Target)	• 인지도 제고 • 구매의 유도	• 선호도 제고 • 점유율 확대	• 시장점유율 유지	• 경쟁력 없는 제품 의 철수
핵심성공요인 (KPI)	• 인지도와 구매의 유도	• 선호도와 시장 점유율 확보	• 시장점유율 확대 및 유지	• 효과적인 출구 전략
제품 (Product)	• 초기 제품의 문제 해결	• 품질의 개선 • 새로운 기능 추가	• 제품 다양화 • 시장 세분화	• 제품의 유지 혹은 축소
가격 (Price)	• 고가격 • 개발비 고려한 가격	• 단계적 인하 • 시장침투 가격	• 경쟁사 대응 가격	• 가격의 할인
촉진 (Promotion)	• 광고와 다양한 판촉활동의 강화	• 광고를 통한 선호 도 제고 활동	• 매출 증대를 위한 다양한 판촉수단 의 사용	• 최저수준 유지
유통 (Channel)	• 유통경로의 확보 • 선택적 유통 전략	• 유통경로의 확장 • 집중적 유통 전략	• 다양한 유통 경로 를 사용	• 이익이 적은 유통 경로의 폐쇄 • 선택적 유통 전략
시장의 크기 (Market size)	• 작은 시장	• 시장의 증가	• 최대 크기의 시장	• 시장크기의 감소
시장 성장률 (MGR)	• 매우느림	• 매우 빠름	• 완만하다가 정체	• 감소
매출 및 이익 (Avenue and profit)	• 적은 매출 • 손실 또는 적은 이익	• 빠른 매출 증가 • 서서히 증가 및 이익의 개선	• 서서히 증가 • 이익의 최대	• 감소
고객 (Customer)	• 혁신자 또는 전문적 욕구	• 초기 수용자 및 단순한 욕구	• 다양한 욕구	• 욕구의 감소
경쟁자 (Competitor)	• 없거나 극소수	• 점차 증가	• 안정적 또는 업체 의 난립	• 감소

Introduction stage(도입기)이다.

신제품이 시장에 출시되어 성장기 전 단계까지를 말한다. 이때에는 신제품에 대한 소비자들의 인지도와 사용 후에 대한 만족도가 낮아 인지도를 높이는 작업이 필요하다. 전략대안으로는 시장 확대전략(Skimming strategy), 시장 침투전략(Penetration strategy)을 실행할 수 있다.

Growth stage(성장기)이다.

도입기의 실행전략이 소비자들에게 인식되고 고객들을 만족시키면서 매출이 빠르게 성장하는 시점부터 꼭지점을 찍는 성숙기 도래 전까지의 단계를 말한다. 성장기에는 마케팅믹스(4P) 전략이 필요하다. 제품전략(Product strategy)의 대안으로는 제품의 품질향상과 새로운 속성의 추가, STP 전략을 통한 새로운 표적시장의 개발, 고객의 선택적 수요를 자극하기 위한 제품의 차별화 전략 등을 들 수 있다. 가격전략(Pricing strategy)은 경쟁사를 대응하고 매출액을 신장할 수 있는 저가격전략과 기존가격 유지전략을 구사하여야 한다. 판촉전략(Promotion strategy)은 이미지 광고에서 제품선호 광고로 전환하여야 하며, 판매촉진비용은 도입기와 동등 이상으로 편성하고 집행한다. 유통전략(Place strategy)은 성장성을 대응할 수 있도록 유통경로를 확대하여 증가하는 시장을 커버하여야 한다.

Maturity stage(성숙기)이다.

매출의 성장률이 둔화되면서 매출이 꼭지점을 찍을 때까지의 단계를 말한다. 이때의 고객들은 제품의 구매와 사용에 관한 경험이 상당히 축적되어 까다로운 취향과 선호도를 보인다. 또한 시장의 성장은 둔화되며 고객들의 Needs 및 요구수준 또한 높아져 마케팅전략의 수정이 필요한 단계가 된다. 성숙기 단계에서는 성장기에 비하여 수립된 계획에 부합되는 결과를 예측할 수 있는바, 원가를 고려하여 공격적인 마케팅전략과 방어전략을 구사할 필요가 있다. 즉 새로운 소비자의 유인, 재이용률 증대와 같은 시장개발, 품질, 특성, 스타일 등 제품의 개선, 정체된 매출의 신장을 위한 가격할인, 경품제공이나 콘테스트, 다양한 부가서비스의 제공 등이 그것이다. 또한 시장성장률이 낮거나 정체되는 단계이므로 시장점유율(Market share)을 증대시키는 전략이 필요하다.

Decline stage(쇠퇴기)이다.

매출이 꼭지점을 찍고 감소하는 때부터 시장 수요의 포화, 신기술의 출현, 사회적 가치의 변화, 고객의 욕구변화 등으로 제품이 시장에서 사라지는 단계를 말한다. 이때에는 최대한 성숙기를 연장하는 전략으로 현금창출을 최대화하는 것이 최상의 전략이다. 이후 철수 및 수확전략을 구사하여야 한다.

3.6. 가격(Pricing) 전략

가격전략(價格戰略, Pricing strategy)은 판매제품 및 제공 서비스의 가격을 활용한 전략으로 기본개념은 가격에서 출발한다.

가격(價格, Price)이란 시장에서 제품의 교환가치이다. 이는 제품이나 서비스 또는 용역을 소유하거나 사용하는 대가로 고객인 소비자가 공급자에게 지불하는 금전적 가치를 말한다. 여기에는 하한선과 상한선[27]이 존재하며, 고객은 제품이나 서비스에 대하여 본인이 지각하는 가치보다 높을 때 제품이나 서비스 또는 용역의 대가를 지불하고 구매한다.

가격전략의 목표는 이윤(Profit) 지향적 목표, 매출(Avenue) 지향적 목표, 유지목표로 구분하는데 내적요인과 외적요인[28]을 고려하여 수립하여야 한다.

시장에서 구사할 수 있는 가격전략의 종류에는 원가중심가격 전략, 시장중심가격 전략, 차별적 가격전략이 있는데 각각의 가격전략에 대하여 알아보면 다음과 같다.

원가중심가격 전략(原價中心價格戰略, Cost oriented pricing strategy)이다.

제품의 직간접비용을 산출하고, 그 비용에 일정비율의 이윤(Margin)을 붙여 가격을 결정하는 전략이다. 이는 고객중심이라기보다는 공급자 중심의 가격전략으로 자칫 시장에서 가격경쟁력을 상실할 위험이 상존한다.

시장중심가격 전략(市場中心價格戰略, Penetration pricing strategy)이다.

원가중심가격 전략과 대별(對別)되는 전략으로 시장의 고객 및 경쟁사를 고려한 가격전략이다. 여기에는 진입가격전략, 동등가격전략, 프리미엄가격전략, 초기 고가격전략이 있다.

---

27 가격의 하한선은 기업이 제품을 생산하는 데 소요되는 비용을 말하며, 가격의 상한선은 고객이 제품이나 서비스에 대하여 지각하는 가치를 말한다.

28 내적 요인으로는 목표 시장 및 포지션(Position), 생산원가 등이 있으며 외적 요인으로는 시장의 경쟁구조, 가격의 탄력성, 경쟁가격, 전략에 영향을 주는 산업 및 시장 환경 요인을 들 수 있다.

● 표 5-6 **시장중심가격 전략의 종류와 특징**

시장중심가격 전략의 종류	특징
진입가격전략 (Penetration pricing)	• 경쟁사 대비 낮은 가격으로 시장수요를 자극하여 단기간에 매출과 시장점유율 확보가 목표 • 가격탄력성이 높을 때, 자사가 가격 이외의 속성 말고는 경쟁우위에 있지 못할 경우 • 경쟁사의 시장참여 억제에 효과적인 전략이다.
동등가격전략 (Parity pricing)	• 제품의 가격탄력성이 낮을 때 • 경쟁사의 제품과 차별화가 없을 때 유효한 전략이다.
프리미엄 가격전략 (Premium pricing)	• 자사의 제품이나 서비스가 가격 이외의 경쟁사 대비 모든 속성에서 경쟁적 우위를 지니고 있을 때
초기 고가격전략 (Skimming pricing)	• 시장에 신제품을 출시할 때 고가격에 판매하는 전략이다. • PLC의 도입기에 적용하는 전략이다.

다음은 차별적 가격전략(差別的 價格戰略, Differentiation pricing strategy)이다. 이는 시장 내 가격 및 가격정책과 차이를 두고자 하는 전략으로 정기적 가격할인, 비정기적 가격할인, 가격신호, 포섭가격, 번들가격, 단수가격 전략이 있다.

● 표 5-7 **차별적 가격전략의 종류와 주요 내용**

차별적 가격전략의 종류	특징
정기적 가격할인 전략	• 소비자들이 예상 가능하도록 일정한 주기에 따라 가격할인을 하는 전략
비정기적 가격할인 전략	• 소비자들이 예측 불가능하도록 하는 가격할인 전략으로 가격민감도가 높으며 고탐색소비자가 목표
2차 시장가격할인 전략	• 표적 고객의 가족, 친구 등을 대상으로 하는 전략으로 표적고객 대상의 자원이 남아 있을 때 구사하는 전략
가격신호 전략	• 높은 가격으로 고품질임을 신호하는 전략으로 소비자들이 제품에 대한 정보가 높지 못할 때 구사하는 전략
포섭가격 전략	• 기본제품은 낮은 가격으로 제공하고 부속제품은 고가격으로 판매하는 전략
번들가격 전략	• 여러 가지 제품을 묶어 판매하는 가격전략
단수가격 전략	• 가격의 끝자리를 홀수로 하는 심리적 가격전략

3.7. ERRC 전략[29]

Blue Ocean Strategy(블루오션 전략) 또는 리모델링(Remodeling) 전략으로 불리는 ERRC는 INSEAD 대학원[30] 교수인 Kim and Mauborgne의 저서인 「Blue ocean strategy」로 2004년 소개되었다.[31]

블루오션 전략인 ERRC Framework은 구매자들에게 비용구조와 가치제안 두 가지 모두에서 호의적인 영향을 창출한다.

비용절감은 산업경쟁 요인의 제거(Eliminating)와 감소(Reducing)를 통하여 만들어지고, 고객의 가치는 기존 산업에서 절대 제공되지 않았던 요인의 증가 (Raising)와 창출(Creating)에 의하여 제공되는데 이들의 관계는 〈그림 5−9〉와 같다.

● 그림 5-9 **비용과 고객가치, Blue Ocean의 관계**

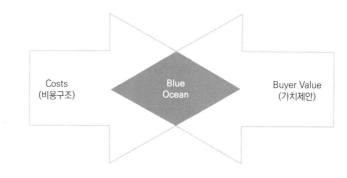

블루오션 전략 Framework은 4가지 핵심 요인으로 구성되는데, Eliminate, Reduce, Raise, Create가 그것이다.

---

29 Kim, W. C., Mauborgne, R.(2004). Blue ocean strategy. If you read nothing else on strategy, read these best-selling articles.

30 INSEAD는 Institut Européen d'Administration des Affaires(프랑스어) 또는 European Institute of Business Administration(영어)의 머리글자로 프랑스에 본교가 있다. 그외 프랑스 의 Fontainebleau, 중동의 Abu Dahbi, 아시아의 Singapore에 캠퍼스가 있으며, 경영학 석사 및 박사 프로그램을 메인으로 운영하고 있다.

31 Mohamed, Z. A.(2009). Analysis of the Use of the Blue Ocean Strategy; Case Study Analysis on 14 Different Agencies.

Eliminate 요인들은 더 이상 가치가 없는 제거의 대상을 말하고, Reduce 요인들은 헛되이 고객을 유지하고 비용구조를 증가시킨 것 중 감소시켜야 하는 요인을 의미한다. Raise 요인들은 고객을 개발하는 것들로 증가시켜야 하는 것을 말하고, Create 요인들은 새로운 가치의 근원을 부가하는 것으로 창출해야 하는 요인을 의미한다.

● 표 5-8 **ERRC Framework의 개념**

ERRC		개념
Eliminate	• 제거 • 버리기	• 현 상태의 기업내부 또는 산업에서 제거 또는 버리기 할 요인들
Reduce	• 감소 • 줄이기	• 현 상태의 기업내부 또는 산업에서 감소 또는 줄이기 할 요인들
Raise	• 증가 • 올리기	• 현 상태의 기업내부 또는 산업에서 감소 또는 올리기 할 요인들
Create	• 창출 • 새로 만들기	• 현 상태의 기업내부 또는 산업에서 창출 또는 새로 만들기 할 요인들

레드오션은 산업의 경계가 정의되어 있고 이미 잘 알려진 시장을 말하는데, 경쟁사들이 많아 경쟁이 치열하다는 산업의 특성을 가지고 있다.

반대로 블루오션은 현재 존재하지 않거나 알려져 있지 않아 경쟁자가 없는

● 표 5-9 **Red Ocean과 Blue Ocean Strategy의 차이**

구분	Red ocean strategy	Blue ocean strategy
차이 내용	• Compete in existing market space (기존 시장에서의 경쟁) • Beat the competition(경쟁에서 승리) • Exploit existing demand(기존 수요의 개척) • Make the value/cost trade-off (가치와 비용의 균형 유지) • Align the whole system of a company's activities with its strategic choice of differentiation or low cost (차별화 또는 저비용 구조 중 하나를 전략적으로 선택)	• Create uncontested market space • 비 경쟁시장의 창출 • Make the competition irrelevant (경쟁 무관요인의 확보) • Create and capture new demand (새로운 수요의 창출) • Break the value/cost trade-off (가치와 비용의 균형 파괴) • Align the whole system of a company's activities in pursuit of differentiation and low cost(차별화와 저비용을 동시에 추구)

시장으로 아직 시도된 적이 없는 광범위하고 많은 잠재력을 지닌 시장을 의미한다. 여기에 적용하는 전략이 각각 레드오션전략과 블루오션전략으로 〈표 5-9〉와 같은 차이가 있다.

4. 경영전략수립 프로세스 4단계의 핵심과 산출물

기본목표와 전략목표를 수립하는 단계에서 활용할 수 있는 경영전략 및 마케팅 환경조사 기법은 〈표 5-10〉과 같고, 경영전략수립 프로세스 4단계에서의 핵심 및 산출물은 〈그림 5-9〉와 같다.

● 표 5-10 **기본목표와 전략목표 수립단계에서 활용할 수 있는 전략기법**

전략기법	개념	활용용도 및 특징
STP (시장세분화 전략)	• Segmentation, Targeting, Positioning으로 구성 • 해당 단어의 머리글자를 조합하여 STP로 명명된 시장세분화 기법 • Philip Kotler가 2004년 제시하였다.	• 고객의 다양한 Needs와 Wants의 발굴, 고객만족의 극대화 • 동일시장 내에서 Cannibalization의 방지 • 시장에서 새로운 기회의 포착 • 마케팅 및 경영전략 수립에 활용할 수 있는 전략기법
Seven P (확장된 마케팅믹스 or 서비스 마케팅믹스)	• 전통적 마케팅믹스 4P인 Product, Price, Promotion, Place에 Physical evidence, Participants, Process가 가미된 형태의 서비스마케팅 믹스로 P로 시작되는 단어의 머리글자를 따 7P로 명명 • 1981년 Booms와 Bitner가 제시하였다.	• 제조품 및 상품(商品) 등 유형 제품의 생산 이후 전(全) 단계에 실행할 수 있는 공급자 중심의 전통적 마케팅 전략과 수요자 중심의 마케팅 전략을 구사할 수 있는 마케팅믹스이다. • 유무형의 산업에 접목할 수 있는 경영 및 마케팅 전략 기법이다.
PPM (제품포트폴리오 전략)	• Star, Question mark 또는 Problem child, Cash cow, Dog 등 4개 요인으로 구성된 전략기법이다. • Boston box, Boston matrix, BCG matrix라고도 불린다. • 1970년 보스턴 컨설팅그룹에 근무하던 Henderson이 개발하였다.	• 도표의 X축을 RMS(시장성장률), Y축을 MGR(상대적시장점유율)로 정의하고 1사분면에서 4사분면까지 4개 분면으로 쪼개어 제품 및 SBU를 위치시켜 해당의 것에 대한 육성, 유지, 매각 및 청산 등 의사결정을 할 수 있는 경영전략 기법이다.

5Forces Model (산업구조 분석)	• Threat of new entrants, Bargaining power of buyers, Bargaining power of suppliers, Threat of substitutes of product and services, Rivalry among existing competitors 등 5가지 요인으로 구성된 산업구조분석 기법이다. • 1979년 Michael Eugene Porter 박사가 발표하였다.	• 5가지 경쟁요인의 조사와 분석을 통하여, 기업이 속한 산업분야의 현(現) 상황을 직시할 수 있다. • 또한 분석결과를 이용하여 미래를 예측하고 대응전략을 수립하는 경영전략 및 환경조사 기법이다.
Product Life Cycle (제품수명 주기 전략)	• PLC 전략은 제품이 생산되어 시장에서 퇴출될 때까지 제품의 수명주기 단계별로 실행전략을 수립할 수 있는 기법이다. • 제품 및 서비스의 공급자가 중심이 되는 기법이다.	• 기술개발과 혁신 또는 개선을 통하여 생산된 제품 및 서비스의 생명주기를 도입기, 성장기, 성숙기, 쇠퇴기 등 4단계로 구분하여 각 단계마다 수행해야 할 전략의 실행방법을 설명하는 경영전략 수립 및 마케팅전략 실행 기법이다.
Pricing Strategy (가격전략)	• 시장에서 교환가치인 판매 제품 또는 제공 서비스의 가격을 활용한 시장 및 고객 대응 전략기법이다. • 가격전략은 원가중심 가격, 시장중심 가격, 차별적 가격전략으로 구분한다.	• 경쟁사 및 고객의 가격민감도를 고려하여 경쟁사 대비 낮은 가격, 동등가격, 프리미엄 가격, 할인가격, 번들가격 등 고객 중심적 경영 및 마케팅전략이다.
ERRC (블루오션 전략)	• Eliminate, Reduce, Raise, Create 등 4가지 요인으로 구성되었다. • Red ocean의 반대 개념인 Blue ocean으로도 불린다. • ERRC는 2004년 INSEAD 교수인 Kim and Mauborgne이 저서에서 소개하였다.	• 구매자들에게 비용구조와 가치제안 두 가지 측면에서 호의적인 결과를 도출해 내는 Remodeling에 활용되는 기법이다. • 현 상태에서 버릴 것, 줄일 것, 올릴 것, 새로 만들 것을 정의하고 실행하여 조직, 비즈니스모델 등을 경쟁력 있게 변화시키는 실행중심의 경영전략 기법이다.

● 그림 5-10 **경영전략 수립 4단계의 핵심과 산출물**

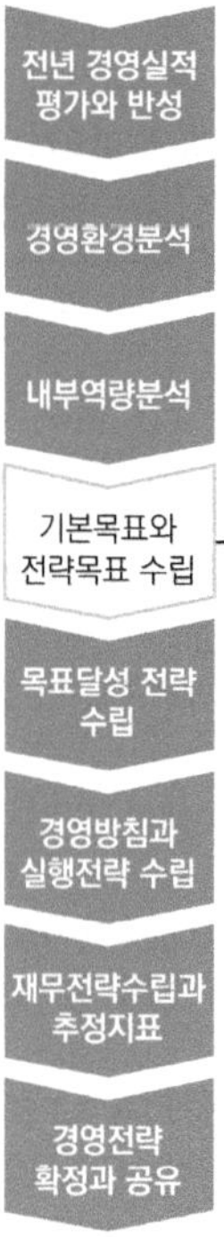

전년 경영실적 평가와 반성

경영환경분석

내부역량분석

기본목표와 전략목표 수립

목표달성 전략 수립

경영방침과 실행전략 수립

재무전략수립과 추정지표

경영전략 확정과 공유

기본목표와 전략목표 수립

　본 장의 핵심은 전년도 경영실적에 대한 반성을 통하여 도출된 전략, 경영환경분석 및 조직의 내부역량분석의 산출물인 전략적 시사점을 가지고 수립된 전략방향을 모아 생존하기 위한 기본목표와 성장을 위한 전략목표를 수립하는 것이다. 본 책에서는 기본목표와 전략목표는 투자의 규모와 기간을 기준으로 구분한다고 하였는바, 기본목표는 조직의 성장 및 확대보다는 구성원들이 먹고 살 정도의 현상유지를 위한 것이고, 전략목표는 대표모 투자를 통한 조직의 성장, 확대 등 중장기 대응에 중점이 있다.

- 기본목표와 전략목표를 구분하고 설명할 수 있다.
- 기본목표 수립의 기존요소와 핵심지표가 무엇인지 알고, 목표수립을 할 수 있다.
- 전략목표가 무엇인지 인지하고 이를 논(論)할 수 있다.
- 전략목표 수립절차를 이해하고 목표수립과 수립된 목표달성을 위하여 요구되는 전략기법을 선택할 수 있다.
- 전략목표 수립에 필요한 STP기법, Seven P기법, PPM기법, 산업구조분석, 제품수명주기전략, Pricing전략, ERRC기법 등의 활용용도를 이해하고 적재적소에 활용할 수 있다.

If you understanding these, go to Next chapter.

목표달성 전략 수립

1. 목표의 개요와 기능

목표(目標, Goal)는 개인 및 조직이 달성하고자 하는 장래의 상태이다. 즉 목표는 행위 주체에 따라 개인이 될 수도 있고, 조직이 될 수도 있고, 조직의 구성원이 될 수도 있다.

본 책에서의 목표는 개인 또는 조직 구성원의 목표가 아닌 조직단위로 정의한다. 또한 목표를 나타내는 수많은 영어 표현 중 Goal 또는 Target으로 한정한다.

조직에서의 목표는 조직과 조직구성원들이 나아가기 위한 방향성이고 함께 달성해야 할 공유가치이기도 하다. 대표적인 목표의 기능에는 다음과 같은 것들이 있다.

첫째, 앞의 1장에서 학습한 바와 같이 사명, 비전, 목표, 전략, 전술 및 정책 순으로 전략경영의 단계와 전략수준이 전개되는데 목표는 비전(Vision) 달성을 위한 징검다리 역할을 한다.

둘째, 목표는 조직의 나아갈 방향을 제시해 준다. 목표는 계량화되어 있고, 계량화되어 있는 목표는 기업단위, 사업본부 및 사업부단위, 팀 단위, 마지막으로 조직 구성원 개인단위로 계량화되어 있는 목표달성을 위하여 KPI가 부여되고, 부여된 KPI 관리는 강약(強弱)의 정도, 규모(規模)의 정도 등을 짚어주는 기능을 하기 때문이다.

셋째, 목표는 조직 구성원들에게 일체감을 갖도록 하고 동기부여의 기능을 한다. 목표는 조직 단위 간, 개인이 달성해야 할 의무인바 노력, 개선, 혁신, 협업 등을 통하여 일체감을 갖도록 하고, 달성 및 달성의 정도에 따라 성과급 및 인센티브 지급, 직급 승진 및 직책[1]의 임명 등이 이루어지기 때문이다.

넷째, 목표는 사회의 단체 및 개인들로부터 정당성을 인정받을 수 있고, 함께하고 싶어 하는 준거의 기능을 한다. 목표는 앞의 3장 경영환경 분석에서 학습했던 활용할 수 있는 전략기법 중 7S(Seven S)의 7가지 구성요소 중 조직구성원들에게 알리면 알릴수록, 공유하면 공유할수록 가치가 높아지는 Share Value의 대상이다. 이를 접하는 사회 및 사회단체는 해당 조직을 구체적으로 인정하는 기능을 하며 개인들은 입사하여 함께하거나 함께하고자 하기 때문이다.

다섯째, 목표는 조직의 이해관계자들에게 우호적 생각을 갖거나 판단을 하도록 한다. 조직의 성장과 확장을 구체적으로 보여주는 목표는 주주, 투자자 등에게 호의적이고 우호적인 생각과 판단을 하게 하여 투자유치, M&A 등 대규모 자금집행에 긍정적인 결과를 초래하는 기능을 한다.

● 표 6-1 **목표가 하는 기능**

구분	핵심내용
목표의 개요	• 개인 및 조직이 달성하고자 하는 장래의 상태
	• 비전달성을 위한 징검다리 역할
	• 조직의 나아가야 할 방향을 제시
목표의 기능	• 조직 구성원들에게 일체감을 갖도록 하고 동기를 부여
	• 사회의 단체 및 개인들로부터 정당성을 인정받고 함께 하고 싶어 하는 준거 기능
	• 조직의 이해관계자들에게 우호적 생각이나 판단을 유도

---

1 직급(職級)은 승진, 연봉조정 등의 기준이 되는 조직 내의 계급이다. 예를 들어 개인이 기업에 입사하면 신입사원-대리-과장-차장-부장-임원(이사, 상무, 전무)순으로 승진하게 되는데 이때 대리, 과장, 차장, 부장 등이 직급이 된다. 기업에 따라서는 S1, S2, S3 또는 J1, J2, J3 등과 같이 직급관리를 하는 경우도 있다. 직책(職責)은 책임과 권한을 부여받으며 기업 내 조직의 장을 말한다. 예를 들어 팀장(인사팀장, 기획팀장, 재무팀장 등), 본부장(경영지원본부장, 마케팅본부장, 운영본부장 등) 등을 말하는데 최근의 인사발령은 성과중심이 강하여 차장직급이 부장직급을 팀원으로 두는 팀장으로 직책을 임명받는 사례도 비일비재하다.

2. 목표의 구분

조직의 경영목표는 현상유지에 비중을 두는 기본목표인지, 확장이나 시장점유율 향상과 같이 공격적인 전략목표인지에 따라 실행전략은 달라진다.

본 책에서는 현상유지에 중점을 두고 주로 조직의 내부대상으로 수립되는 기본목표 달성전략과 중장기적으로 주로 조직의 외부대상으로 펼쳐지는 전략목표 달성에 필요한 공통 요인인 성장전략, 경쟁전략, 혁신전략을 대상으로 하여 학습한다.

2.1. 성장전략

성장전략(成長戰略, Growth strategy)은 현상유지보다는 조직의 지속적인 성장을 위하여 최적의 방안을 모색하는 것으로 여기에는 제품, 서비스, 조직, 인력, 공정, 기술 등 유무형의 자원과 자산 등 모든 것이 대상이 될 수 있다.

성장전략의 요인을 어디에서 찾는가에 따라 내부성장전략과 외부성장전략으로 구분하는데, 내부성장전략은 성장의 요인을 조직의 내부에서 찾는 것이고 외부성장전략은 성장의 요인을 조직의 외부에서 찾는 것을 말한다.

내부성장전략(內部成長戰略, Internal growth strategy)이다.

조직에서 보유하고 있는 내부의 유무형자원이나 자산을 활용하여 제품 또는 시장 등을 다변화하여 조직을 성장시키는 전략이다. 이는 조직 내의 R&BD 부서에서 연구개발된 제품과 기존의 유통채널을 활용하여 성장하는 방식으로 새로운 기술과 개발된 노하우가 사내에 축적된다.

조직 내 R&BD가 활성화되며 연구개발 의욕을 향상시킬 수 있다. 혁신적인 기술개발의 경우 Blue Ocean(블루오션) 시장을 개척하여 창업자적 이득을 선취(先取)할 수 있다는 장점이 있다. 반대로 한정된 조직내부의 유·무형자원만의 활용으로 투자비용과 위험부담이 높다. 시장의 Needs time(요구시기)에 대응하지 못하는 출하시기(Launching time)로 기회를 상실할 수 있다는 단점이 상존한다.

● 표 6-2 **내부성장전략의 장점과 단점**

구분	장점	단점
IGS (내부성장전략)	• 기술개발 및 운영노하우 축적 • 조직 내 R&BD의 활성화와 연구개발 의욕 향상 • 혁신적인 기술개발을 통한 창업자적 이득의 선취(先取)	• 투자비용과 위험부담의 상존 • 제품의 출하시기 장기화 또는 기회의 상실

외부성장전략(外部成長戰略, External growth strategy)이다.

내부성장전략과 대별(對別)되는 말이다. 이는 조직에서 보유하고 있지는 않지만 자사 및 타인자본을 이용하여 내부자원에 의존하지 않고 외부자원을 이용하여 조직을 성장시키는 전략이다.

외부성장전략은 신제품의 출하시기가 촉박하여 내부자원으로 대응이 어려운 경우, 신제품 사업을 경영할 적임자가 내부에서 찾기 어려운 경우, 필요한 신기술 획득이 촌각을 다투는 경우, 예상 공헌도 대비 낮은 가격으로 취득할 수 있는 기술 및 기업 등이 있는 경우, 확고한 시장점유를 유지하고 있는 기업을 통하여 시장지배력을 확보하고자 하는 경우, 기업의 상장을 우회적으로 하고자 하는 경우 등에 채택된다.

외부성장전략의 장점으로는 시장진출 및 신사업 시기를 단축할 수 있고 투자비용과 위험을 감소시킬 수 있다. 또한 기존의 자사 생산제품과 시너지 창출을 할 수 있으며 새로운 분야의 시장을 선점할 수 있고, 짧은 기간에 사업을 성공적으로 재편할 수 있다. 반대로 외부에서 확보된 요인을 활용한 성장전략에는 자사에서 개발할 때보다 수익성이 낮을 수 있고, 조직 내 R&BD부서의 연구개발 의욕저하를 초래할 수 있다. 또한 인수합병의 경우 승자의 저주(Winner's curse)[2]에 봉착하거나 합병 후 전략(PMIS, Post merger integration strategy)[3] 중 하나인 인사 및 노동조합문제가 자칫 복잡해질 수 있으며, 일반적으로 대규모의 투자금액을 필요로

---

2 승자의 저주(勝者의 詛呪, Winner's curse)는 Capen, E. C., Clapp, R. V., Campbell, W. M.(1971). Competitive bidding in high-risk situations. Journal of petroleum technology, 23(06)에서 발표한 것으로, M&A 등 경쟁에서는 이겼지만 승리를 위하여 과도한 비용을 지출하여 오히려 위험에 빠지거나 커다란 후유증을 겪는 경우를 의미하는 M&A용어이다.

3 기업을 인수한 후 통합하는 기업합병 전략을 말한다.

하고, 조직 내 신속한 의사결정이 안 될 경우 타사에게 기회를 선점당할 수 있다.

외부성장전략 또한 내부성장전략과 같이 장점과 단점을 가지고 있으나 외부성장전략을 채택할 수밖에 없는 필요 요인들은 장점 쪽의 특성을 보유하고 있다.

● 표 6-3 **외부성장전략의 필요요인과 장단점**

구분	핵심내용
외부성장전략의 필요요인	• 출하시기가 촉박하여 내부자원만으로 대응이 어려울 때 • 내부에서 신제품 또는 신사업 경영적임자가 없을 때 • 경영전략에 필요한 신기술 획득이 촌각을 다툴 때 • 예상 공헌도 대비 낮은 가격으로 취득이 가능할 때 • 확고한 시장점유를 유지하고 있는 기업을 통하여 시장의 지배력을 확보하고자 할 때 • 우회적으로 기업을 상장하고자 할 때
외부성장전략의 장점	• 시장진출 및 신사업 시기를 단축할 수 있다. • 투자비용과 위험을 감소시킬 수 있다. • 기존의 자사 생산제품과 시너지 창출을 할 수 있다. • 새로운 분야의 시장을 선점할 수 있다. • 짧은 기간에 사업재편을 성공적으로 할 수 있다.
외부성장전략의 단점	• 직접 개발할 때보다 수익성이 낮을 수 있다. • 조직 내 R&BD부서의 연구개발 의욕저하를 초래할 수 있다. • 인수합병의 경우 승자의 저주에 봉착할 수 있다. • PMI(Post Merger Integration)에 차질이 발생할 수 있다. • 일반적으로 대규모의 투자자금을 필요로 한다. • 조직 내 신속한 의사결정이 안 될 경우 타 조직에 기회를 선점당할 수 있다.

2.2. 경쟁전략

경쟁전략(競爭戰略, Competitive strategy)은 특정제품과 시장에서 경쟁기업에 대하여 경쟁우위에 위치함으로써 조직 경영의 목적달성을 위한 전략을 말한다. 따라서 경쟁전략은 경쟁우위전략이라 할 수 있다.

Michael Eugene Porter(1985)는 그의 저서인 「Competitive advantage: creating and sustaining superior performance」[4]에서 경쟁전략의 핵심 개념으

---

4 Porter, M. E.(1985). Competitive advantage: creating and sustaining superior performance. 1985. New York: Free Press.

로 3가지 전략을 제시하였다. 첫 번째는 Cost Leadership(원가우위), 두 번째가 Differentiation(차별화), 세 번째는 Cost Focus(원가 집중화)와 Differentiation Focus(차별화 집중화)를 설명하는 Focus(집중화)가 그것이다.

여기에서 원가우위전략과 차별화전략은 기업이 광의의 측면에서 경쟁우위 전략으로 선택할 수 있는 전략이고, 집중화전략은 협의의 측면에서 선택할 수 있는 전략으로 분류 및 설명하고 있다(〈표 6-4〉 참조).

본 책에서 학습하는 경쟁전략은 설명한 바와 같이 포터의 경쟁우위전략 3가지를 핵심으로 다룬다.

● 그림 6-1 **포터의 경쟁우위 핵심 3가지 전략**

원가우위전략(原價優位戰略, Cost leadership strategy)이다.

기업이 생산한 제품이나 서비스의 품질, 디자인, 기능 등 원가를 제외한 다른 요소에서는 시장 내 경쟁사와 대동소이 하지만 원가를 낮추어 시장 지배력을 확대하는 전략이다.

원가우위전략이 성공하기 위해서 기업에서는 첨단 생산설비와 이의 운영시스템, 저원가기반의 글로벌 자원확보(Global sourcing)와 공급망관리 시스템(Supply chain management system)의 구축이 필요하다. 마이클 포터(1985)가 제시하는 원가우위요소로는 규모의 경제,[5] 경험곡선효과,[6] 제품설계, 생산설비, 원재

---

5 규모의 경제(規模의 經濟, Economy of scale)는 투입량을 증가시킬 때 산출량이 투입증가율 이상으로 증가하는 것을 말하는 것으로 규모의 경제 3가지 원천으로 기술적 특성, 투입요소의 비분할, 전문화의 이득이 있다.

료, 투입요소 등이 있다. 원가우위전략은 대부분의 기업에서 채택할 수 있는 전략으로 더 저렴하게 공급할 수 있는 경쟁기업의 출현이나 기술의 진부화가 될 경우 우위가 열위가 되어 고객 및 시장점유율을 잃을 수 있다.

차별화전략(差別化戰略, Differentiation strategy)이다.

고객이 타사의 제품이나 서비스에 비하여 더 비싼 가격을 지불하더라도 구매하도록 하는 전략을 말한다. 차별화는 시장 및 고객에게 먹히는 자사만의 독특하고 유니크(Unique)한 요인을 말하는데 기술우위의 차별화, 제품위주의 차별화, 지역 및 시장위주의 차별화, 유통채널 우위의 차별화, 생산위주의 차별화, 원자재 우위의 차별화, 의사소통 위주의 차별화, 디자인 위주의 차별화, 브랜드 이미지 우위의 차별화, 고객서비스 위주의 차별화 등 타사 대비 편익(Benefit)이나 경제적 효용(Efficiency)을 더 줄 수 있는 유형 및 무형의 모든 것을 말한다.

차별화전략을 구사할 때에는 차별화전략의 함정에 빠지지 않도록 하여야 하는데, 차별화 전략의 함정7으로는 가치 없는 차별화, 수요와 괴리된 너무 심한 차별화, 너무 높은 가격 프리미엄, 가치사슬(VCM, Value chain management)보다는 제품에만 집중, 시장세분화의 실패 등을 들 수 있다.

집중화전략(集中化戰略, Focus strategy)이다.

시장세분화전략(STP, Segmentation, targeting, positioning)에 의하여 세분화된 특정고객, 특정제품, 특정지역 등에 원가우위전략 또는 차별화전략을 집중적으로 구사하는 전략을 말한다.

집중화전략이 특정고객이나 시장에 한정하여 집중하는 전략이라면, 원가우위 및 차별화전략은 시장전체를 대상으로 하는 전략이라는 차이점이 있다.

---

6 경험곡선효과(經驗曲線效果, Experience curve effect)는 1968년 보스턴컨설팅 그룹에서 사용 및 발표된 기업의 경쟁전략 중 하나이다. 이는 생산 공정에 참여자들이 반복적인 생산 활동과 교육, 경험 등으로 작업의 효율성을 높이는 것으로 낭비와 비효율적 요소를 제거하여 생산성을 향상시키는 것인데 규모의 경제, 특수화의 이익, 학습효과 등에 얻어진다고 볼 수 있다. 학습곡선효과(學習曲線效果, Learning curve effect)라고도 한다.

7 김영수(2014). 전략경영론, 학현사.

● 표 6-4 **3가지 핵심전략의 특징 비교**

전략 구분	개념	경쟁요인
Cost leadership (원가우위전략)	• 원가를 제외한 가격은 경쟁사와 대동소이하나 저렴한 원가로 승부를 거는 전략	• 규모의 경제, 경험곡선효과, 생산 설비와 이의 운영시스템, 저원가 제품 확보가 가능한 공급망 관리 등
Differentiation (차별화전략)	• 타사의 제품, 서비스에 비하여 더 비싼가격으로 구매를 성사시키는 전략	• 경쟁사 대비 독특하고 유일한 디자인, 브랜드이미지, 기술력, 고객서비스 등
Focus (집중화전략)	• 세분화된 특정고객, 특정제품, 특정지역에 원가우위전략 또는 차별화전략을 집중적으로 구사하는 전략	• 객관적인 기준에 의한 시장세분화, 세분화 대상에 적합한 차별화 또는 원가우위전략의 올바른 선택

2.3. 혁신전략

혁신전략(革新戰略, Innovation strategy)은 경영의 환경변화에 대하여 선행적이고 능동적으로 대응하고 경쟁우위를 확보하기 위하여 새로운 제품, 새로운 서비스, 새로운 운영기법, 새로운 생산 공정기술 및 조직 구성원의 의식이나 역량 등을 본질적으로 변화시키는 것을 말한다. 광의 측면에서 외형의 차이, 품질의 차이, 조직 내에서 경영활동 시간의 차이, 과거에서 비롯되어 새롭거나 전례가 없었던 변화 등을 의미[8]하기도 한다.

이는 조직의 혁신 담당부서 또는 몇몇 부서의 변화로 할 수 있는 것이 아니다. 또한 기존의 유형 또는 무형의 것에 변화를 가미하는 정도의 것을 혁신이라 할 수 없는 것으로 새로운 발상에 의한 새로운 시도를 말한다.

경영혁신은 자원의 효율적 활용으로 시작되는 1970년대, 다운사이징(Downsizing) 및 전사적 품질관리로 대표되는 1980년대, BPR 및 식스시그마로 대별되는 1990년대, IC 및 3P(People, Process, Product) 등 기업전반을 대상으로 하는 전사적 차원의 경영혁신으로 불리는 2000년대 등 경영혁신은 시대와 경영환경에 부합되게 기법과 전략을 통하여 변화되었다.

---

8 Birkinshaw, J., Hamel, G., Mol, M. J.(2008). Management innovation. Academy of management Review, 33(4); Hargrave, T. J., Van de Ven, A. H.(2006). A collective action model of institutional innovation. Academy of management review, 31(4); Van de Ven, A. H., Poole, M. S.(1995). Explaining development and change in organizations. Academy of management review, 20(3).

● 그림 6-2 **경영혁신의 시대적 흐름도**

1970년대	1980년대	1990년대	2000년대
• 자원의 효율적 활용 • 제품포트폴리오 매트릭스(PPM)	• Restructuring • Downsizing • TQM, JIT, Lean Production	• BPR • Benchmarking • 6 Sigma	• 전사적 경영혁신 • Strategy • Organization Leaning, KM

조직 전체 차원에서 시행되는 전사적 경영혁신의 대상은 3P로 대표되는데 People innovation, Process or Structure innovation, Product or Service innovation이 그것으로 〈그림 6−3〉과 같이 표현할 수 있다.

● 그림 6-3 **전사적 경영혁신의 대상 3P**

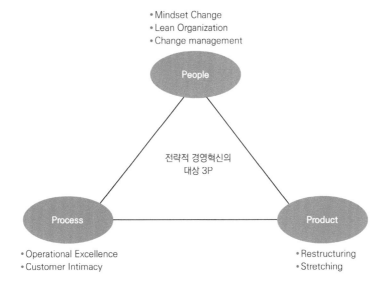

전사적 경영혁신의 3P의 People Innovation에는 조직 및 인사, 기업문화혁신을 말하며 상세내역으로는 성과급제, 직급체계, 교육 및 학습체계, 의식개혁 등이다. Process Innovation에는 Operational Excellence와 Customer Intimacy인데 상세내역으로는 ERP(전사적 자원통합관리), SCM(공급망관리), CRM(고객관계관리),

R&BD(조사 및 사업개발), KMS(지식경영) 등이 그것이다. Product Innovation은 Restructuring과 Stretching이다. 상세내역에는 구조조정, 재무구조개선, 기존사업 경쟁력 강화, 신규유망사업진출, 연구개발 인력강화와 사업구조 고도화, 사업영역의 글로벌화, 고부가가치사업 확대, 경영자원의 글로벌 소싱 등을 들 수 있다.

이와 같은 전사적 경영혁신인 3P 외에 주목하고 심혈을 기우려야 할 부분이 기술혁신이다. 기술혁신은 좁게는 조직의 비즈니스 연구와 개발 분야이다. 이 R&BD 전략은 조직의 현재 기술수준(Present technical level)과 가고자 하는 미래의 수준(Future technical level)이 검토되고 이를 토대로 New Process(신 공정), New Operational Methods(신 운영기법), New Product(신제품) 등을 구현하고자 하는 것을 목적으로 진행한다.

● 그림 6-4 **조직의 R&BD 혁신전략의 개념**9

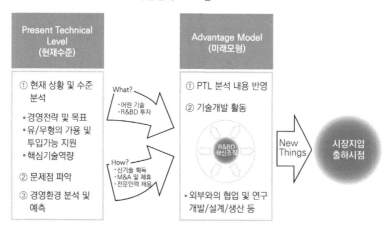

현재수준(PTL, Present technical level)의 분석단계에서는 조직이 현재 처해있는 기술적 수준이나 상황이 분석되며 조직이 목표로 하는 수준에 이르기 위하여 투입 및 활용 가능한 유무형의 자원과 핵심역량을 분석한다. 도달하고자 하는 미래수준(FTL, Future technical level)은 현재수준에서 내포하고 있는 단점과 약

---

9 조형래, 유정상, 안연식(2014). 기술경영, 학현사의 내용 및 그림을 편집하여 인용.

점, 개선 및 보완할 점을 반영하여 개선모형(Advantage model)을 도출하여 〈그림 6-4〉와 같이 적용 및 운영하는 것이 일반적인 조직의 R&BD 혁신전략이다.

3. 활용할 수 있는 전략기법과 스킬

본 장에서는 조직이 수립한 단기 및 중장기 목표달성을 위하여 실행하여야 하는 전략으로 성장전략, 경쟁전략, 혁신전략을 제시하고 설명하였다. 이와 같은 3가지 전략 이외에 활용할 수 있는 전략기법과 전략경영 방법론으로 전략적 제휴, 인수합병 전략, 프랜차이즈 경영시스템, 제품계열 전략, 공급사슬관리 전략, 기술사업화 전략, 식스시그마 기법, 아메바 경영기법을 제시하고 학습한다.

3.1. 전략적 제휴

전략적 제휴(戰略的 提携, Strategic alliance)는 기술, 생산, 자본 등의 기업기능에 복수의 기업이 상호협력관계를 유지하여 시장 내 다른 기업에 대하여 경쟁적 우위를 확보하려는 경영전략 기법이다.

전략적 제휴의 형태는 크게 8가지로 구분할 수 있고,[10] 점유비가 높은 것부터 차례로 들면 다음과 같다. 첫 번째는 Equity Joint Venture(자산의 합작투자)로 23%, 둘째는 Joint Development Agreement(공동개발계약)로 22%, 세 번째는 Licence Agreement(인허가 사용계약)로 19%, 네 번째는 Mixed Modes(해결방안의 혼합)로 13%, 다섯 번째 Cross-licensing & Technology Sharing(인허가 상호사용 및 기술 공유)로 8%, 여섯 번째 Customer-Supplier Partnership(수요 및 공급자간 파트너계약)으로 6%, 일곱 번째 R&D Contract(연구개발 계약)로 4%, 여덟 번째는 Other(기타)로 5%이다.

---

10 Mowery, D. C., Oxley, J. E., Silverman, B. S.(1996). Strategic alliances and interfirm knowledge transfer. Strategic management journal, 17(S2).

● 그림 6-5 **전략적 제휴의 형태**

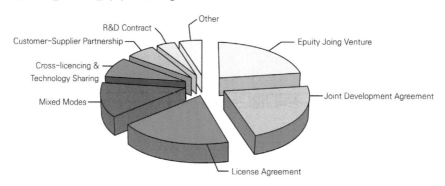

　　전략적 제휴는 자원의 확보와 위험의 분산, 노하우습득과 시장지배력 강화라는 장점이 있는가 하면, 의사결정의 자율성 감소, 보유자원 및 정보의 노출, 제휴파트너가 경쟁자로 전환될 수 있다는 단점 등 뚜렷한 양면성을 가지고 있다. 단점을 최소화하고 전략적 제휴의 장점을 극대화하기 위한 성공조건으로는 첫째, 전략적 제휴에 참여하는 기업은 상호 경영의 독립적 관계를 유지하여야 한다. 둘째, 상호 지분을 공유한 제휴(Equity-based alliance)의 경우 상호 통제권과 경영성과를 공유하려는 자세와 태도가 요구된다. 셋째, 제휴관계가 유지되는 동안 일방적인 독주나 일방적인 비협조를 지양하고 상호 지속적인 공헌과 기여를 해야 한다. 넷째, 제휴로 인한 수익은 극대화하고 비용은 최소화하는 노력이 필요하다.

　　이와 같은 단점을 최소화하기 위한 성공조건을 상호 유지하고 지키는 것도 중요하지만 제휴 파트너를 모색하는 단계에서 다음에 유념하여 파트너를 선정하는 것은 더 중요하다.

　　첫째, 제휴에 참여하는 기업들은 Compatibility(양립성)를 살펴야 한다. 전략, 조직구조 및 기업문화 측면에서 경영스타일이 유사한 기업을 파트너로 우선 고려하여야 한다는 것이다.

　　둘째, 제휴는 상호 보완적 능력(Capability)을 가지고 있는 파트너를 선정하는 데 그 목적이 있다. 즉 핵심역량을 보유한 기업들 간 협력적 관계를 맺는 수평적 제휴가 바람직하다는 것이다.

● 표 6-5 전략적 제휴의 장단점, 성공요건, 제휴파트너 선정기준

구분	주요항목	핵심내용
전략적 제휴	개념	• 기술, 생산, 자본 등의 기업기능에 기업이 상호 협력 관계를 유지하여 시장 내 다른 기업에 대하여 경쟁적 우위를 확보하려는 경영전략 기법
	단점	• 의사결정의 자율성 감소 • 보유자원 및 정보의 노출 • 제휴 파트너가 경쟁자로 전환될 수 있음
	장점	• 자원의 확보와 위험의 분산 • 노하우 습득과 시장 지배력 강화
	성공조건	• 제휴에 참여하는 기업은 상호 경영의 독립관계 유지 • 지분공유 제휴의 경우 상호 통제권과 경영성과를 공유하려는 자세 유지 • 제휴관계 기간 동안 상호 지속적인 공헌과 기여 노력 • 상호 수익은 극대화하고 비용은 최소화하는 노력 경주
	파트너 선정기준	• 제휴 참여기업들은 상호 양립성을 살펴야 함 • 상호 보완적 능력을 소유한 기업을 파트너로 해야 함 • 제휴 참여기업들 간 상호 헌신과 몰입을 견지하여야 함

셋째, 제휴참여 기업들 간의 상호 헌신과 몰입(Commitment)이 가능하거나 그런 자세를 견지하는 기업을 파트너로 우선 고려[11]하여야 한다.

3.2. 인수합병 전략[12]

인수합병(引受合倂, M&A, Mergers and Acquisition)은 Mergers(합병)와 Acquisition(인수)의 합성어로 한 기업이 다른 기업의 주식이나 자산을 취득하면서 경영권을 획득하여 두 개 이상의 기업이 법률적으로, 사실적으로 하나의 기업으로 합쳐지거나 기업경영지배권에 영향을 가져오는 일체의 경영행위로 경영전략 기법의 하나이다.

M&A의 협의의 의미는 기업 간에 인수합병을 뜻하는 것이고 광의의 의미로는 회사분할, 기술제휴, 공동마케팅 등 전략적 제휴까지 확대하여 볼 수 있는데, 본 책에서는 협의의 의미로 범위를 한정한다. 단 전략적 제휴 범위 및 내용은 전항의 3.1로 학습한다면 M&A의 광의의 의미측면에서 학습한 결과를 얻을 수

---

11 박재기, 김장훈, 신미숙(2016). 글로벌 마케팅, 도서출판 청람을 편집하여 인용.

12 윤종훈, 이호준, 법무법인 한결, 화인 경영회계법인(2007). M&A 전략과 실전사례, 매경출판.

있을 것이다.

M&A의 목적은 크게 경영전략적 측면, 영업적 측면, 재무적 측면으로 구분하여 다음과 같이 정리할 수 있다.

첫째, 경영전략적 측면이다. 이는 기업성장의 기본방향을 정하는 것으로 어떠한 사업을 어떠한 방법으로 전개해 나갈 것인가에 대한 방법론적 문제이다. 경영전략적 측면에는 기업성장과 지속성 유지, 세계화(Globalization)를 통한 경영전략, 연구개발(R&BD)의 효용성 제고 등이 핵심목적이 된다.

둘째, 영업적 측면이다. 여기에는 신규시장 진입에 따른 시간단축, 신규시장 진입 시 마찰회피, 규모의 경제효과(Economics of scale) 창출, 시장지배력의 증대(Market share) 등이 주요 목적이 된다.

셋째, 재무적 측면이다. 핵심 목적으로는 위험분산 효과의 제고, 자금조달 능력의 확대, 조세절감 등이 해당된다.

● 표 6-6 **인수합병 전략의 목적**

구분	사업측면	목적
M&A전략	경영전략 측면	• 기업의 성장과 지속성 유지 • 세계화를 통한 경영전략 • 연구개발의 효용성 제고
	영업적 측면	• 신규시장 진입 시간단축 • 신규시장 진입 시 마찰회피 • 규모의 경제효과 창출 • 시장 지배력의 증가
	재무적 측면	• 위험분산 효과의 제고 • 자금조달 능력의 확대 • 조세절감

M&A는 목적과 의사동의 여부 등에 따라 분류하는데 거래의사에 의한 분류, 결합 형태에 의한 분류, 교섭방법에 의한 분류, 결합주체에 의한 분류, 법적 형식에 의한 분류, 결제수단에 의한 분류로 구분할 수 있다.

● 표 6-7 **인수합병 전략의 목적**

구분	내용			
거래의사에 의한 분류	우호적 M&A		적대적 M&A	
결합형태에 의한 분류	수평적 M&A	수직적 M&A	구조개편 M&A	복합적 M&A
교섭방법에 의한 분류	개별교섭		공개매수	
결합주체에 의한 분류	국내 M&A (In → In)		국외 M&A (In → Out)	
법적형식에 의한 분류	자산취득	주식취득	합병	위임장 쟁탈
결제수단에 의한 분류	현금	주식교환	LBO	복합

거래의사에 의한 분류이다.

여기에는 우호적 M&A와 적대적 M&A가 있다. Friendly M&A(우호적 M&A)
는 매수기업의 매수활동이 매수 대상회사 경영진의 동의하에 진행하여 쌍방의
협의에 의하여 매수조건 등이 결정되는 M&A를 말한다. Hostile M&A(적대적
M&A)는 매수기업이 매수 대상기업의 의사에 반(反)하여 경영지배권을 강제적으
로 빼앗는 것을 목적으로 하는 M&A로 시장매집, 위임장 대결, 공개매수 등의
방법으로 진행한다.

결합 형태에 의한 분류이다.

여기에는 수평적 M&A, 수직적 M&A, 복합적 M&A, 구조개편적 M&A가 있
다. Horizontal M&A(수평적 M&A)는 동일한 제품이나 용역 또는 서로 경쟁관계
에 있는 제품이나 용역을 생산하거나 공급하는 관계에 있는 회사 간에 지배권의
취득을 통하여 결합하는 M&A를 말한다. Vertical M&A(수직적 M&A)는 다른 업
종을 영위하는 회사 간의 M&A를 말하는데 양 당사회사는 제품이나 용역의 실
질적 또는 잠재적 공급관계 있는 것이 보통이다. Conglomerate M&A(복합적
M&A)는 양 회사가 서로 다른 업종관계에 있지만 그 업종 간에는 수평적이든 수
직적이든 아무런 관계가 없이 복수의 회사 간에 이루어지는 M&A를 말한다.
Restructuring M&A(구조개편적 M&A)는 위의 3가지와 달리 기업의 영업활동, 재
무구조, 주주구성 등을 변경하고자 하는 경제적 동기에서 이루어지는 M&A를
말한다.

교섭방법에 의한 분류이다.

개별교섭에 의한 M&A는 매수회사가 매수 대상회사와 개별적인 매수교섭

에 의하여 체결된 매수계약에 의하여 M&A가 이루어지는 경우로 우호적 M&A의 경우 대부분 여기에 해당한다. 공개매수에 의한 M&A는 유가증권시장 밖에서 일정한 기간 동안 일정한 가격으로 공고한 후 주식을 대량으로 매수하는 방식으로 우호적 M&A는 물론 적대적 M&A에서도 활용되고 있다.

결합주체에 의한 분류이다.

국내 M&A는 국내 기업 간의 인수합병을 말하여, 국외 M&A는 국내 기업이 해외기업을 인수 합병하는 In → Out형과 해외기업이 국내기업을 인수 합병하는 Out → In형으로 구분된다.

결제수단에 의한 분류이다.

현금매수는 기업인수의 대가로 현금을 지급하는 방식의 인수방법인데 이 방법의 경우 기업매수를 신속하게 종결할 수 있고 절차도 복잡하지 않은 장점이 있으나 기업매수에 막대한 자금이 소요되는 단점이 있다. 주식교환매수는 인수대가로 인수회사가 보유하거나 새로 발행하는 주식, 전환사채, 신주인수권부사채 등의 유가증권을 교부하고 피인수기업의 주식을 취득하는 방법이다. Leverage Buyout(LBO) 매수는 인수회사가 PC(Paper company, 서류로만 존재하는 회사)를 설립한 후 Junk Bond(정크본드)[13]를 발행하여 인수자금을 조달하거나 금융기관으로부터 자금을 조달하여 기업을 인수하고 인수 후 인수대상기업의 자산을 매각하거나 동 기업의 이익금으로 차입금을 상환하는 매수방법이다.

〈그림 6-6〉 M&A 체계도를 통하여 좀 더 상세한 M&A의 종류, 종류별 M&A방법과 M&A Tree를 학습하도록 한다.

기업의 M&A는 신속한 의사결정과 Dynamic(역동적)하게 움직이는 가변성을 갖고 있어 의사결정에 앞서 치밀한 사전계획과 검토가 필수적이다. 특히 인수대상과 검토내용에 대한 비밀유지가 되어야 하며, M&A를 추진하는 동안 매수 대상기업의 특성을 무시하고 진행하는 경우 실패의 확률이 매우 높다. 또한 지나치게 신중하고 다단계의 의사결정으로 시간경쟁에서 뒤지는 경우 다른 기

---

13 Junk란 단어가 쓰레기를 의미하듯 신용등급이 낮은 기업이 발행하는 고위험, 고수익의 회사채로 고수익 채권, 열등채 라고도 부른다. 이는 신용도가 낮은 회사가 발행한 채권으로 원리금 상환에 대한 불이행 위험이 큰 만큼 이자가 높기 때문에 중요한 투자 대상이 되기도 한다.

● 그림 6-6 **M&A 체계도**

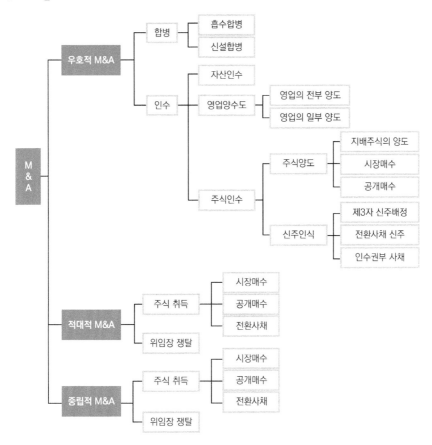

업에게 주도권을 빼앗길 수도 있으므로 절차에 의한 시기적절한 의사결정이 핵심으로 작용한다.

M&A의 과정은 정형화되어 있지는 않지만 보통 5단계로 이루어진다. 첫 번째 단계로 M&A의 전략수립과 대상기업의 선정, 두 번째 단계로 교섭과 기본합의서의 작성, 세 번째 단계로 기업실사 및 대상기업의 가치평가, 네 번째 단계로 최종협상 및 계약서의 조인, 마지막으로 다섯 번째 단계는 합병대금의 지불 및 사후관리의 단계이다. 5단계를 근간으로 M&A 진행절차의 세부적 흐름은 〈그림 6-7〉과 같다.

● 그림 6-7 **M&A 절차의 세부 흐름도**

M&A 진행단계	진행단계별 핵심 업무
전략수립	• M&A 추진 안(案) 수립 • 기업성장 중점 대상 분야 선정 • 실무 추진 팀 구성
대상업체기초조사	• 신징 기준 설정: 입품, 제품, 규모, 재무싱황 등 • 인수 후보기업의 물색(중개업체 활용)
대상기업 선정	• 후보기업 중 목표기업 선정
대상기업가치평가	• 목표기업 평가: 조직, 생산, 판매, 재무구조 등 (전문기관의 자문 및 평가 의뢰)
대상기업결정	• 인수방법 및 조건 결정, 인수자금 조달계획수립

정밀조사실시	• 인수대상기업의 제시자료 근거로 실사 후 가격
	  협상 및 합의
	  (회계사 등 전문기관에 실사 의뢰)

접촉 및 교섭	• 대상기업의 대주주의 접촉 • 인수가격, 인수 및 지급방법 등 기본사항 협의
기본합의서체결	• 본 계약체결 전 실사일정 및 향후 추진일정 등의 기본사항 합의
합병계약체결	• 계약서 작성과 자금조달 및 대금결제 방법 등을 결정
대금지급 및 사후관리	• 합의서상의 일정에 따라 대금 지급 • 합병 후 사후관리절차 수행

3.3. 프랜차이즈 경영 시스템

프랜차이즈 시스템은 사업형태의 측면에서 볼 때 기업혁신의 다양한 효과를 위한 수단, 지속가능한 중소규모의 새로운 사업의 발견, 큰 조직의 유연한 구조조정, 해외시장으로의 사업 확대 수단으로 활용되고 있는 미국 및 유럽뿐 아니라 전 세계적으로 가장 잘 알려진 사업형태[14]이다. 최근에는 조직의 경계, 업

---

14 Sydow, J.(1998). Franchise system as strategic networks: Studying network leadership in the service sector. Asia Pacific Journal of Marketing and Logistics, 10(2); Stanworth, J.(1996). Dispelling the myths surrounding franchise failure rates–some recent evidence from Britain. Franchising Research, 1; Felstead, A.(1991). Franchising: a testimony to the" enterprise economy" and economic restructuring in the 1980s?; Hopkins, D.

● 표 6-8 **프랜차이즈 시스템의 정의**

구 분	주요내용
비즈니스 모델	• 본부의 유·무형자원 및 자산을 사용하는 대가로 가맹점이 지급하는 금전을 수익모델로 하는 온라인 및 오프라인 비즈니스
거래 주체	• 특허, 기술, 노하우 등 유무형의 자원이나 자산을 보유·지원하는 본부와 이를 유상으로 사용하는 가맹점
거래의 성립	• 본부와 가맹점의 계약 • 계약의 주체에 따라 제조업자-소매업자 프랜차이즈 시스템, 제조업자-도매업자 프랜차이즈 시스템, 도매업자-소매업자 프랜차이즈 시스템, 상표허가자-소매업자 프랜차이즈[15] 시스템으로 분류
사업 형태	• 하나의 본부와 복수의 가맹점 형태로 구성되는 네트워크 사업
지원 및 지급	• 본부는 가맹점의 영업에 필요한 제반의 유·무형을 지원 • 가맹점은 지원받은 대가로 금전을 본부에 지급[16]
명칭	• 본부 : 가맹본부, 본사, 본점, Franchisor • 가맹점 : 대리점, 영업소, 지점, Franchisee, Agency, Branch
취급 상품	• 유형의 제품이나 무형의 서비스 • Franchisor가 제조한 제품을 유통 및 판매하는 제품 유통형[17] 프랜차이즈와 외식업 및 서비스 부문에 활용되는 포괄형 프랜차이즈로 구분

종의 경계, 산업의 경계, 사회의 경계를 허무는 경제변화의 중심 주체로 잡아가고 있다.

프랜차이즈 시스템(Franchise system)은 본부[18]와 가맹점[19]간의 파트너십(Partnership)을 핵심으로 하는 네트워크(Network) 기반의 비즈니스 모델이다. 이

M.(1996). International franchising: standardization versus adaptation to cultural differences. Franchising Research, 1.

15 최근에 가장 일반적인 프랜차이즈 형태로 제조업자나 도매업자가 아닌 본부가 소매상의 성공적인 사업을 위하여 상호나 상표, 표준화된 매뉴얼을 제공하는 프랜차이즈 형태로, 패스트푸드, 호텔체인, 레스토랑 등과 같은 외식업 및 서비스 업종에서 많이 볼 수 있다.

16 가맹점에서 본부에 금전을 지급하는 형태는 브랜드 사용료, 기술사용료, 전산시스템 사용료 등과 같은 직접적인 사용대가 지급형태에서 원재료 공급, 유통 및 물류서비스 제공을 통한 본부의 수익확보와 같이 간접적인 금전의 지급형태로 다양화되고 있음.

17 제품유통형 프랜차이즈(Product distribution franchise)의 예로는 자동차 딜러, 주유소 등을 들수 있고, 포괄형 프랜차이즈(Comprehensive franchise)에는 외식업체, 편의점, 약국 등을 들 수 있음.

18 본부(本部), 업종에 따라 본사, 가맹본부, 본점 등으로 불리고 영어로는 Headquarter, Franchisor로 표기한다.

19 가맹점(加盟店)은 업종에 따라 대리점, 영업소, 지점 등으로 불리며 영어로는 Franchisee, Agency, Branch로 표기한다.

는 본사가 가맹점으로 하여금 자기의 상표, 서비스 표, 휘장 또는 그 밖의 브랜드 등의 영업표지를 사용하여, 본부가 제시하는 품질이나 영업방식에 부합되게 상품 또는 용역을 판매 및 제공하도록 하면서 이에 필요한 경영 및 영업활동에 대한 광고, 교육, 경영관리를 지원하고 가맹점 사업자는 이에 대한 대가로 가맹본부에 금전을 지급하는 계약에 의한 계속적인 거래관계를 이루는 경영전략 기법이라고 정의할 수 있다.

설명한 바와 같이 본부와 가맹점의 파트너십(Partnership)을 핵심으로 운영되는 경영전략 기법이 프랜차이즈 시스템이지만, 본 책에서는 프랜차이즈 시스템을 기획, 계획, 운영, 관리 등의 주체인 Franchisor인 본부를 중심으로 전략기법에 활용할 수 있는 내용을 다룬다.

프랜차이즈는 시스템을 주관하는 본부입장에서, 사업을 운영하는 가맹점의

● 표 6-9 **프랜차이즈 시스템의 장점과 단점**

구분	사업주체	주요내용
장점	Franchisor (본부)	• 사업의 확장이 용이함 • 규모의 경제효과를 누릴 수 있음 • 본부의 검증된 시스템을 적은 비용으로 신속하게 확산시킬 수 있음 • 경영상의 위험을 분산시킬 수 있음 • 표준화된 매뉴얼로 운영관리를 효율적으로 할 수 있음 • Franchisee의 창의적인 아이디어를 사업에 반영할 수 있음
	Franchisee (가맹점)	• 고객에게 일관성 있는 상품과 서비스를 제공할 수 있음 • 브랜드 및 제품에 대한 고객의 인지도가 높음 • 창업성공의 가능성을 높일 수 있음 • 표준화된 매뉴얼의 제공으로 경영과 관리가 용이함 • 적은 자본으로 창업할 수 있음 • 본부로부터 교육훈련, 경영관리, 광고, 공동구매 등 지속적인 지원을 받음
단점	Franchisor (본부)	• 부진한 가맹점의 폐점조치가 직영점에 비하여 어려움 • 가맹점의 소재지나 지역에 따라 관리가 약해질 수 있음 • 개점하기 전까지 가맹점주의 경영적 소질을 검증할 수 없음 • 본부와 가맹점, 가맹점 간 갈등발생시 해결이 쉽지 않음
	Franchisee (가맹점)	• 가맹점 운영의 독립성이 약함 • 본부에 대한 의존도가 높아질 수 있음 • 본부의 광고 및 판매촉진 확대 시 비용부담이 증가함 • 사업의 성과와 무관한 로열티(Royalty) 및 수수료 납부시 비용 부담이 될 수 있음 • 계약서의 일부내용이 불합리할 수 있음

입장에서 느낄 수 있는 다음과 같은 장점과 단점을 가지고 있다.

프랜차이즈 시스템이 조직의 경계, 업종의 경계, 산업의 경계, 사회의 경계를 넘어 발생지인 미국뿐 아니라, 유럽 및 전 세계에서 경제변화의 중심 전략으로 도입된 배경을 이론적 측면에서 설명할 수 있는데, 자원부족이론(Resource scarcity theory), 대리이론(Agency theory), 거래비용이론(Transaction cost theory), 탐색비용 이론(Search cost theory), 소유권 재조직 이론(Ownership redirection theory)이 그것이다.

자원부족이론(資源不足理論, Resource scarcity theory)이다.

기업이 활용할 수 있는 자원인 자본, 인력, 관리역량, 시장정보, 특정지역에 대한 지식 등은 유한할 수밖에 없는데, 이와 같이 유한하고 부족한 자원을 보완하고 강화할 수 있는 것이 프랜차이즈 시스템이 될 수 있다[20]는 이론이다.

대리이론(代理理論, Agency theory)이다.

대리이론 또는 대리인 이론으로 번역할 수 있다. 이에 의하면 조직은 조직 관련 비용을 최소화하기를 원하는데 Franchisee(가맹점)는 본부의 시장 개척비용, 유지관리비용, 직원인건비 등의 최소화에 기여할 뿐 아니라 이익창출로 만회[21]하여 준다는 이론이다.

거래비용이론(去來費用理論, Transaction cost theory)이다.

거래비용은 시장참여의 정도와 방법 등 무엇을 하든지 비용이 존재한다. 또한 기업이 단독으로 시장과 거래할 때의 비용과 조직을 조직하고 유지하는 비용과 비교하여 거래비용이 적은 쪽을 선택하여 운영하게 되는데 직영 Franchisee

---

20 Oxenfeldt, A. R., Kelly, A. O.(1969). Will successful franchise systems ultimately become wholly-owned chains. Journal of retailing, 44(4); Combs, J. G., Castrogiovanni, G. J. (1993, August). Franchising strategy: a proposed model and empirical test of franchise versus company ownership. In Academy of Management Proceedings (Vol. 1993, No. 1, pp. 7-11). Academy of Management.

21 Bergen, M., Dutta, S., Walker Jr, O. C.(1992). Agency relationships in marketing: A review of the implications and applications of agency and related theories. The Journal of Marketing, 1-24; Shane, S. A.(1996). Hybrid organizational arrangements and their implications for firm growth and survival: A study of new franchisors. Academy of Management Journal, 39(1).

보다 가맹점을 선택하여 운영하는 것이 거래비용을 줄일 수 있다고 보는 이론[22]이다.

탐색비용 이론(探索費用理論, Search cost theory)이다.

기업에서 점포 또는 사업장을 확장하고자 할 때에는 전략수립에 반영할 정보수집과 분석을 위하여 시장조사 등 탐색을 하며, 이런 경우 탐색비용이 발생하게 된다. 이런 경우 프랜차이즈 시스템 경영을 활용하면 기업의 시장탐색비용을 절감할 수 있다는 이론[23]이 탐색비용 이론이다.

소유권 재조직 이론(所有權再組織理論, Ownership redirection theory)이다.

기업의 조직을 재편하거나 변화를 주고자 할 때의 근거로 프랜차이즈를 운영한다는 이론이다. 이 이론에 의하면 성공적인 판매망을 구축하고자 하는 초기단계의 회사에서 비용부담을 줄이는 데 최적의 조직형태가 프랜차이즈라고 한다. 그러나 초기와 다르게 어느 정도 성장단계에 도달하게 되면 자본금의 부담감이 적어진 본부가 운영하는 직영점의 숫자가 상대적으로 증가하게 되는데 이는 가맹점의 소유권을 본부가 거둬들이는 것보다는 직접시장을 개척하고 설립을 통한 확장이 증가한다[24]는 것이다.

프랜차이즈 경영시스템의 성과창출 및 가맹점과의 관계강화를 위한 핵심요인으로는 본부 관리자의 리더십, 본부와 가맹점과의 커뮤니케이션, 본부의 가맹점에 대한 교육훈련, 본부의 브랜드이다.[25] 또한 이러한 핵심요인을 통하여 본부와 가맹점의 관계가 강화되고, 가맹점은 더 본부에 몰입하게 되어 경영성과가 향상된다.

이러한 본부는 가맹점들의 재계약의도를 향상시켜 조직을 강하게 하여 궁

---

22 Williamson, O. E.(1989). Transaction cost economics. Handbook of industrial organization, 1; Coase, R. H.(1937). The nature of the firm. economica, 4(16).

23 Minkler, A. P.(1992). Why firms franchise: A search cost theory. Journal of Institutional and Theoretical Economics (JITE)/Zeitschrift für die gesamte Staatswissenschaft.

24 Lillis, C. M., Narayana, C. L., Gilman, J. L.(1976). Competitive advantage variation over the life cycle of a franchise. The Journal of Marketing; Dant, R. P., Kaufmann, P. J.(2003). Structural and strategic dynamics in franchising. Journal of Retailing, 79(2); 노기엽(2013). 프랜차이즈창업경영론, 학현사.

25 구병모, 여기태(2011). 물류프랜차이즈 본사와 대리점의 성과향상 및 관계 유지·강화를 위한 요인도출에 관한 연구. 한국물류학회, 21(1).

● 그림 6-8 **성과창출 및 관계강화를 위한 인과관계모델**

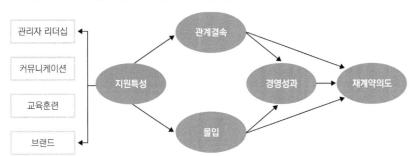

극적으로는 내부 및 외부고객을 만족시키는 프랜차이즈 조직이 되어 영속기업의 토대를 확보하게 된다. 이를 인과관계 모델로 나타내면 〈그림 6-8〉과 같다.

프랜차이즈 본부와 달리 가맹점은 입지에 따라 경영성과가 좌우되므로 본부는 가맹점 개설 시 주위 상권을 분석하여 자사 가맹점 간 Cannibalization (자사상품으로 인한 자사의 매출 감소현상) 현상을 사전에 제거하여 본부와 가맹점이 성과를 공유할 수 있는 상권분석전략이 필요하다.

상권(商圈, Commercial supremacy)은 점포로부터 고객을 유인하게 되는 지리적 영역을 말 하는데 1차 상권, 2차 상권, 3차 상권으로 구분한다. 공간적 기준으로 한 1차 상권은 구매고객의 75% 전후가 분포되어 있는 공간적 범위를 말하고, 2차 상권은 25% 전후의 구매고객이 분포되어 있는 범위로 보통 점포로부터 0.5~1Km 이내의 거리를 말한다. 3차 상권은 점포로부터 1Km 범위 밖을 말하는데 대형점포의 경우에는 공간적 기준을 뛰어 넘는 고객의 이동현상을 보여주기도 한다.

상권을 분석하는 이론으로는 체크리스트 법(Checklist method), 유추 법 (Analogy method), 소매인력 모델(Reilly's model of retail gravitation), 구매자 유인의 법칙(Huff's probability formulation)이 있는데 접근성 및 입지 조건이 좋은 점포와 나쁜 점포의 요인은 〈표 6-10〉과 같다.

● 표 6-10 접근성 및 입지조건이 좋은 점포와 나쁜 점포의 요인[26]

구분	좋은 점포의 요인	나쁜 점포의 요인
주요내용	• 유동인구가 많은 곳 • 접근하기 용이한 곳 • 대형 사무실보다는 5층 이하 사무실이 많은 곳 • 편의시설이 있는 곳 • 출근길보다는 퇴근길 방향에 있는 곳 • 주차장이 있는 곳 • 코너(Corner)에 있는 상가 • 대규모 아파트단지 중심상권 • 중소형 아파트단지 상가 • 낮은 저지대 중심지 • 권리금이 있는 곳 • 주변에 노점상이 있는 곳 • 비어있는 점포가 없는 곳 • 아파트 초입 • 버스정류장이나 지하철역을 끼고 있는 대로변	• 상권이 필요이상으로 확대된 곳 • 4차선 이상의 도로가 상권을 양분하는 곳 • 유동인구가 그냥 지나가는 곳 • 주변 점포가 기술 또는 저가 상품 위주인 곳 • 업종이나 주인이 자주 바뀌는 곳 • 주변 점포의 간판이 낡거나 변색된 점포가 있는 곳 • 점포 전면이 좁거나 간판 설치가 어려운 곳 • 주변 도로가 지저분한 곳 • 건너편에 상가가 활성화 되지 않는 곳 • 언덕 위나 상가의 연속성이 끊긴 곳 • 주변에 공터가 있는 곳 • 막다른 골목 • 권리금이 없는 곳 • 주변에 큰 규모의 동일업종이 있는 곳 • 보도 폭이 좁은 곳

3.4. 제품계열 전략

제품계열전략(製品系列戰略, Product line strategy)은 기존제품의 Image(이미지)와 Positioning(포지셔닝)을 이용하여 가격 및 제품계열을 상향 또는 하향으로 확장하여 경쟁력을 찾고자하는 마케팅 기법이라고 정의할 수 있다.

고객의 요구를 만족시키기 위해 제공되는 공급측면의 속성과 수요측면의 편익의 집합체로 고객의 필요나 욕구를 만족시키기 위해 제공되는 모든 것을 제품이라고 한다. 이 제품에는 4가지 차원이 있는데 핵심제품, 실제제품, 확장제품, 잠재제품이 그것이다.

핵심제품(Core product)은 제품의 가장 기본이 되는 차원인데 제품의 본질을 말하는 것으로 무형의 제품이다. 실제제품(Actual product)은 핵심제품을 구체화시킨 것으로 유형의 제품이다. 확장제품(Augmented product)은 핵심제품과 실제제품에 부가하여 제공하는 것으로 부가적인 서비스와 편익으로 무형의 것이

---

26 오세조, 윤홍근, 이수동, 변명식, 임영균(2006), 도서출판 두남.

● 그림 6-9 **제품의 4가지 차원**

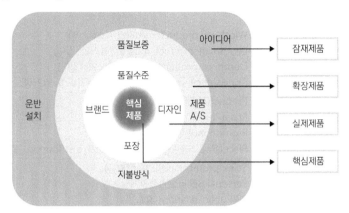

다. 잠재제품(Potential product)은 제품의 차원 중에서 가장 넓은 개념으로 상용화되지 않은 미래에 나올 제품의 컨셉(Concept)이나 제품의 아이디어까지 포함하는 무형의 것이다. 각 차원별 속성의 종류는 〈그림 6-9〉를 참조하기 바란다.

또한 제품계열전략을 이해하고 응용하기 위하여 알아야 할 것이 있는데 제품믹스(Product mix)가 그것이다.

경영전략이나 마케팅 업무를 담당하고 있거나 담당하고 싶다면 동 분야에 어떠한 믹스전략이 있는지 정도는 알아야 할 것이다.

경영 또는 마케팅전략에 활용되는 믹스전략에는 본 제품믹스를 포함하여 3개의 믹스전략이 있다. 4Ps전략으로 알려진 마케팅믹스, 생산된 상품의 판매 및 광고 전략으로 알려진 촉진믹스, 그리고 본 제품믹스이다. 3개의 믹스전략 모두 각 4가지 요소로 구성되어있는데 상세내역은 〈표 6-11〉과 같다.

제품믹스의 첫 번째는 With of Product Mix(제품믹스의 폭)이다. 이는 기업이 취급하는 제품계열의 수를 말한다. 두 번째는 Length of Product Mix(제품믹스의 길이)이다. 이는 기업이 취급하는 제품의 총 개수를 말한다. 세 번째는 Depth of Product Mix(제품믹스의 깊이)이다. 이는 한 개의 제품계열 내에서 취급되는 품목 수를 말한다. 첫 번째에서 세 번째까지의 것이 취급 또는 생산되는 제품에 관련 된 것이라면 네 번째는 제품믹스상의 제품들이 생산단계에서, 판매를 위한 단계에서 얼마나 관련되어 있는가를 나타내는 Consistency of roduct

● 표 6-11 **3개의 믹스전략과 전략별 구성 요소**

3개 믹스 전략 종류	구성 요소
제품 믹스	• Width of product mix(제품믹스의 폭) • Length of product mix(제품믹스의 길이) • Depth of product mix(제품믹스의 깊이) • Consistency of product mix(제품믹스의 일관성)
마케팅 믹스	• Product(제품) • Price(가격) • Promotion(판매촉진) • Place(유통 또는 물적유통=Physical distribution, 물류)
촉진 믹스	• Sales promotion(영업촉진활동) • Personal selling(인적판매활동) • PR(Public relation, 홍보) • Advertising(광고)

Mix(제품믹스의 일관성)이다. 제품믹스의 일관성의 예로는 생산단계의 공장 내 생산시설,[27] 생산된 제품의 유통채널[28] 등을 들 수 있다.

제품계열(製品系列, Product line)은 동일한 욕구를 충족시키거나 일정 영역의 가격범위를 가지고 동일한 유통경로를 통하여 판매되는 등의 상호 밀접한 관계가 있는 상품 군(群)을 말하는 것으로 기업 내에서 서로 관련된 개별 제품들의 집합을 의미한다. 즉 서로 유사한 기능을 갖고 있는 제품들이거나, 동일한 생산설비를 이용하는 제품들이거나, 동일한 고객에게 판매되는 제품들이거나, 동일한 유통경로를 이용하는 제품들로 제품믹스의 일관성이 높은 제품들을 제품계열이라고 한다.

제품계열 전략에는 현재의 제품계열을 중심으로 확대전략과 축소전략이 있다.[29] 제품계열 확대전략에는 상향 확대전략(Stretching upward strategy), 하향 확대전략(Stretching downward strategy), 양방향 확대전략(Stretching both–ways

---

27 복수개의 제품을 생산하는데 동일한 생산시설을 사용하는 일관성이 얼마나 되는지 여부로 동일한 생산시설을 많이 사용할수록 제품믹스의 일관성이 높은 것이다.

28 판매를 위한 또는 판매된 복수개의 제품 유통을 하는데 동일한 유통경로를 이용하는 일관성이 얼마나 되는지의 정도로 이 또한 동일한 유통경로를 많이 사용할수록 제품믹스의 일관성은 높은 것이 된다.

29 김성호(2015). 마케팅 정론(제2판), 학현사를 편집하여 인용.

● 그림 6-10 **제품계열 전략의 종류와 정의**

구분		특징 및 내용
계열 확대	Stretching upward (상향 확대전략)	• 현 제품보다 고가격 고품질 제품을 출시 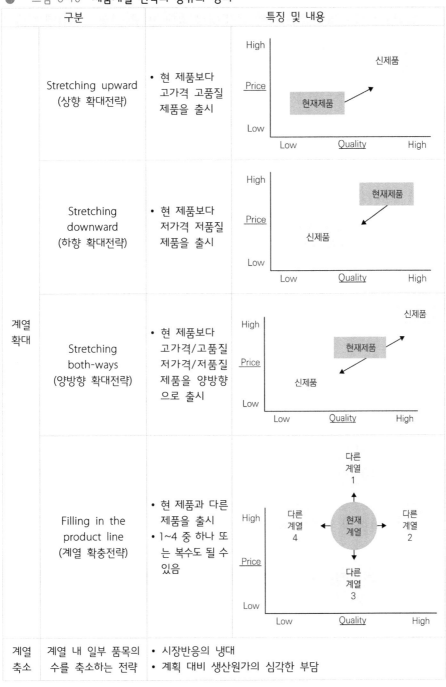
	Stretching downward (하향 확대전략)	• 현 제품보다 저가격 저품질 제품을 출시
	Stretching both-ways (양방향 확대전략)	• 현 제품보다 고가격/고품질 저가격/저품질 제품을 양방향 으로 출시
	Filling in the product line (계열 확충전략)	• 현 제품과 다른 제품을 출시 • 1~4 중 하나 또 는 복수도 될 수 있음
계열 축소	계열 내 일부 품목의 수를 축소하는 전략	• 시장반응의 냉대 • 계획 대비 생산원가의 심각한 부담

strategy), 계열 확충전략(Filling in the product line strategy)이 있다.

〈그림 6−10〉에서 보는 바와 같이 상향 확대전략은 현재의 제품에 비하여 고가격, 고품질의 제품을 추가로 출시하는 것으로 고급시장의 증가나 높은 이익을 실현하고자 할 때 사용하는 전략이다.

하향 확대진략은 현재의 제품에 비하여 가격 및 품질을 낮게 하여 제품을 출시하는 전략으로 시장의 요구나 경쟁사의 제품을 효율적 또는 선제 대응하기 위하여 사용하는 전략이다.

양방향 확대전략은 현재의 제품보다 고품질 및 고가격, 저품질 및 저가격의 제품을 상향 및 하향에 양방향으로 출시하는 전략으로 저가를 선호하는 고객, 고가를 선호하는 고객 등 두 마리 토끼를 잡으려고 할 때 사용하는 전략이다.

계열 확충전략은 제품의 가격이나 품질을 이용한 확대가 아닌 현재의 제품 계열에 현재의 제품과 다른 또 하나의 제품을 추가로 생산하는 전략이다.

제품계열 축소전략은 계열 내 일부 품목의 수를 줄이는 전략으로 계획 대비 시장반응의 냉대, 생산원가의 부담 등의 문제가 심각할 경우에 사용하는 전략이다.

3.5. 공급사슬 관리 전략

공급사슬관리(供給사슬管理, SCM, Supply chain management)는 한 개의 완제품이 생산되어 최종 소비자에게 판매될 때까지의 전 과정을 대상으로 최적의 효율을 찾기 위하여 기획(SCP, Supply chain planning), 실행(SCO, Supply chain operation), 환류(SCF, Supply chain feedback)까지 이루어지는 일련의 활동을 말하는 것으로 공급망관리라고도 한다.

부품(Parts) 및 가공품(Processed goods)이 공급업자(Supplier)로부터 완제품 생산업자(Manufacturer), 유통업자(Distributor), 보관업자(Warehouse businessman), 판매업자(Sales businessman), 최종소비자(Consumer)에 이르는 전(숲) 과정에서 재화(Goods), 정보(Information), 자금(Finance)의 흐름(Flow)을 전체적 관점에서 최적화를 목적[30]으로 관리하는 전략기법이다. 이들의 범위와 정의를 그림으로

---

30 여기서 최적화의 목적이란 원가최소화를 통한 원가우위확보와 고품질을 통한 고객만족 구현이다.

나타낸 것이 〈그림 6-11〉과 〈그림 6-12〉이다.[31]

SCM 전략의 올바른 이해와 실행을 위해 도움을 주고자 물류(Logistics)와 SCM의 범위와 정의에 대하여 짚어보기로 한다.

전술(前述)한 바와 같이 SCM(Supply chain management)는 SC라는 약술어가 보여주고 있듯 부품, 부분품, 가공품 등의 공급에서 완제품의 생산, 완제품과 소비자 사이의 유통 및 물류센터, 크로스도킹 터미널 등을 거쳐 최종소비자에 이르는 공급, 생산, 소비까지의 전체과정(Full process)을 대상으로 하는 부분최적보다는 전체 최적화를 목적으로 확장된 공급사슬관리 전략이다.

Logistics(물류)는 고객의 요구에 부응하기 위하여 원자재, 재공품, 완제품, 서비스 및 관련정보를 원산지부터 소비지까지 효율적이고 효과적으로 이동하고 보관할 수 있도록 계획, 실행, 통제하는 과정으로 SCM의 범위보다는 부분체적을 집중적으로 관리하는 활동 및 운영기법이다.

즉 SCM은 공급사슬 내 파트너들 간의 업무 프로세스를 통합하여 관리하는 것으로 〈그림 6-12〉 상단 그림의 적색 박스부분과 하단 그림의 적색 글씨 부분이 Logistics이외의 범위로 이는 물류를 아우르는 폭넓은 개념이라고 할 수 있다.

〈그림 6-12〉에서 보여주는 바와 같이 SCM(공급사슬관리)의 범위는 하나의 제품이 완성되어 출고될 때까지에 관여하는 모든 범위가 효율화와 경쟁우위를 위한 개선의 대상이 된다. 때문에 거시측면의 경영환경, 산업 내 경영환경에 대한 조사와 분석[32]을 통한 전략방향 수립과 실행전략 수립을 위한 전략이 요구된다.

또한 파트너 기업 간, 각 기업 내에서 유·무형의 정보를 주고받을 수 있는 정보기술, 영업활동 지원을 위한 마케팅과 판매에 필요한 영업, 재화 및 정보의 흐름으로 발생하는 재무활동은 물류활동의 범위에 비하여 추가되는 SCM의 전

31 Bardi, E. J., Coyle, J. J., Novack, R. A.(2006). Management of transportation. Thomson/South-Western; Coyle, J. J., Bardi, E. J., Langley, C. J.(1996). The management of business logistics (Vol. 6). St Paul, MN: West publishing company.

32 본 책의 앞단에서 이미 설명한 각종 전략기법, 거시측면의 환경분석기법인 PESTLE, 산업 내 환경분석기법인 산업구조분석(5Forces), SWOT기법, 7C 중에서 필요한 전략기법만 골라 활용해도 시장분석 및 전략수립에 충분함을 밝혀둔다.

● 그림 6-11 **Logistics**의 범위와 정의

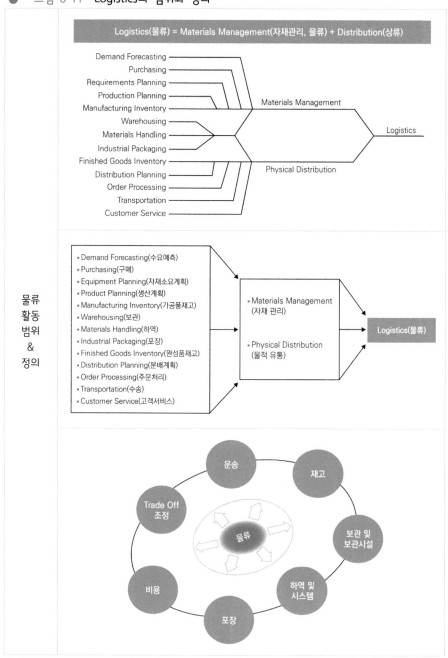

● 그림 6-12 **Supply Chain Management의 범위와 정의**

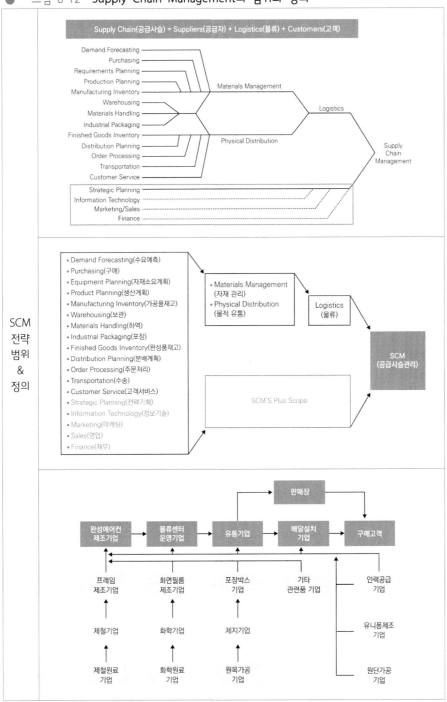

략 및 활동의 범위가 된다.

한편 글로벌소싱(Global sourcing)이 일반화된 작금의 경영환경에서 SCM 전략수립에 유용하게 활용할 수 있는 또 하나의 전략기법으로 VCA(Value chain analysis, 가치사슬분석)을 추천한다.

통상적으로 Logistics(물류)와 SCM(공급사슬관리)를 구분할 수 있는 요소들을 모아 〈표 6-12〉와 같은 비교표를 통하여 이해를 돕고자 하였다.

● 표 6-12 Logistics와 SCM의 비교[33]

구분	Logistics(물류)	SCM(공급사슬관리)
조직	기업경영의 통합	공급사슬의 통합
전략	계획이나 활동 미리 결정	유연한 대응을 위한 계획 조정 능력 강조
관리초점	물류의 최적화	기업 간 최적화
성과표준	공급업자 기준	고객 기준
파트너 연계	단기 계약	장기 계약, 전략적 제휴
계약환경	법적 계약	신뢰 바탕
관계목적	유리한 기회 포착	관계유지에 의한 상호이익
조달목적	최소 비용	최고 가치(품질, 서비스, 가격, 혁신)
공급업자	많은 공급업자 활용	최고의 공급업자 등 선택적 활용
자재확인	자재 검수	공인된 공급업자
기업환경	대립	상호이익
운송	최소비용의 서비스 목표	신뢰성 확보, 요구에 응하는 서비스
재고	Push 시스템[34]	Pull 시스템[35]
정보	산업표준, 성과보고	ERP, 인터넷 연계, 공급사슬분석
비용/서비스	Trade-off(상충관계)	서비스 수준 향상과 비용절감을 위한 리엔지니어링
비용관점	취득비	Total cost of ownership(총 소유비용)

SCM 기법을 이용하여 전략을 수립할 때 간과하면 안 되는 것이 SCM의 주

---

33 양창호(2016). 물류와 SCM의 이해, 박영사.

34 Push 시스템은 고객의 주문 예측에 의해서 시작되는 Process이다.

35 Pull 시스템은 고객 주문에 의하여 시작되는 Process이다. 즉 공급사슬관리에서 Push와 Pull 시스템은 고객의 실제 주문오더로 처리하느냐, 고객주문을 예측하여 처리하느냐의 차이인 것이다.

요 이슈이다. 취급제품이나 업종, 전략수립의 방향이나 범위 등에 따라 요구되거나 필요한 주요 이슈(Issue)는 다를 수가 있겠다.

본 책에서는 이슈 중의 핵심인 수요예측(Demand forecasting), 채찍효과(Bullwhip effect), 위험분산(Risk pooling)에 대하여 짚어보도록 한다.

수요예측(需要豫測, Demand forecasting)이다.

상품 또는 항목별 수요량 등의 관계를 기초로 하여 월별, 계절별 등 각종 예측조사결과를 종합하여 미래에 판매될 수량을 예측하는 것을 말하는 것으로 매출 및 영업이익 계획, 설비투자 및 생산계획, 구매 및 인력수급계획 등 기업경영을 위한 사업계획 수립에 중요한 기초자료가 된다.

수요예측모델(Demand forecasting model)은 정량적 모델(Quantitative model)과 정성적 모델(Qualitative model)로 나누고, 정량적 모델에는 이동평균법, 지수평활법, 인과형 모형이 있다. 정성적 모델에는 델파이법, 시장조사법, 전문가/패널 이용법[36]이 있다.

● 그림 6-13 **수요예측 모델**

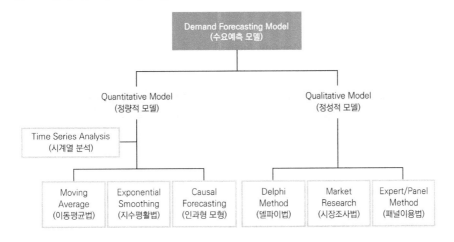

이동평균법(Moving average method)은 과거 일정기간의 실제수요를 바탕으

36 Richard, J. T. (1994). Principles of inventory and materials management. PTR Prentice Hall.

로 미래의 수요를 예측하는 기법이다. 여기에는 단순이동평균법과 각 시계열마다 가중치를 다르게 부여하여 예측하는 가중치이동평균법이 있다.

$$\text{단순이동평균법} = \frac{X_1 + X_2 + X_{3,} \cdots X_n}{n}$$

$$\text{가중치이동평균법} = W_1 X_1 + W_2 X_2 + W_3 X_3, \cdots X_n X_n, \sum_{i=1}^{n} W_i = 1$$

지수평활법(Expenetion smoothing method)은 현재 직전의 예측수량과 실제 수요량과의 차이로 발생하는 오차부분을 보완 및 수정하여 반영하는 기법이다. 이는 시계열 자료가 누적되지 않은 경우에 효과적으로 활용할 수 있으며, 평활상수 α는 0.1~0.3 사이가 적합하다.

$F_t = \alpha Y_{t-1} + (1-\alpha) F_{t-1}$	새로운 예측수량=(α x 전기 수요량)+ [(1-α) x 전기의 예측수량]
예)	지난달의 예측치(F_1)가 100, 수요(Y_1)가 120인 경우 평활지수(α) 0.2를 사용하여 금 월의 수요(F_2)를 예측한다면, F_2= 0.2 × (120-100) = 4인데, 지난달이 100이므로 예측수량은 104가 된다.

인과형 모형(Causal forecasting method)은 수요 Y와 밀접한 관련성이 있는 독립변수 X를 찾아 수요(Y)와 변수(X)를 가장 잘 설명할 수 있게 수학적 모형으로 나타낸 것으로 회귀분석 모형이 대표적으로 인과형 모형에 해당한다. 여기에는 수요와 밀접한 관련성이 있는 독립변수(X)가 단수 개인지 또는 복수 개인지에 따라 단순선형회귀모형과 다중선형회귀모형으로 나눈다.

단순선형 회귀모형은 독립변수 X가 1개로 우측과 같은 모형이다	Y = a + bX (단순선형회귀모형)
다중선형 회귀모형은 독립변수 X가 2개 이상으로 우측과 같은 모형이다	Y = a + bX_1 + cX_2 (다중선형회귀모형)

델파이법(Delphi Method)은 다수의 전문가 의견이 소수 전문가 의견보다 정확하다는 논리에 근거한 전문가 대상의 설문조사 기법이다.

● 그림 6-14 Delphi Method(델파이법) Process

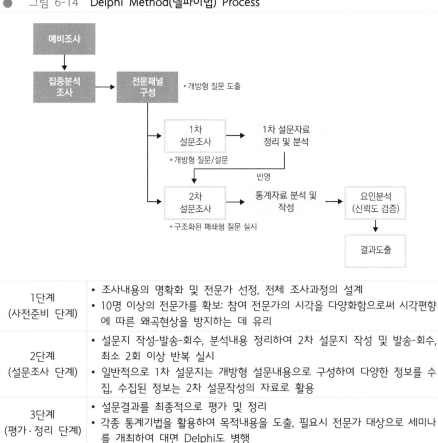

1단계 (사전준비 단계)	• 조사내용의 명확화 및 전문가 선정, 전체 조사과정의 설계 • 10명 이상의 전문가를 확보: 참여 전문가의 시각을 다양화함으로써 시각편향에 따른 왜곡현상을 방지하는 데 유리
2단계 (설문조사 단계)	• 설문지 작성-발송-회수, 분석내용 정리하여 2차 설문지 작성 및 발송-회수, 최소 2회 이상 반복 실시 • 일반적으로 1차 설문지는 개방형 설문내용으로 구성하여 다양한 정보를 수집, 수집된 정보는 2차 설문작성의 자료로 활용
3단계 (평가·정리 단계)	• 설문결과를 최종적으로 평가 및 정리 • 각종 통계기법을 활용하여 목적내용을 도출, 필요시 전문가 대상으로 세미나를 개최하여 대면 Delphi도 병행

시장조사법(Market research)은 수집된 모집단 중에서 대상 샘플을 정하고 설문 및 대면조사 등을 통하여 조사하는 방법이다. 여기에는 통찰력과 이해를

● 표 6-13 시장조사 방법의 종류

구 분	탐색적 조사	확인적 조사
조사의 특징	• 필요한 정보가 구체적이지 못함 • 조사과정이 상대적으로 유연하고 구조적이지 못함 • 정성적 자료가 대부분임	• 필요한 정보가 무엇인지 구체적으로 규정됨 • 조사과정이 공식적이고 구조화 • 표본이 크고 대표성을 확보할 수 있고, 정량적 자료임
예상 성과물	• 본 조사 이후에 확인적 조사를 통하여 조사결과의 보완이나 객관성 확보작업이 필요	• 도출된 결과를 의사결정 정보로 사용해도 큰 무리 없음

얻을 수 있는 탐색적조사와 구체적인 가설을 검증하고 관계를 검토하는 확인적 조사가 있다.

전문가 또는 패널 이용법(Expert or Panel method)은 입고 및 출고, 판매와 구매 쪽 직무를 담당하면서 수치에 감각이 있는 조직의 임원진, 영업사원을 대상으로 하거나 외부 전문가를 이용하여 예측하는 기법이다. 패널(Panel) 대상 조사에는 단발성 조사로 끝나는 횡단조사[37]용 패널(Panel)과 복수의 조사 대상인 종단조사[38]용 패널(Panel)이 있다.

채찍효과(Bullwhip effect)이다.

공급사슬관리에서 발생하는 문제점으로 제품에 대한 수요정보가 공급사슬 상의 유통기관을 거슬러 가면서 수요의 변동양이 증폭되는 현상을 말한다.

채찍효과의 발생원인과 발생결과 대응방안[39]을 정리하면 다음과 같다.

발생 원인으로는 첫째, Multiple Demand Forecasting(다중 수요예측)이다. 이는 공급사슬상에 참여하는 기업인 소매상, 도매상들이 개별적으로 수요를 예측하는 데 기인한다. 둘째, Order Batching(일괄주문)이다. 이는 공급사슬 참여 기업이 제품 수요가 발생할 때마다 주문을 하는 것이 아니라 일정기간 또는 일정량만큼 쌓일 때까지 모았다가 하는 데에서 기인한다. 셋째, Price Fluctuation (가격변동)이다. 이는 판촉기간 전과 직후에는 수요가 감소하고 판촉기간에 제품의 수요가 급증하는 데에서 기인한다. 넷째, Rationing and Shortage Gaming (할당 및 공급부족)이다. 이는 수요가 적은 경우 실제 수요보다 적은 양의 주문을 함으로써 수요를 더욱 축소시키는 공급자에 의한 할당의 문제와 수요가 많은 경우 실제 수요보다 많은 양을 주문함으로써 수요를 더욱 확대시키는 공급자에 의한 삭감의 문제에서 기인한다.

발생결과 다음과 같은 결과가 초래된다. 첫째, 공급사슬 참여자 모두에게 과다한 재고가 발생한다. 둘째, 수요예측의 정확도가 감소한다. 즉 공급사슬 상

---

37 횡단조사(Cross-sectional research)에는 대상 모집단으로부터 단지 하나의 표본이 추출되는 단일 횡단조사(Single cross-sectional research)와 둘 이상의 표본을 구성하는 다중 횡단조사 (Multi cross-sectional research)가 있다.

38 종단조사(Longitudinal research)는 모집단 내 표본이 되풀이해서 조사에 참여하는 것을 말한다.

39 진현웅(2011). 공급사슬관리의 주요 개념과 활용, 도서출판 청람을 편집하여 인용.

류(제조기업)에 위치한 기업의 수요 변동 폭을 증가시키며 수요예측의 정확도 감소를 초래한다. 셋째, 불충분하거나 과도한 생산능력을 유지한다. 일반적으로 생산기업의 생산능력은 최대 수요와 평균수요 사이에 위치하는 현상을 초래시킨다. 넷째, 고객서비스 수준을 감소시킨다. 공급사슬 참여 위(上流)로 갈수록 심화되는 채찍현상의 결과는 고객리드타임(Lead time)의 증가, 주문 충족도 감소를 초래하여 고객의 불만족 현상을 야기시킨다. 다섯째, 생산직원들의 잔업을 증가시키고 긴급배송 등의 비용을 증가시킨다.

채찍효과의 대응방안은 채찍효과의 발생원인과 대응하여 〈표 6-14〉와 같이 제시한다.

● 표 6-14 **Bullwhip Effect(채찍효과)의 발생원인과 대응방안**

발생원인	대응방안
Multiple demand forecasting (다중수요예측)	• 최종 소비자의 수요정보 공유 • 상류 참여자의 하류 참여자 재고 제어력 강화 • 중간 참여자의 최소화
Order batching (일괄주문)	• 주문시스템 자동화를 통한 주문정보 공유 • 배송스케줄의 합리화(주기적 배송 등) • 소량 다(多) 빈도 주문의 시스템화
Price fluctuation (가격변동)	• 가격변동 마케팅전략의 사전 공유를 통한 수요예측 기반 사전 주문 강화
Rationing and shortage gaming (할당 및 공급부족)	• 공급능력 및 재고에 대한 정보 사전 공유 • 판매기록과 시장 점유율 등을 고려한 제품할당 • 계약서 등 제도적 장치를 이용한 거품주문의 제거

위험저감(Risk Pooling)이다.

이는 공급사슬에 산재해있는 각종의 불확실성을 하나로 모음으로써 전체 불확실성에 효율적으로 대응할 수 있게 하는 것을 말한다.

Risk Pooling(위험저감)의 유형으로는 수요예측, Physical Distribution(물류), 유통센터의 통합, 리드타임 통합, 생산능력 통합 형태가 있으며 내역은 〈표 6-15〉와 같다.

● 표 6-15 Risk Pooling(위험감소)의 유형과 주요 내용

Risk pooling 유형	대처 방안
수요 예측	• 중간단계에서 수요예측을 단행 • 수요예측의 정확도 향상 활동 강화
물류 관리	• 지역별 전담물류센터를 지양하고 공동 대응개념으로 운영하여 과부족 현상을 상호 보완 및 상쇄시스템을 구축 • 재고의 중앙 집중 관리로 안전재고와 평균재고를 감소시킴
위치 통합	• 지리적으로 분리되어 운영되는 재고를 하나의 장소에서 통합 보관 및 관리함으로써 지역별 수요의 변동성을 감소시킴
리드타임 통합	• 고객 소재지를 기준하여 최단 반경의 물류센터를 통한 배송으로 리드타임(Lead time)의 감소를 구현
생산능력 통합	• 제품믹스의 일관성을 최대화 하여 설비의 생산성 향상, 운송차량의 차량 1대당 효율성을 제고함

3.6. 기술사업화 전략

기술사업화(技術事業化, Technology commercialization)는 기술 또는 지식을 활용하여 신제품이나 새로운 사업의 영역을 창출하거나 그 과정상의 관련 기술을 향상시킬 수 있는 혁신활동이며, 연구 개발된 기술이 제품이나 서비스로 만들어져 시장에 성공적으로 출시되어 거래되는 일련의 과정[40]을 담고 있는 경영전략 기법이다.

기술사업화의 필요성으로는 첫째, 기술개발활동이 경제성장을 위한 초석이 된다. 둘째, 국가 간 또는 기업 간 기술지식의 격차를 줄일 수 있다. 셋째, 글로벌(Global) 무한경쟁시대를 대응할 수 있다. 넷째, 기술 라이센싱(Licensing)의 강화 및 특허경영을 활성화할 수 있다.

이러한 기술은 과학과 어떠한 차이가 있을까? 기술의 핵심은 경제성이며 또한 기술에 대하여 무지한 사용자라도 유용하게 쓸 수 있어야 한다. 반면 과학은 경제성과 무관[41]해도 된다는 것이다.

---

40 장동훈(2011). 지속성장을 위한 기술가치 평가 및 사업화 전략 실무 매뉴얼, 전략기술경영연구원.

41 Boer, F. P.(1999). The valuation of technology: Business and financial issues in R&D (Vol. 1). Wiley.

● 표 6-16 **기술과 과학의 차이**

구분	기술(Technology)	과학(Science)
주요내용	• 유용한 목적을 위한 지식의 응용(Know-how) • 기술은 과학을 수반 • 과학이 기술혁신을 주도하거나 신기술이 과학을 유도 • 경제적 가치가 필수 • 무지한 사용자라도 유용하게 사용할 수 있어야 함	• 자연현상의 탐구, 발견, 분석 및 이해(Know-why) • 과학적 발견이 이루어지면 발견자의 이름과 함께 영원히 지속 • 대체로 경제성과 무관

일반적으로 기술사업화를 위한 기술평가에서 말하는 기술은 산업재산권, 저작권, 신지식재산권 등과 같은 지적재산권[42]과 무형의 자산을 포함한다. 산업재산권에는 특허권, 실용신안권, 디자인권, 상표권이 있고, 저작권에는 창의적 아이디어(Idea)의 산출물로 이윤을 창출할 수 있는 권리인 저작재산권,[43] 정신적 산물에 대하여 인격적으로 보호받을 권리인 저작인격권이 해당한다. 신지식재산

● 그림 6-15 **지적재산권의 분류**

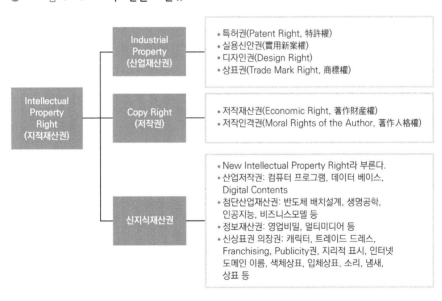

---

42 지적재산권(Intellectual Property Right)과 지식재산권(知識財産權)은 동일한 의미로 생각해도 무방하다.

43 저작권은 매도 및 상속이 가능하며 사후 70년간 권리가 인정된다.

● 표 6-17 **기술과 과학의 차이**

구 분	보호대상	보호요건 (등록여부)	보호기간
특허권	발명 (자연법칙을 이용한 기술적 사상)	O	출원일~20년
실용신안권	고안 (소발명, 물품의 형상/구조/조합)	O	출원일~10년
상표권	상품 출처의 식별 표시	O	등록일~10년
디자인권	물품의 외관(형상/모양/색채)	O	등록일~20년
저작권	사상 또는 감정의 표현물	△	저작자 사후 70년
배치설계권	반도체 배치 설계	O	등록일~10년
영업비밀	비밀로 유지된 조성물, 생산 방법 등	X	비밀 상태 동안

권에는 산업저작권, 첨단산업재산권, 정보재산권, 신상표권 및 의장권 등이 해당
한다.

지적재산권은 권리에 따라 법적으로 보호기간을 명시하여 재산권을 보호해
주는데 상세내역은 〈표 6-17〉과 같다.

기술사업화(Technology commercialization)의 유형에는 기술개발자의 창업
및 스핀오프(Spin-off),[44] 공공기술이전 사업화, 자체기술 사업화, 이전기술 사
업화, M&A(인수합병) 등이 있다. 각각에 대한 정의 및 핵심성공요인(CSF)[45]을 들
면 아래와 같다.

● 표 6-18 **기술사업화의 유형과 유형별 핵심성공요인**

사업화 유형	정의	CSF(핵심성공요인)
기술개발자의 창업 및 Spin-off	대학 및 공공기관이 주가 되어 개발한 기술을 이에 참여한 교 수 및 연구원이 창업 및 사업화 하도록 하는 유형	• 기술 및 시장정보 기반의 사업화 타당성 평가 • 제품화, 양산기술 추가 개발 및 기술 경영 전문 성 확보 • 사업초기 모험투자자본 확보 • 인력 및 마케팅 경쟁력 확보

---

44 Spin-off는 분할하는 회사가 현물출자 등의 방법을 통하여 자회사를 설립하고 취득한 주식
   또는 기존 자회사의 주식을 모회사의 주주에게 부여하는 형식으로 회사를 분할하는 방법 중
   의 하나이다.
45 핵심성공요인 CSF는 Critical Success Factors의 약자로 경영관리를 위한 요인 중의 하나이다.

공공기술 이전 사업화	정부가 투입한 R&D자금으로 개발된 기술을 민간기업에 이전하여 사업화하는 유영	• 해당 기술에 대한 객관적 기술가치 평가 • 국내외의 기술 수요자 발굴 및 조사 • 기술가격 협상과 기술이전 계약실무학습 • 개발자 및 중개자에 대한 성공보수 • 이전 후 추가개발 및 기술지도 등에 대한 지원
자체기술 사업화	민간 기업이 자체 또는 공동으로 개발한 기술을 직접제품화하는 유형	<자체개발의 경우> • 기업의 기술혁신 역량 • 기술획득을 위한 우수기술 및 인력 확보 <공동개발의 경우> • 협업 측면에서의 기술개발 전략 • 기술사업화 추진을 위한 인·물적 역량
이전기술 사업화	대상기술의 공급자와 수요자가 연결되어 기술 거래와 사업화가 진행되는 유형	• 해당 기술에 대한 사업화 타당성 평가 • 국내외 기술 수요자 발굴과 탐색 • 기술 협상, 중재, 기술이전 계약내용 습득
M&A (인수합병)	필요 기술을 보유한 유망기업을 흡수 합병하여 해당기술을 사업화하는 유형	• 무형자산을 포함한 객관적 기업가치 평가 • PMI를 통한 성공적 기술 사업화추진 • 원하는 기업 인수합병을 위한 자금 확보

유형별 이외의 기술사업화 성공요인으로는 최고경영자의 관심과 의지, 연구 개발부서와 사업부문과의 높은 상호작용, 사업화를 위한 관련 부서간의 역할 분담, 기술거래시스템의 이해와 적극적 활용 등을 들 수 있다.

● 표 6-19 **기술사업화의 성공 및 실패 요인**

구분	성공요인	실패요인
주요 내용	• 최고 경영자의 관심과 의지 • 연구자 및 연구개발부서와 사업 부문과의 높은 상호관계 • 사업화 목표 수립 후 관련부서 간 명확한 책임(R&R)과 역할 분담 • 검증 및 신뢰성 있는 기술거래 시스템의 적극적 활용	• 시장예측의 실패 • 조직 내부의 연계성 부족으로 사업타당성 분석의 실패 • 최고 경영자의 관심과 의지에 부합하지 않는 연구자

기술사업화를 위해서는 기술평가가 선행되어야 한다. 기술평가의 유형으로는 기술 가치평가, 사업타당성 또는 경제성평가,[46] 기술력평가[47]가 있다. 또한

---

46 기술평가의 한 유형으로 사업화의 결과로 얻어지는 수익이 투입되는 비용을 비교 및 분석하여 사업을 수행할 경제적 타당성 또는 재무적 타당성이 있는지 여부를 평가하는 것을 말한다.

47 기술평가의 한 유형이다. 이는 기술을 활용하는 주체의 인력, 조직, 지원서비스 등을 종합적

기술평가 관련 법규로는 기술이전 및 사업화 촉진에 관한 법률, 발명진흥법, 벤처기업 육성에 관한 특별조치법, 산업기반 조성에 관한 법률, 기술개발촉진법, 기술신용보증기금법 등이 있다. 본 책에서는 기술사업화 전략을 대상으로 하는 바, 기술 가치평가 내용을 중심으로 소개한다.[48]

기술가치 평가는 기술평가의 한 유형으로 사업화하려는 기술이나 사업화된 기술이 그 사업을 통하여 창출하는 경제적 가치를 기술시장에서 일반적으로 인정된 가치평가 원칙과 방법론에 입각하여 평가하는 것을 말하는데 기술이전 및 거래, 금융, 현물출자, 전략, 청산, 소송, 세무 등의 목적과 용도로 기술 가치를 평가한다.

● 표 6-20 **기술가치 평가의 목적과 용도**

목적	용도
이전·거래	기술의 매매, 라이센스 가격 결정
금융	기술의 담보권 설정 또는 투자유치
현물출자	기술 또는 지식재산권의 현물출자
전략	기업의 가치 증진, 기술상품화, 분사, 장기 전략적 경영계획 수립
청산	기업의 파산 또는 구조조정에 따른 자산평가, 채무상환계획 수립
소송	지식재산권 침해, 채무불이행, 기타 재산 분쟁 관련 소송
세무	기술의 기증, 처분, 상각을 위한 세무계획 수립 및 세금 납부
기타	특례상장(IPO) 등

기술가치 평가 및 사업화 전략은 큰 틀에서 간이평가 단계와 본 평가 단계로 이루어진다. 간이평가 단계는 우선 스크리닝(Screening) 평가지표를 활용하여 해당 기술에 대하여 주어진 점수기준 척도를 이용하여 가치를 평가하는 단계이다. 이를 통하여 해당 기술에 대한 가치정보를 공유하여 다음 단계를 위한 준비를 할 수 있다. 동 평가결과를 기술가치 평가의뢰자와 공유하며 제반 사항을 협의 및 합의를 하였다면 본 평가를 진행하게 된다.

으로 평가함으로써 그 주체의 기술개발, 흡수 및 혁신능력을 평가하는 것을 말하며 등급, 점수 등 다양한 형태로 표시될 수 있다.

48 산업통상자원부(2014). 기술가치 평가 실무; 한국기술사업화진흥협회(2017). 기술사업화전문가 양성교육 교재를 편집하여 인용.

기술가치 평가는 크게 두 가지 집단에서 진행할 수 있다. 첫 번째는 조직 내부의 기술을 해당 조직 내 구성원이 평가하는 것이다. 두 번째는 조직 외부의 전문가 집단에게 처음부터 최종 보고서까지 진행하도록 입찰을 통하여 의뢰하는 방법이 그것인데 국내의 기술거래 시장은 폐쇄적이고 아직 활성화 단계에 접어들지 못하여 전문가 집단에게 의뢰하는 경우가 대부분이다.

먼저 간이평가 단계이다. 본 책에서는 한국기술거래소의 OK-Value 간이평가시스템을 소개한다. 이는 기술성을 평가하는 기술요인과 사업성을 평가하는 사업요인을 대 항목으로 하여 각 대 항목을 설명하는 5가지의 중 항목과 중 항목을 설명하는 20가지의 소 항목으로 구성되어 있다.

● 표 6-21 **OK-Value 기술가치 평가 항목의 구성**

대 항목(2가지)	중 항목(5가지)	소 항목(20가지)
기술요인 (기술성)	기술의 혁신성 (기술자체의 속성)	• 기술의 신규성 및 독창성 • 기술의 수명 • 전용성 • 권리성 • 완성도 • 신뢰도
	기술의 한계성 (다른 기술과의 관계)	• 기술 인프라 • 대체기술 출현 가능성 • 기술의 파급성 • 기술지원 및 규제
사업요인 (사업성)	산업 및 시장특성	• 시장의 다양성 • 산업의 특성 • 시장특성 • 유사기술 실용화 정도
	경쟁특성	• 시장진입 장벽 • 경쟁의 형태 • 대체 및 보완재
	사업성	• 원자재 조달 및 상황 • 초기 투자비용 • 투자대비 사업이윤 규모
평가결과	총 점	( ) 점

20가지의 소 항목은 평가결과를 점수로 환산할 수 있도록 5점 만점짜리 5개의 예시를 제시한다. 점수는 위 항목부터 5점에서 1점까지 부여하면 된다.

● 표 6-22 **항목별 기술가치 평가 점수 기준-기술성 부문**

중 항목	소 항목	점수기준	세부평가 방향
기술의 혁신성	기술의 신규성 및 독창성	⑤ 세계적인 신기술/개량기술로 기술의 타당성이 증명된 기술이다. ④ 국내의 신기술/개량기술로 기술의 타당성이 증명된 기술이다. ③ 신기술로 독창성은 높으나 기술의 타당성에 대한 보완이 필요하다. ② 개량기술로 기존의 기술을 대체할 가능성이 있고 기술의 타당성을 증명하는 중이다. ① 신기술/개량기술로 기술의 타당성이 입증된 바 없다.	기존기술 대비 경쟁 우위성, 진보성, 장단점 및 구현가능성 입증 여부에 대하여 평가한다.
	기술의 수명	⑤ 도입기로서 오랜 기간 독점적 사용이 가능하다. ④ 성장기 초/중기의 기술로서 상당기간 기술 수명이 존재한다. ③ 성장기 후기로서 보통수준의 기술 수명이 존재한다. ② 성숙기로서 성장이 약해지고 있다. ① 쇠퇴기로서 기술수명이 길지 않다.	평가 대상 기술이 도입기, 성장기, 성숙기, 쇠퇴기 중 어느 단계에 속하는지를 평가한다.
	전용성	⑤ 모방이 불가능하다. ④ 모방이 어려울 뿐 아니라, 모방여부를 쉽게 식별할 수 있다. ③ 모방이 어렵지는 않으나, 모방을 통해 현재 이익 및 미래에 향유하고자 하는 이익이 크게 침해받지 않는다. ② 모방으로 인하여 사업의 이익 감소가 우려된다. ① 모방으로 인하여 사업자체의 존립이 위험하다.	기술의 모방 가능성, 모방의 영향 정도에 대해 평가한다.
	권리성	⑤ 대부분의 경쟁 업체를 효과적으로 막을 수 있다. ④ 다수의 특허와 노하우를 통하여 시장에서 우위를 유지할 수 있다. ③ 보호가 경쟁업체와 동등 수준이다. ② 약한 특허 또는 권리 만료가 임박한 특허가 있어, 라이센싱 가능성이 제한적이다. ① 경쟁자들이 보호 수단을 효과적으로 회피할 수 있다.	특허 등의 권리 확보 여부 및 권리 강도를 파악하여 평가한다.
	완성도	⑤ 양산시스템을 구축하고 제조 및 판매중이다. ④ 시제품이 시험을 완료하고 생산체제하의 기술적인 문제의 해결책을 모색하는 과정이다. ③ 사업화를 위한 타당성이 입증되었고 시제품 개발을 완료하였다. ② 연구가 완료되었고 사업화를 위한 추가적인 기술개발 및 해결할 기술적 문제가 존재한다. ① 아이디어 단계로 기술 구현성이 불투명 하고 기	기술개발과 사업화가 어느 정도까지 진행되었는지를 평가하고 사업화를 위한 기술적인 문제가 존재하는지 평가한다.

술의 타당성이 입증되어 있지 않다.

신뢰도	⑤ 기대 성능을 제한 없이 원하는 환경에서 언제든지 안전하게 발휘할 수 있다.	성능 만족 수준 및 기대
	④ 기대 성능 구현에 약간의 제약이 따르지만 대부분의 원하는 환경에서 무리 없이 안전하게 발휘할 수 있다.	성능이 계속적으로 반복될

	⑤ 기대 성능을 제한 없이 원하는 환경에서 언제든	
	지 안전하게 발휘할 수 있다.	
	④ 기대 성능 구현에 약간의 제약이 따르지만 대부	성능 만족 수준 및 기대
	분의 원하는 환경에서 무리 없이 안전하게 발휘	성능이 계속적으로 반복될
	할 수 있다.	수 있고 안전하게 발휘될
신뢰도	③ 기대 성능이 많은 제약조건하에서 발휘되나, 주된	수 있는지 아니면 특정 환
	사용이 예상되는 환경하에서는 무리 없이 안전하	경에서만 구현 가능한지를
	게 발휘 할 수 있으나 쉽게 보완할 수 있다.	평가한다.
	② 기대 성능의 구현, 제약 조건 및 안전성에서 문	
	제가 있으며 보완하는 데 어려움이 예상된다.	
	① 제약조건 및 안정성에서 문제가 많으며, 보완이	
	불가능하다.	
	⑤ 안정적인 기술개발 Infra가 존재하며 활발히 활	
	용되고 있다.	
	④ 주요 기술개발 Infra가 갖추어져 있어, Infra와	국내 관련 전문인력, 누적
	관련하여 사업에 어려움이 예상되지는 않는다.	된 지식, 성능 테스트, 전
기술	③ 기술개발 Infra가 현재는 부족하나 꾸준히 구축	문설비 등의 Infra 상태,
인프라	되고 있다.	Infra 활용비용을 근거로
	② 기술의 혁신성으로 인해 Infra를 활용하는 비용	Infra 축적 여부를 평가한다.
	이 크다.	
	① 기존에 개발된 적이 없는 신기술로서 Infra 활용	
	이 불가능하다.	
	⑤ 경쟁/대체기술의 출현 가능성이 없고 장점이 여	
	러 가지인 좋은 기술이다.	
	④ 경쟁/대체기술의 출현 가능성이 있으나 이를 극	평가 대상 기술과 비교할
대체	복할 우수성을 확보하였다.	수 있는 경쟁/대체기술의
기술의	기술	③ 경쟁/대체기술이 일부 존재하나 기술상의 단점	존재 및 출현 가능성과 이
환경성	출현	이 없는 기술이다.	들 기술 대비 평가 대상
	가능성	② 경쟁/대체기술이 일부 존재하고 기술상 약간의	기술의 우월적 특성을 파
		단점이 있어 보완이 필요하다.	악한다.
	① 경쟁/대체기술의 출현 가능성이 매우 높은 기술	
	이다.	
	⑤ 기술의 파급효과가 매우 커서 대부분 기술을 혁	
	신시키며, 이 기술을 기반으로 사용한다.	
	④ 다수 산업분야에 활용도가 넓고 다수 제품분야	평가 대상 기술이 활용되
기술의	에서 지속적으로 활용된다.	는 깊이와 폭 및 다른 기
파급성	③ 소수 산업분야와 소수 제품 분야에서 지속적으	술에 미치는 영향 등을 평
	로 활용된다.	가한다.
	② 소수 산업분야에서 활용성이 증명된 기술이나	
	그 영향이 미미한 정도이다.	
	① 산업분야에서 기술의 활용성이 입증된 바 없다.	
기술	⑤ 기술에 대한 지원/규제가 평가 대상 기술에 매	기술 개발에 있어 인허가	

사업 및 시장 특성	지원 및 규제		와 관련된 고려 사항들이 존재하는지와 이들이 평가 대상 기술에 어떤 영향을 미치는지를 평가한다.
		우 유리하다.	
		④ 기술에 대한 지원/규제로 인하여 평가 대상 기술에 유리한 편이다.	
		③ 기술에 대한 지원/규제로 인하여 얻는 이익/손해가 없다.	
		② 기술에 대한 지원/규제가 평가 대상 기술에 불리한 편이다.	
		① 기술에 대한 지원/규제로 인하여 평가 대상 기술에 큰 문제점을 가져온다.	
	시장의 다양성	⑤ 진출 가능한 시장이 매우 다양하고 그 규모들도 크다.	응용 가능 시장의 종류 및 규모를 평가한다.
		④ 다양한 진출가능 시장이 존재하고 그 규모도 경제성이 있다.	
		③ 진출 가능한 시장이 존재하며, 시장 규모도 적당하지만 신규 시장을 창출하지는 않는다.	
		② 진출 가능한 시장은 한정적이지만 시장 규모가 적당하거나 응용 가능성은 크지만 시장 규모가 작다.	
		① 진출 가능한 시장은 매우 한정적이고 시장 규모도 작다.	
	산업의 특성	⑤ 평가대상 기술이 속한 산업분야는 기술 집약성이 매우 높은 산업이다.	마케팅, 유형 자산, 브랜드, 광고 등의 기술외적 요인과 기술요인의 해당 산업에 대한 공헌도 및 의존성을 평가한다.
		④ 평가대상 기술이 속한 산업분야는 기술적 요소의 영향이 큰 산업이다.	
		③ 기술적 요소와 기술외적인 요소가 동등한 영향을 주는 산업이다.	
		② 평가대상 기술이 속한 산업분야는 기술외적인 요소의 영향이 큰 산업이다.	
		① 평가대상 기술이 속한 산업분야는 기술의 공헌이 거의 없는 산업이다.	
	시장 특성	⑤ 진출가능한 시장의 성장성 및 안정성이 매우 높다.	시장의 성장성, 안정성, 계절적, 지리적, 세대별 특성, 광고 및 홍보의 영향도 등 소비자의 특성과 관련된 항목이다.
		④ 진출가능한 시장의 성장성 및 안정성에서 장점이 우세하다.	
		③ 진출가능한 시장의 성장성 및 안정성 면에서 큰 특징이 없거나, 특징의 장단점이 상쇄된다.	
		② 진출가능한 시장의 성장성 및 안정성 면에서 몇 가지 단점이 보인다.	
		① 진출가능한 시장의 성장성 및 안정성이 매우 낮다.	
	유사 기술 실용화 정도	⑤ 유사기술이 실용화되어 있다.	평가대상 기술과 유사한 기술이나 제품의 사업화 정도나 사업화에 성공한 실적이 있는지를 평가한다.
		④ 유사기술의 Prototype이 성공적으로 사용되고 있다.	
		③ 유사한 연구개발이 다른 곳에서도 진행 중이다.	
		② 유사한 아이디어들이 입증되어 왔지만 상업화되지는 못했다.	

		① 유사한 아이디어들이 산업계나 시장에서 외면되어 왔다.	
	시장 진입 장벽	⑤ 규제가 없어서 시장진입이 매우 용이하다. ④ 최소한의 규제만 있어 시장진입이 용이하다. ③ 시장진입에 대한 규제가 있으나, 극복이 용이하다. ② 규제로 인하여 시장진입이 다소 어렵다. ① 규제로 인하여 시장진입이 매우 어렵다.	시장에 진입하기 위하여 넘어야만 하는 사회, 경제, 환경적 요인 및 법, 제도적 규제를 파악한다.
경쟁 특성	경쟁의 형태	⑤ 경쟁이 전혀 문제가 되지 않는다. ④ 경쟁은 있으나 사업에 미치는 영향은 적을 것이다. ③ 경쟁과 관련하여 사업을 영위하는 데 있어서 주의가 요구된다. ② 경쟁이 심해서 대상 시장에서 사업에 지장이 예상된다. ① 경쟁이 심해서 대상 사업에 매우 큰 위험이 존재할 것이다.	평가 대상기술이 목표로 하고 있는 시장 내에서 경쟁의 정도 및 경쟁구도가 사업 영위에 미치는 영향을 평가한다.
	대체 및 보완제	⑤ 대체제/보완제로 인한 큰 이득이 예상된다. ④ 대체제/보완제로 인한 약간의 이득이 예상된다. ③ 대체제/보완제로 인한 사업에 이득 또는 손실이 존재하지 않거나, 각 이득과 손실이 상쇄된다. ② 대체제/보완제로 인한 약간의 손실이 예상된다. ① 대체제/보완제로 인한 큰 손실이 예상된다.	대체재, 보완재 및 이들이 사업에 미치는 영향을 평가한다.
	원자재 조달 상황	⑤ 원자재 확보가 수월하며, 유통 경로가 명료하고 안정적이어서 신속한 조달이 가능하다. ④ 원자재 수급이 용이하고 가격 변동도 심하지 않다. ③ 원자재 수급은 용이하나 가격 변동이 있다. ② 원자재 확보가 난이한 편이고 수급이 안정적이지 못하다. ① 원자재의 국내 조달이 불가능 하고 수급이 불안정하다.	원자재 수입선, 원자재 가격 변동 등의 안정성 및 유통경로를 파악한다.
사업성 사업성	초기 투자 비용	⑤ 사업을 진행하기 위한 투자비용이 매우 적다. ④ 사업화에 필요한 투자비용이 적은 편이다. ③ 필요한 투자비는 평균 수준이다. ② 초기에 필요한 설비 투자비가 큰 편이다. ① 초기에 필요한 설비 투자비가 매우 큰 편이다.	산업별 특성을 고려하여 사업시작에 필요한 설비 투자비용의 규모 및 규모의 적절성을 평가한다.
	투자 대비 사업 이윤 규모	⑤ 산업계 리더가 되기 충분한 가격 및 이윤상 이점이 발휘될 수 있다. ④ 기술적인 장점으로 인해 많은 대체품보다 높은 값을 받을 수 있다. ③ 가격 및 원가구조가 평균상의 이윤 달성이 가능한 수준이다. ② 사업화 완료를 위해 필요한 투자는 가능하다. ① 생산 및 운영비용이 너무 많이 든다.	투자규모 대비 기대되는 사업이윤의 규모를 파악한다.

지금까지 OK-Value 간이평가시스템을 이용하여 기술가치 평가를 점수로 산정할 수 있는 100가지 점수기준 척도와 소 항목별 세부평가 방향을 학습하였다.

기업에서 보유한 기술의 가치평가를 조직 내 구성원이 할 경우 위 척도만 알고 하여도 그 조직 내에서 인정받고 활동하는 데 큰 무기가 될 것이라 확신한다. 왜냐하면 제시된 간이평가 결과를 가지고 기업의 경영진과 협의하고 그 결과를 가지고 외부의 전문가 집단에게 본 평가를 의뢰할지 말지를 결정한다면 적지 않은 시간과 비용을 절감할 수 있을 것이기 때문이다.

위와 같은 간이평가를 마치고 시작하는 경우가 많지만 시간의 긴박함, 검증된 기술가치, 시작품 또는 제품의 양산에 소요되는 기술이라면 굳이 간이평가를 할 필요는 없다. 이러한 경우가 아니라면 일반적인 기술가치 평가의 프로세스를 밟게 되는데 이것이 간이평가 다음의 본 평가이다. 이는 대상기술의 간이평가결과 값이 기대수준 이상으로 도출되거나, 가치는 기대수준 이하로 평가되었다 하더라도 의뢰기관의 요청으로 진행하게 된다. 본 평가의 핵심은 평가하고자 하는 해당 기술이 경제성이 있는지 없는지를 분석하는 경제성분석이다. 이는 어떤 목

● 표 6-23 **경제성평가 기법의 종류**

평가기법	종류
Relative rank model (상대적 순위모형)	• Profile model • Scoring model • AHP(analytic hierarchy process) model • ANP(analytic network process) model • DEA(data envelop analysis) model

Economic value model
(경제적 가치모형)
	• Capital budgeting model(자본예산모형)
	  - 회수기간법(PBP, payback period)
	  - 순현가법(NPV, net present value)
	  - 내부수익률법(IRR, internal rate of return)
	• Cost-benefit model(비용편익모형)
	• Economic index model(경제성 지표모형)
	• Decision theory model(의사결정 이론모형)
	• Mathematical programming model(수리계획모형)

Impact analytic model (파급효과 분석모형)	• Input-output analytic model(투입산출분석모형) • Cross impact analytic model(교차영향분석모형) • Product function analysis model(생산함수분석모형) • Cost function analysis model(비용함수분석모형)

적을 가지고 평가하는지, 어떤 전략을 가지고 평가하는지에 따라 여러 가지 방법론을 고려할 수 있다.

경제성평가기법은 평가지표의 성격이나 용도에 따라 상대적 순위모형(Relative rank model), 경제적 가치모형(Economic value model), 파급효과 분석모형(Impact analysis model)이 있다. 이 중 상대적 순위모형에서는 AHP(Analytic hierarchy process model)방법론을, 경제적 가치모형에서는 자본예산모형(Capital budgeting model)과 비용편익모형(Cost-benefit model)이, 파급효과 분석모형에서는 투입산출분석모형(Input-output analytic model)이 많이 사용된다.

AHP는 1980년 Pittsburgh 대학교 교수인 토마스 새티(Thomas L. Saaty) 교수에 의해 개발된 것으로 의사결정의 전 과정을 다단계로 나누고 나눈 요인 간 쌍대비교(Pair-wise comparison)를 통하여 최종 순위를 분석하는 의사결정을 위한 기법(Decision making framework)으로 9점 척도로 구성된 설문을 통하여 도출해 낸다.

● 그림 6-16 **AHP Process(분석적 계층화 프로세스)**

| 계층모형의 구축 | 설문 (쌍대비교) | 부분우선 순위도출 | 설문 (쌍대비교) | 최종우선 순위도출 | 대안선정 |

본 책에서는 현금흐름 할인법에 의한 기술가치 평가 프로세스를 학습하도록 한다. 〈그림 6-17〉은 현금흐름 할인법에 의한 기술가치 평가 3단계 프로세스이다. 첫 번째가 사업타당성 분석이다. 이는 기술의 개념과 특성을 분석하고 기술의 권리성, 기술성, 시장성, 사업성을 분석하는 것이다. 두 번째는 현금흐름 추정 및 사업가치를 산정하는 단계이다. 이 단계에서는 추정 재무제표를 작성하고 순현금흐름 및 할인율을 추정하고 사업가치를 산정한다. 세 번째에 기술 가치를 평가하게 된다. 이 단계에서는 기술기여도를 추정하고, 기술의 가치 산정 및 기술가치 평가보고서를 작성한다.

● 그림 6-17 **기술가치 평가 프로세스**

Phase	Step and Activity
Phase 1 사업타당성 분석	• Step1: 기술개념 및 특성분석 • Step2: 권리성 분석 • Step2: 기술성 분석 • Step3: 시장성 분석 • Step4: 사업성 분석

Phase 2 현금흐름추정 및 사업가치 산정	• Step6: 추정재무제표 작성
	  - Activity1: 수익기간(기술 수명주기) 산정
	  - Activity2: 잔여가치 추정
	  - Activity3: 추정재무제표 작성
	• Step7: 순현금흐름 추정
	• Step8: 할인율 추정
	• Step9: 사업가치 산정

Phase 3 기술가치평가	• Step10: 기술기여도 추정 • Step11: 기술가치 산정 • Step12: 기술가치 평가 보고서 작성

1단계인 사업타당성분석이다.

P1 단계에서는 평가대상 기술에 대한 범위를 명확히 하고 특허의 핵심 조건이기도 한 기술의 권리성, 기술성, 시장성을 분석한다.

권리성 분석은 평가대상 기술과 관련된 특허내용 및 경쟁기술 특허 등을 조사하여 권리의 법적 안정성과 권리범위 등을 평가하는 것으로 기술의 모방가능성, 기술의 수준, 기술의 활용성 등을 평가하는 중요한 활동이다.

기술성 분석은 기술의 특징과 장단점, 기술구성 및 내용, 기술적용 현황,[49] 국내외 기술동향 및 기술 수명주기인 기술 환경 분석, 해당기술의 유용성 및 경쟁성, 독창성 및 첨단성, 활용성 및 확장성과 산업적 파급효과를 분석하는 활동이다.

시장성 분석은 평가대상 기술의 산업동향 및 환경, 국내외의 시장특성, 규

---

49 기술의 수준을 평가하는 TRL(Technology readiness level)의 9단계 중 어느 단계에 해당되는지를 분석하는 단계이다. TRL은 1단계 기초실험단계, 2단계 개념정립단계, 3단계 기본성능 검증단계, 4단계 부품 및 시스템 성능검증단계, 5단계 부품 및 시스템 시제품 제작단계, 6단계 시제품 성능평가단계, 7단계 시제품 신뢰성평가단계, 8단계 시제품인증단계, 9단계 사업화단계로 구성되어 있다.

모 및 성장전망, 시장의 전후방 기술과 비교우위, 시장의 기회요인과 위협요인 등을 분석하여 매출 달성가능성을 추정하는 활동이다. 사업성 분석은 대상기술을 보유한 조직의 사업화 기반역량인 경영자 역량, 기술자 역량, 생산역량, 마케팅역량, 연구개발 투자수준과 제품 관련의 기능과 특성, 가격 경쟁력, 품질 경쟁력 등을 분석하는 활동이다.

2단계인 현금흐름 추정 및 사업가치 산정이다.

수익기간추정은 평가대상 기술의 수명주기를 고려하여 해당 기술의 경제적 수명주기를 추정하는 것을 말한다. 이는 유사한 기술에 관한 정보, 기술적, 공학적 유형의 진부화, 산업의 안정성 및 제품시장의 수요변화, 자산의 통제가능 기간, 자산사용에 대한 법적 제한 등을 종합적으로 분석하여 적용하여야 한다.

매출액 추정은 평가대상 기술제품의 국내외 시장 규모를 추정하고, 해당 기술을 직접 사업화하거나 기술을 이전받아 사업화하고자 하는 기업이 이 시장에서 차지할 수 있는 시장점유율을 곱하여 산정할 수 있는데 매출액을 추정하는 방법에는 시장점유율법, 평균성장율법, 회귀분석, 회사사업계획 등을 통하여 구할 수 있다.

재무구조분석은 다음과 같이 진행한다. 먼저 평가대상 기술을 직접사업화하거나 또는 기술을 이전받아 사업화하고자 하는 기업의 최근 3~5년간의 손익계산서, 재무상태표 등 매출 및 자산의 변동을 분석할 수 있는 자료를 확보하여 매출, 매출원가, 매출 총이익, 판매비와 일반관리비, 영업이익, 영업외 수익 및 비용, 세전 순이익, 당기순이익과 자산 및 채무 관련 변동, 증가 내역 등을 분석한다.

매출원가는 해당 기술이 속한 제품을 생산하는 데 소요되는 비용으로 재료비, 노무비, 경비 등이 포함되고, 판매비와 일반관리비는 임직원의 급여, 광고비, 판매수수료, 보험료, 경상개발비, 연구비, 수선비, 감가상각비 등을 분석하는 데 활용한다.

법인세[50] 비용은 추정 영업이익을 과세표준으로 하여 평가기준일 현재 관

---

50 법인세(法人稅, Corporation tax)는 개인에게 소득세를 매기는 것과 같이 법인체도 하나의 인격체처럼 간주하여 소득에 대하여 세금을 부과하는데 주식회사, 합자회사, 합명회사, 유한회

런세법에서 정해진 세율을 적용하여 산출함을 원칙으로 한다. 또한 향후의 세율 변동이나 소득공제, 세액감면, 기타 세액 계산에 영향을 미치는 데 중요하다고 인정되는 항목은 그 내용을 반영할 수 있다. 이는 법인세법에 의하여 정해진 세율을 적용하여 과세표준 금액을 기준으로 다음과 같이 적용한다. 영리 및 비영리 법인, 2억 원 이하 10%, 2억 원 초과 200억 원 이하 20%, 200억 원 초과 22%이다.

　자본의 지출은 평가대상 기술제품의 생산에 필요한 건물 및 구축물, 기계장치, 차량 및 운반구, 기타장비 등의 취득으로 발생된 금원을 말한다. 운전 자본은 정상적인 매출채권, 재고자산, 매입채무 등을 보유함에 따라 소요되는 자본을 말한다.

　순현금흐름은 여유현금흐름(FCF, free cash flow)이라고 하는 것으로 평가대상 기술의 권리성, 기술성, 시장성 분석결과와 기업의 재무구조 분석결과 등을 기초로 각 사업연도별 추정손익계산서를 작성하고 이를 기준으로 각 사업연도별 현금흐름을 추정한 후 순 현금흐름을 다음과 같이 산출한다.

> 순 현금흐름(여유현금흐름, FCF) = 영업이익(매출액-매출원가 - 판관비) - 법인세 + 감가상각비[51] - 자본적 지출 - 순 운전자본 증감

　할인율은 미래에 예상되는 경제적 이익을 현재가치로 전환하는 과정에서 적용하는 자본비용을 말한다. 이때 경제적 이익의 대상이 현금흐름이면 현재가치 할인율이라고 하고, 순이익 등이면 이익자본화율이라고 한다. 할인율은 가중평균자본비용(WACC, weighted cost of capital), 자본자산 가격결정모형(CAPM, capital asset pricing model), 차익거래가격결정모형(APM, arbitrage pricing model) 등을 이용하여 결정하는데 현장에서는 WACC가 대중적으로 이용되며 다음과

　사, 사단법인 등의 영리법인과 사립학교 등의 비영리법인을 말하는데, 비영리법인의 경우 공익사업에는 과세하지 않고 수익사업에만 과세한다.

51 감가상각비(減價償却費, Depreciation cost)는 시간이 지남에 따라 공장이나 기계설비와 같은 고정자산은 노후화가 되어 경제적 가치가 하락하게 되는데 이때 고정자산에서 감소되는 가치를 비용으로 해당 연도에 부담시키는 금원을 말한다. 이를 계산하는 방법으로 취득원가에서 잔존가액을 빼 주고 이 값을 내용연수로 나누어 구하는 정액법과 장부가액에 상각률을 곱하여 도출된 값을 매년 반영하는 정률법이 있다.

같이 구한다.

$$WACC = k_e \frac{E}{E+D} + k_d(1-t)\frac{D}{E+D}$$

K_e	: 자기자본비용		K_d	: 타인자본비용
E	: 자기자본가치		D	: 타인자본가치
t	: 법인세율			
$E/(E+D)$	: 자기자본 구성 비율		$D/(E+D)$	: 타인자본 구성 비율

현재가치의 산정, 순현금흐름과 할인율이 구해지면 연도별 순현금흐름의 현재가치를 구하여 합을 내면 이것이 평가대상기술의 사업가치가 된다. 현재가치(NPC, net present value)는 다음과 같이 계산한다.

$$NPV = [\frac{CF_1}{(1+R)^1} + \frac{CF_2}{(1+R)^2} + \cdots + \frac{CF_n}{(1+R)^n}] - I_0$$
$$= \sum \frac{CF_t}{(1+R)^t} - I_0$$

CF_t : t시점의 현금흐름 I_0 : 최초의 투자액 R : 할인율

경제성평가의 기법 중 경제적 가치모형(Economic value model)의 NPV(순현가법), IRR(내부수익률법), C/B(비용편익모델)을 이용하여 도출된 결과가 다음과 같을 때 투자를 진행하게 된다.

- 순현가법 : NPV > 0면 타당함
  → NPV 값이 0보다 크면 사업성이 있다고 본다.
- 내부수익률법 : IRR > r면 타당함
  → IRR이 이자율인 r보다 크면 사업성이 있다고 본다.
- 비용편익 모델 또는 수익비용 비교법 : C/B 또는 B/C > 1면 타당함
  → 수익을 비용으로 나눈 값이므로 1보다 크면 사업성이 있다고 본다.

3단계인 기술가치 평가이다.

기술기여도는 기술도입 또는 사용에 따른 경제적 이익의 창출에 기여한 유·무형 자산 중 기술무형자산이 이익창출에 공헌한 상대적인 비중을 말한다. 이를

구하는 방법으로는 상관행법[52]과 기술요소법(Technology factor method)이 있는데 기술요소법은 지식경제부 안(案)과 기술보증기금 안(案)이 있다.

- 지식경제부 안 = 산업기술요소 x 개별기술강도
- 기술보증기금 안 = 기술자산 구성비 x 기술완성도 계수

- 기술요소법
  - 기술가치 = 기술의 사업가치(Business value) x 기술요소(Technology factor, %)
  - 산업기술요소 = 최대실현 무형자산 가치비율 x 평균기술 자산비율
  - 무형자산 가치비율 = 무형자산 가치 ÷ 기업시장 가치(시가총액)
  - 무형자산 가치 = 기업시장가치(시가총액) – 순자산가치
  - 순자산가치 = 자산가치 총액 – 부채총액
  - 기술자산비율 = 연구개발비 ÷ (연구개발비 + 광고선전비 + 교육훈련비)

$$기술의\ 가치 = \sum_{t=1}^{n} \frac{FCF_t}{(1+r)^t} \times 기술기여도$$

t : 연수   n : 기술의 경제적 수명

FCF(Free Cash Flow) : 여유현금흐름   r : 할인율

기술가치 평가를 통한 사업화 프로세스는 〈그림 6–18〉과 같이 진행되는 것이 일반적이다.

---

52 상관행법은 기술이 이익창출에 공헌하는 평균적인 비율을 적용하는 방법으로 25% Rule을 적용한다.

● 그림 6-18 **기술가치 평가를 통한 일반적인 사업화 프로세스**

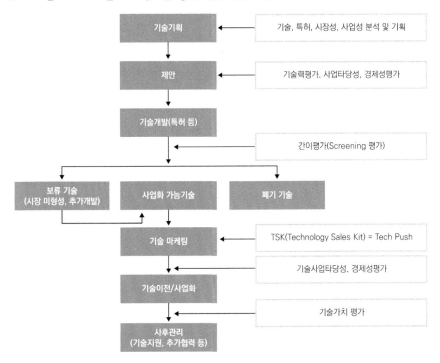

다음은 기술가치 평가 사례의 학습을 통하여 실무활용에 도움을 주고자 한다.

Phase 1 (사업타당성 분석 실무)

Purpose(목적)   Process(프로세스)

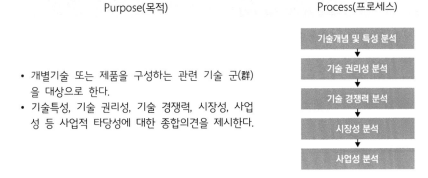

- 개별기술 또는 제품을 구성하는 관련 기술 군(群)
  을 대상으로 한다.
- 기술특성, 기술 권리성, 기술 경쟁력, 시장성, 사업
  성 등 사업적 타당성에 대한 종합의견을 제시한다.

Step(단계)	Task(주요업무)	Output(결과물)
기술개념 및 특성 분석	• 평가대상 기술의 정의 • 응용분야, 특징 • 유사기술 등	• 기술특성 및 응용 분야
기술 권리성 분석	• 평가대상기술 특허동향 분석 • 법적 보호 강도 및 안정성 평가	• 권리성 분석 결과
기술 경쟁력 분석	• 평가대상기술 경쟁력 평가 • 기술의 구현성 등	• 기술경쟁력 분석 결과
시장성 분석	• 평가대상 기술의 산업 환경 및 동향 분석 • 평가대상 기술 시장규모 예측	• 특성 분석표 • 시장규모
사업성 분석	• 평가대상 기술을 보유한 기업의 사업 역량 평가	• 사업역량 분석 결과

Phase 2 (현금흐름추정 및 사업가치 산정 실무)

Purpose(목적)	Process(프로세스)
• 개별기술 또는 제품을 구성하는 관련 기술 군(群)을 대상으로 한다. • 사업화 할 경우 기대되는 수익과 비용 분석을 통하여 사업 가치를 산정한다.	추정 재무제표 작성 ↓ 순현금흐름 추정 ↓ 할인율 추정 ↓ 사업가치 산정

Step(단계)	Task(주요업무)	Output(결과물)
추정 재무제표 작성	• 추정 제조원가명세서 작성 • 추정 손익계산서 작성 • 추정 대차대조표 작성	• 추정 재무제표 작성
순현금흐름 추정	• 순현금흐름표 작성	• 순현금흐름표
할인율 추정	• 현재가치 산정을 위한 할인율 추정	• 추정 할인율
사업가치 산정	• 현재 가치를 적용하여 사업가치 산정	• 사업가치

Phase 3 (기술가치 평가 실무)

Purpose(목적)   Process(프로세스)

- 사업가치 중 인적요인, 시장요인 등 유형 자산 사
  용에 의한 증가분을 제외한다.
- 기술소요의 사용에 따른 추가적 미래 현금흐름의
  증가분을 산정한다.

Step(단계)	Task(주요업무)	Output(결과물)
기술요소 추정	• 기술 가치를 평가하기 위한 기술 요소를 추정 • 산업요소 지수 • 개별기술 지수	• 기술 기여도
기술가치 산정	• 기술요소에 의한 이익창출 공헌도를 계량적으로 측정	• 기술가치
기술가치 평가 보고서 작성	• 기술가치 평가 보고서를 작성	• 평가 보고서

이상의 단계를 마쳤으면 기술사업화를 위한 기술가치 평가 업무가 종료
된 것이므로 기술가치 평가 보고서를 〈그림 6-19〉와 같은 사례를 참고하여
작성한다.

● 그림 6-19 **기술평가 보고서의 구조와 주요 내용 사례**

표지

Technology Evaluation Report
for Assessment and Appraisal of Technology

평가기술	IOT를 이용한 생명체 인지센서

평가용도	현물출자 및 매매거래 참고

🌀 한세대학교
HANSEI UNIVERSITY
기업혁신지원센터

1) 본 평가서는 평가용도 외로 사용할 수 없으며, 기술평가기관은 본 평가서를
   기초로 한 행위결과에 어떠한 책임도 부담하지 않습니다.
2) 본 평가서에서 사용된 가정들은 향후 사업환경의 변화 및 신청기술을
   적용하는 경영진이나 기술인력 등의 능력에 따라 영향을 받으며,
   이에 따라 그 평가결과가 변동될 수 있습니다.

제출문

제 출 문

IOT 생활기술(주)　　　귀하

　　본 평가서를 「IOT를 이용한 생명체 인지센서」에 대한 현물출자 및 매매
거래참고용 기술가치 평가의 최종보고서로 제출합니다.

2017년 12월 1일

평가기관	🌀 한세대학교 기술혁신지원센터
평 가 자	기술평가사　　구 병 모 PhD.
	기술평가사　　홍 길 동
	기술평가사　　한 세 대

목차

3.7. 식스시그마 기법

1987년 모토로라에서 개발된 Six Sigma는 제품의 품질, 판매 및 구매, 회계 등 조직의 제 프로세스에 대한 총체적 경쟁력 강화를 위한 것으로 전형적인 Top-down 방식의 강력한 전개와 구성원들의 자발적인 참여의식을 요구하는 세계적인 기업들이 채택하고 있는 경영전략 기법 중의 하나이다.[53]

6σ(Six Sigma)의 σ는 프로세스의 산포를 나타내는 척도인데 통계적인 용어로 데이터를 중심으로부터 떨어진 거리인 표준편차를 의미하고, 6σ는 어떤 규격이 상한과 하한이 있다고 볼 때 분포의 중심과 규격상한, 중심과 규격하한 사이의 각각의 거리가 표준편차의 6배나 될 정도로 불량률이 낮은 상태, 즉 100만개 중에 0.002개의 불량품 Level(수준)[54]을 의미한다.

Six Sigma는 품질경영의 발전과 일련의 맥을 함께하는 경영기법인데 모토로라에서 개발되었지만 GE그룹에 의하여 발전 및 그 효과가 검증된 것이기도 하다.[55]

Six Sigma와 품질경영의 변천과정은 〈그림 6-20〉과 같은데, QC(Quality control)는 품질관리, SPC(Statistical process control)는 통계적 공정관리, SQC(Statistical quality control)는 통계적 품질관리, QA(Quality assurance)는 품질보증, TQM(Total quality management)은 전사적 품질경영, TQC(Total quality control)는 전사적 품질관리, IT(Information technology)는 정보기술, 6σM(Six sigma management)는 식스시그마 경영을 각각 의미한다.

---

53 Barney, M.(2002). Motorola's second generation. In Six Sigma Forum Magazine 1(3); Schroeder, R. G., Linderman, K., Liedtke, C., Choo, A. S.(2008). Six Sigma: Definition and underlying theory. Journal of operations Management, 26(4).

54 σ Level은 공정업무, 즉 업무의 Process의 능력을 나타내는 통계적 측정단위이다. σ Level이 증가할수록 품질이 좋아지고, 원가는 줄어들고, 고객의 만족도는 높아진다는 것이다. 본 σ Level로 측정하는 것에는 Defect Per Unit(DPU, 제품당 결점수), Part Per Million(PPM)이 있다.

55 Pyzdek, T., Keller, P. A.(2014). The six sigma handbook, McGraw-Hill Education.

● 그림 6-20 **품질경영의 변천과정과 6σ**

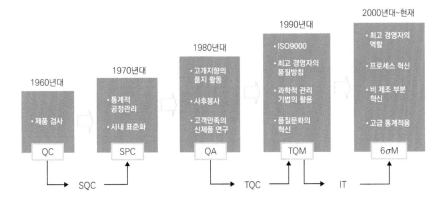

또한 Sigma(σ)의 Level 관계를 품질과 비교하여 〈표 6 – 24〉와 같이 정리·비교표에서 확인할 수 있듯이 6σ는 백만 개 중에서 3.4개가 불량이며 이를 수율로 나타내면 99.997%가 불량품이 없다는 것이다. 즉 불량률이 0.0003%라는 것이다.

● 표 6-24 **Sigma의 정량적 의미**

Sigma	의미		PPM[56]	수율
	철자오류사례	부채사례		
6σ	소형 도서관의 모든 책에서 1개의 철자오류	10억 달러당 2달러의 부채	3.4	99.9997%
5σ	사전 1개 세트에서 1개의 철자오류	10억 달러당 570달러의 부채	233	99.977%
4σ	30페이지당 1개의 철자오류	10억 달러당 63,000 달러의 부채	6,210	99.379%
3σ	1페이지당 1.5개의 철자오류	10억 달러당 2.7백만 달러의 부채	66,807	93.32%

---

56 PPM(Part per million) 백만분의 1을 의미한다. 예를 들어 1PPM을 품질관리 측면에 적용한다면 100만개 생산품 중에서 불량품이 1개라는 의미이다.

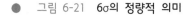

● 그림 6-21 **6σ의 정량적 의미**

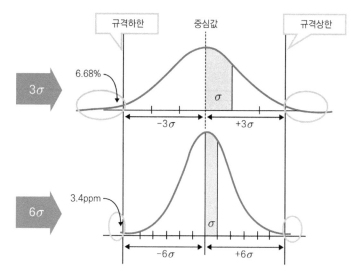

- 6는 산포를 나타내는 척도로서 산포(σ)가 작아져 주어진 규격 내에 6개의 6가 들어갈 수 있는
  수준을 6σ라고 한다.
- 비즈니스상의 운영을 일백만회 하여 3.4회의 결함만이 발생되도록 시스템을 구축하는 것이 6σ
  운영시스템이다.
- 3.4PPM은 3.4DPMO를 의미하며 DPMO[57] 값은 평균치가 ±1.5σ이동을 전제로 계산된 수준
  이다.

　　6σ(Six Sigma)의 계급은 크게 4계급으로 구분한다. 최상위의 Champion(챔
피온)에서 그 다음 단계들인 Master Black–belt(마스터 블랙벨트), Black belt(블
랙벨트), Green belt(그린 벨트)가 그것인데, 마스터 블랙벨트는 임원, 블랙벨트는
부장급, 블랙벨트는 과·차장급, 그린벨트는 대리에서 과장급이 주로 해당되는데
조직의 특성에 따라 식스시그마 경영기법을 성공적으로 수행할 수 있는 직급 자
를 리더(Leader)로 선정하되 팀원의 직급 등을 고려하여 배치하는 것이 조직 운
영에 효율적이다.

---

57 DPMO(Defect per million opportunities)는 백만 기회당 결함 수(百萬機會當缺陷數)를 말
한다.

● 표 6-25 **Six Sigma 계급과 계급별 자격 및 주요 역할**

4계급	Champion	Master Black-belt	Black belt	Green belt
자격	• 리더십을 소유한 임원	• 기술과 조직숙련이 최고 수준 • 실무와 지식, 리더십을 갖춘 부장급의 변화 주도자	• 기술수준이 높은 상태의 중간관리자 • 리더십과 통계 지식을 갖춘 과장에서 차장급 관리자	• 6σ의 개념부터 완성까지 할 프로젝트 리더 • 직무지식과 경험을 갖춘 대리에서 과장급 관리자
역할	• 프로젝트 팀에 전략적 방향 제시 • 프로젝트 간의 진행상황 점검 • 블랙벨트와 팀원들에게 동기부여 • 팀 자원 효율적 활용 • 선의의 경쟁을 유도 • 우발적 상황 발생 시 팀의 R&R을 재조정 • 최고 경영층과 커뮤니케이션	• 팀원이 아닌 상태에서 여러 팀을 지원 • 방법론과 팀 활동 과제를 제시	• 팀 활동의 재조정 • 팀과 조직 간 커뮤니케이션 • 팀에 참여하여 지식과 전문성 활용, 구성원과 의견공유 및 지식 습득, 팀 목표 달성을 위한 활동지원	• 훈련을 통하여 경험과 노하우 습득 • 팀에 참여하여 팀 작업을 수행

6σ(Six Sigma)를 이용한 문제 개선을 위한 접근방법은 DMAIC이다.

D(Define)는 고객정의, 핵심비즈니스 프로세스에 의한 CTQ[58] 정의 등을 하는 첫 번째 단계가 된다. 다음의 M(Measure)은 핵심 비즈니스 프로세스를 통해 나오는 산출물의 현재 수준을 측정하는 두 번째 단계이다. 세 번째 단계는 데이터와 프로세스 Map을 분석하여 문제의 근본원인을 분석하는 A(Analyze)단계이다. 네 번째 단계는 개선계획을 도출－선정－설계하고 개선활동을 실행하는 I(Improve) 단계이다. DMAIC의 마지막은 C(Control)단계로 개선활동을 제도화하고 지속적으로 모니터링하는 다섯 번째 단계가 된다.

---

58 CTQ(Critical to quality)로 핵심요구 품질을 말한다.

● 표 6-26 DMAIC의 핵심 내용 요약

구분	핵심 요약 내용	
	요약1[59]	요약2
D (define)	• Define the goals of the improvement activity	• 프로젝트 대상의 고객을 정의 • 핵심비즈니스 프로세스에 의한 CTQ (핵심요구품질)을 정의
M (measure)	• Measure the existing system	• 핵심 비즈니스 프로세스를 통해 나온 산출물의 현재 수준을 측정
A (analyze)	• Analyze the system to identify ways to eliminate gap between the current performance of the system or process and the desired goal	• 데이터와 프로세스 Map을 분석하여 문제의 근본원인을 도출
I (improve)	• Improve the system	• 개선계획을 도출-선정-설계 및 실행
C (control)	• Control the new system	• 개선활동 결과의 제도화 • 지속적인 모니터링

지금부터는 Six Sigma의 실무를 3가지로 구분하여 학습한다. 첫 번째는 6σ의 추진 조직도이다. 두 번째는 6σ경영의 성공요인과 성공했을 경우의 효과, 실패요인과 실패의 핵심문제를 제시한다. 세 번째는 문제개선 방법론인 DMAIC을 단계별로 설명을 통하여 학습하도록 한다.

첫 번째는 6σ 경영의 추진 조직도이다.

6σ의 추진 조직도는 일반적으로 Champion(챔피언)을 최고 정점으로 두고, 다음에 PO(Project owner)를 두는데, 챔피언과 프로젝트 오너(Owner) 사이에 추진 사무국을 두어 정보의 공유·평가·모니터링 및 6σ경영활동에 지원을 하도록 한다. 그 다음에 MBB(Master black belt) 및 BB(Black belt)와 GB(Green belt) 순으로 조직도를 구성하는데 〈그림 6-22〉를 참조하기 바란다.

---

59 Pyzdek, T., Keller, P. A.(2014). The six sigma handbook, McGraw-Hill Education의 원문을 기술하여 DMAIC의 핵심내용을 이해하는 데 도움을 주고자 하였다.

● 그림 6-22 6σ 추진 조직도

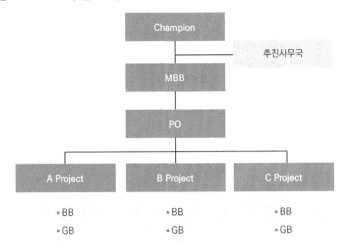

두 번째는 6σ의 성공요인과 실패요인이다.

성공요인의 핵심은 크게 3가지로 정리할 수 있다. 첫째, 최고 경영자의 의지와 지원이다. 프로젝트에 참여하는 구성원들의 열정과 노력이 있다하더라도 최고 경영자의 의지가 없거나, 의지는 있으나 인적 및 물적 지원이 없다면 성공의 길은 멀어질 수밖에 없다. 둘째, MBB에서 GB까지 Belt 소유자들의 6σ에 대한 기술과 지식이다. 이는 6σ 경영을 추진하기 전에 충분한 교육과 훈련을 통하여 가능하며, 6σ 경영활동의 진행 중간 중간에도 지속적인 보완 및 강화교육은 필요하다. 셋째, 객관적이고 정량화된 평가기준이다. 정량화된 평가결과를 도출해야만이 현재와 목표와의 차이를 분석할 수 있고, 차이를 분석해야만 개선 활동을 할 수 있기 때문이다.

성공했을 때에는 Reliability(신뢰성) 측면, Quality improvement(품질개선) 측면, Total cycle time reduction(전체회전시간의 감축) 측면, Total cost reduction(전체비용감소) 측면 등에서 뛰어난 효과가 예상된다.

● 그림 6-23 6σ의 성공요인과 실패요인

구 분		핵심내용
성공	요인	• 정량 또는 계량할 수 있는 평가기준과 결과 도출 • 최고 경영자의 강한 의지와 지속적인 지원 • 고객입장에서의 올바른 문제의 정의 • 우선시 되는 6σ 프로젝트 • 6σ 프로젝트를 추진 및 진행할 수 있는 기술 및 지식 훈련 • DMAIC에 충실한 활동
	효과	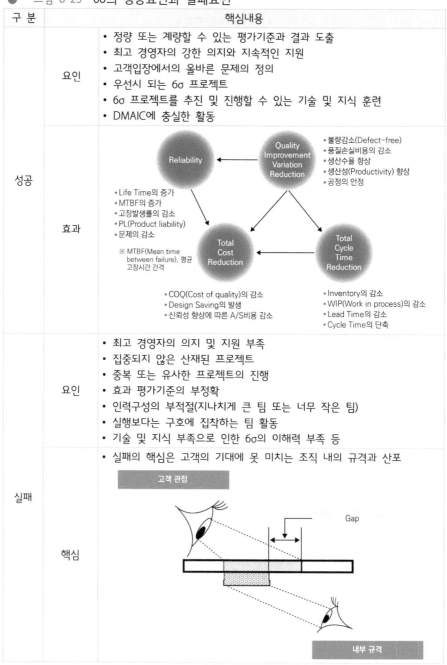
실패	요인	• 최고 경영자의 의지 및 지원 부족 • 집중되지 않은 산재된 프로젝트 • 중복 또는 유사한 프로젝트의 진행 • 효과 평가기준의 부정확 • 인력구성의 부적절(지나치게 큰 팀 또는 너무 작은 팀) • 실행보다는 구호에 집착하는 팀 활동 • 기술 및 지식 부족으로 인한 6σ의 이해력 부족 등
	핵심	• 실패의 핵심은 고객의 기대에 못 미치는 조직 내의 규격과 산포

다음은 6σ 경영의 실패요인이다. 실패요인의 핵심은 고객의 기대수준에 못 미치는 조직내부의 규격과 품질 산포이다. 이를 제거하기 위해서는 Define 단계에서 고객의 요구수준이나 Needs에 대한 정확한 분석과 반영이 필요하다. 기타 6σ 경영의 실패요인으로는 성공요인의 반대개념이라 생각하면 되겠다. 즉 최고경영자의 의지와 지원이 없는 6σ 경영은 실패할 확률이 매우 높다. 또한 6σ에 대한 기술과 지식이 없는 구성원은 6σ 추진체의 리더(Leader)가 될 자격이 없다. 마지막으로 객관적이고 정량화된 평가를 할 수 없는 기준이라면 추진 사무국은 신속하게 6σ 경영에 참여하는 모든 구성원뿐 아니라 조직 내 임직원도 인정할 수 있는 평가시스템을 구축해야 한다.

세 번째는 6σ 경영의 실행 방법론인 DMAIC이다.

DMAIC의 핵심요약 내용은 〈그림 6-23〉을 참고하기 바란다. 본 항에는 DMAIC을 프로세스 순서에 준하여 설명하여 학습뿐 아니라 실전에서 활용하는 데 도움을 주고자 하니 단계별 특성을 확실하게 인지해주기 바란다.

● 그림 6-24 **DMAIC 설명 진행 프로세스**

phase (추진단계)	Define (정의)	Measure (측정)	Analyse (분석)	Improve (개선)	Control (관리)
key Question (핵심질문)	개선기회는 무엇인가?	문제와 현재의 징후는?	생각할 수 있는 원인은?	근본원인과 그 해결책은?	성과를 체질화 하려면?
Activity (활동)	• 비즈니스 개선 기회 확인 • 프로세스 문서화와 분석 • 고객요구사항 정의 • 효과적인 팀 구축	• 측정대상의 결정 • 측정관리 • 산포에 대한 이해 • 시그마 성과 정의 • 팀 성과 제고	• 프로세스 계층화 및 분석 • 근본원인 정의 • 근본원인 확인 • 창의성 관리	• 개선방안 도출 • 해결안 평가와 선정 • 권고방안 발표 • 변화의 실행	• 시범계획 개발과 추진 • 해결안 추진 계획 수립과 실행 • 프로세스 통합 • 프로젝트 종료 및 인정

Define(정의) 단계이다.

본 단계에서는 비즈니스 기회의 명확화, 프로세스 분석, VOC(Voice of customer, 고객의 소리) 및 CCR(Critical customer requirement, 고객핵심요구사항) 분석, 팀의 R&R(Responsibility and role)과 Rule(규칙)을 정하고 팀 헌장을 작성하여야 한다.

● 그림 6-25 Define 단계의 프로세스와 핵심내용

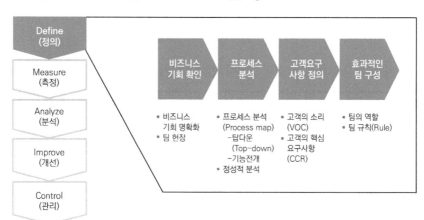

Team Charter(팀 헌장)는 개선활동이 언제 시작되고, 어떤 자원이 필요한지 나열하고, 개선활동을 전개할 때 개선 팀의 역할이 무엇인지, 개선 활동의 범위, 프로젝트 실행 계획 수립, 그리고 무엇이 문제이고 목표가 무엇인지 명확히 기술한 문서를 말한다. 이를 작성하는 목적 및 효과로는 팀에게 집중적으로 활동해야 할 내용을 제공하며 비즈니스 목적과 일치시킨다. 문제가 무엇인지 명확히 함으로써 비즈니스 개선 기회임을 강조한다. 개선의 목적과 목표를 명확히 한다. 개선 노력의 범위를 제시하여 초기 업무계획을 확립한다. 책임사항을 명확히 한다. 마지막으로 Communication(의사소통)을 위한 도구를 만든다.

프로세스 분석의 목적은 프로세스 측면에서 비즈니스를 정의하는 중요성을 이해하고 목표 프로세스를 위한 Top-down chart(탑다운 차트)와 Functional Deployment Process(기능별 전개프로세스)를 작성하기 위함이다. 주요 내용으로는 비즈니스를 프로세스 측면에서 보기, 프로세스의 구성요소, 프로세스 Mapping기법, Qualitative Analysis(정성적 분석) 등이다.

고객요구사항의 목적은 팀에 할당되었거나 선택한 프로세스의 CCR(Critical customer requirement, 고객핵심요구사항)을 정의하는 것을 가능하게 하는 것이다. 주요 내용으로는 VOC(Voice of customer, 고객의 소리) 정의 및 해석, 고객중심의 비즈니스 전략 등이다.

(팀 헌장 사례)

비즈니스 케이스	개선기회 기술서
• 우리가 왜 일을 해야 하는가? (목적)	• 어떤 실패를 경험하였는가? • 무엇이 잘못되었는가? (비즈니스에의 영향)
목표 기술서	**프로젝트 범위**
• 우리의 개선 목적과 목표는 무엇인가? (성공의 기준)	• 우리의 권한범위는? • 어떤 프로세스를 대상으로 하는가? 우리의 수행 범위가 아닌 것은? (경계)
프로젝트 기획	**팀 선정**
• 일을 어떻게 시작할 것인가? • 일을 어떻게 마무리 할 것인가? (활동)	• 팀 구성원은 누구인가? • 이들의 책임범위는? (누가 무엇을 수행하는가)

Measure(측정) 단계이다.

본 단계에서는 4개의 소 단계로 Measure를 진행한다. 먼저 측정대상 결정 단계에서는 결과척도, 프로세스 척도, 입력척도를 결정한다. 측정관리 단계에서는 측정척도의 운용을 정의하고 데이터 수집방법 및 계획을 수립한다. 또한 측정 시스템을 평가한다. 산포이해 단계에서는 현재 프로세스의 산포를 파악한다. 시그마산정 단계에서는 고객요구사항에 근거한 프로세스의 성과를 파악한다.

측정대상 결정의 주요내용으로는 성과지표, Input(입력)과 프로세스 및 Output(결과) 척도, 척도관계 등이다.

측정관리의 목적은 데이터측정을 위해 데이터수집 비용을 효율적이고 효과적으로 활용할 수 있게 하는 원칙과 방법론 추구이고, 주요내용은 데이터 수집, 척도의 운용정의, 데이터 측정계획, 원인과 결과 데이터 등이다.

● 그림 6-26 Measure 단계의 프로세스와 핵심내용

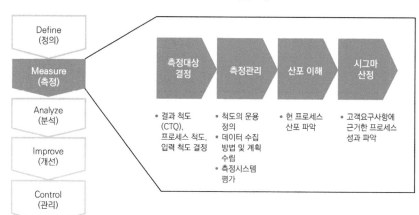

Analyze(분석) 단계이다.

본 단계의 프로세스 층별 및 분석 단계에서는 프로세스 데이터의 분석 및 문제의 명확화를 하는 것이다. 근본원인 정의 단계에서는 잠재근본 원인인 x변수의 도출과 우선순위를 평가한다. 근본원인 검증 단계에서는 소수핵심인자인 Vital Few의 입증과 개선 시 효과를 추정한다. 마지막으로 창의성 관리 단계에서는 창의성 장애요인 이해와 창의적 사고를 배양한다.

프로세스 층별 및 분석의 목적은 프로젝트 팀이 문제의 근본원인을 분석하고 해결해야 하는 구체적인 문제점을 명확하게 분석하기 위함이다. 주요내용으로는 데이터 층별, 정량적 측면의 프로세스 분석, 문제 기술서 작성 등이다.

근본원인 정의의 목적은 불량 또는 문제점의 근본원인을 도출하여 프로젝트 팀이 불량 또는 문제점을 해결하기 위한 방안을 개발할 수 있도록 하는 것이다. 주요내용으로는 산포의 원천, 이시카와 다이어그램,[60] 이슈트리(Issue tree) 등이다.

근본원인 검증의 목적은 해결방안을 찾아내기 전에 문제해결에 도움이 되는 근본원인을 계량화 하고 타당성을 평가하는 것이다. 주요내용으로는 근본원

---

60 이시카와 다이어그램은 본 책의 제2장 경영실적 평가와 반성의 「6.2. Fishbone Diagram 기법」을 통하여 이미 학습하였는바 참고하기 바란다.

인의 평가, 산점도, 상관분석, 기초 및 다중 회귀분석 등이다.

창의성 관리의 목적은 문제의 근본원인 해결을 위하여 가장 중요한 것이 창의성의 발휘와 혁신임을 이해하고자 하는 것이다. 주요내용으로는 프로젝트 팀이 현재에 이르게 한 것이 무엇인가, 창의성과 혁신, 창의적 프로세스, 창의력과 창의적 문제해결 모형,[61] 사례연구 등이다.

● 그림 6-27　**Analyze 단계의 프로세스와 핵심내용**

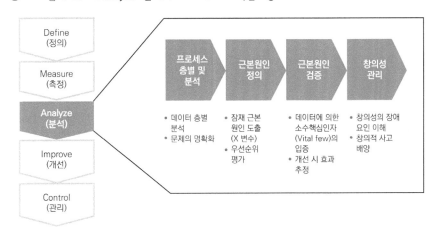

Improve(개선) 단계이다.

본 단계의 소 단계인 개선 아이디어 도출단계에서 최적화 실험계획을 수립하고 창의적 아이디어를 통한 해결방안을 구체화한다. 해결방안 평가 단계에서 해결방안을 평가하여 우선순위 도출과 기대효과를 확인한다. 최적안 발표 단계에서 발표 자료를 준비하고 스토리 보드를 작성한다. 다음 변화의 단계에서 변화관리 전략적 지도인 Strategic Map을 작성한다.

개선아이디어 도출[62]의 목적은 프로젝트의 문제해결을 위해 보다 많은 창의적인 아이디어를 강화하는 데 사용 가능한 수단과 기술을 프로젝트 팀에 전달

---

61 창의력과 창의적 문제해결 기법은 본 책에서 이미 학습한 제3장 경영환경 분석의 「3. How to develop the 전략적 사고」의 논리력, 창의력, 분석력, 통합력 내용을 참고하기 바란다.

62 개선아이디어 도출방법은 본 책에서 이미 학습한 제3장 경영환경 분석의 「6.1.Brain storming 기법」을 참고하기 바란다.

하기 위함이다. 주요내용으로는 아이디어 도출을 위한 준비로 여기에는 전통적 및 비전통적63 아이디어 도출 방법을 적용한다.

● 그림 6-28 **Improve 단계의 프로세스와 핵심내용**

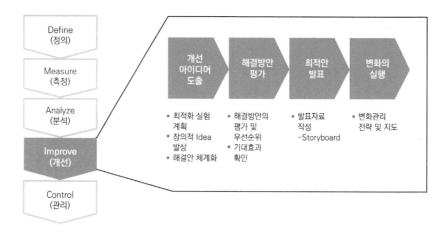

해결방안 평가와 산정의 목적은 개선방안을 평가하고 선정하는 데 사용되는 방법론을 이해하고, 조직의 전략과 운영계획에 어울리는 최적의 해결방안(Solving method)을 찾기 위함이다.

주요내용으로는 해결방안 평가기준, 해결방안 평가 및 선정 등이다.

---

63 비전통적 아이디어 도출방법으로는 Challenge assumption(가정도전법), Solution mapping(해결방법 맵핑), Mind mapping(마이드 맵핑), Six thinking hats(6개의 생각하는 모자), Lateral thinking(수평적 사고), Random word(무작위 단어), ECRS(제거, 결합, 재배열, 단순화) 등이 있다.

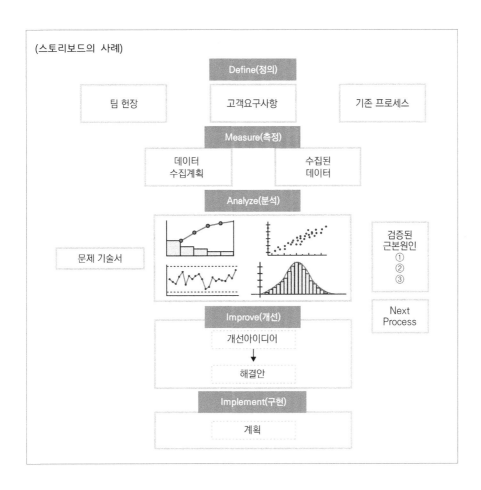

(스토리보드의 사례)

발표자료 작성의 목적은 진행 및 진척도의 공유, 의사소통, 보완 등인데 추진 결과 및 계획 사항 등을 한눈에 파악하고 이해할 수 있는 스토리보드(Storyboard)를 활용하는 것이 효과적이다.

변화의 실행 목적은 프로젝트 팀에 프로세스 변화를 수용하게 하고 조직의 성공을 위한 변화의 중요성을 인지 및 공유하도록 환경조성의 방법을 이해시키기 위한 것이다. 주요내용으로는 성공적인 변화의 12가지 동인, 개인적인 헌신을 통한 변화, 순응을 통한 변화 등이다.

(성공적인 변화의 12가지 동인)

1) 책임감: 변화를 위한 특정한 역할, 목표, 성과측정 파악
2) 적응성: 과거의 성공 또는 실패의 결과를 기반으로 반영요소를 취하고 행함
3) 의사소통: 재배치 및 재정렬 계획의 가능한 결정을 포함, 후원, 지원, 변화 등을 필요로 하는 구성원들에게 영향을 줌
4) 공유가치 집중: 조직 및 기술의 집중에 필요한 비전을 명확하게 함
5) 참여: 변화에 영향을 받은 구성원들을 의사결정 및 실현에 충분히 참여시키도록 보장
6) 리더십: 변화를 촉진하고 가능하게 할 수 있도록 디자인된 Infra를 통해 리더십을 발휘하도록 함
7) 측정과 결과: 변화를 통해 측정되는 측정 가능한 개선사항을 결정하고 그 개선의 추이를 인지할 수 있도록 데이터를 분석함
8) 탄력성: 변화의 수용과 실행을 위한 속도의 전이에 대응함
9) 준비성: 변화의 영향을 받기 쉬운 개인 또는 집단의 변화에 대한 준비성 평가를 기반으로 변화를 기존 문화 및 작업 환경에 결합시킴
10) 동기부여: 변화와 일치하는 결과를 달성 및 미달성 개인 및 집단에게 격려 및 보상, Penalty 및 재교육을 진행함
11) Skill 개발: 모든 개인과 집단들이 변화의 시작에서 종료까지 효과적으로 참여하도록 교육을 전개함
12) 프로젝트 팀 지향: 조직의 프로젝트 팀 또는 기존의 팀을 이용하여 변화 실현과 주체가 되도록 함

Control(관리) 단계이다.

본 단계는 DMAIC의 마지막 단계이다. 6σ 경영 또는 개선 팀은 프로젝트 팀 단위를 구성하고 프로젝트 정의(Define)단계에서 개선(Improve)단계까지 성공적으로 진행하여 왔다. 이후에는 개선결과를 지속적으로 유지 및 활용할 수 있도록 문서화 및 제도화 작업을 할 단계이다.

본 단계에서 이루어지는 것은 본 프로젝트를 진행한 6σ 개선 팀이 활용하는 것보다는 조직 내의 다른 팀, 다른 작업 그룹에서 새로운 방법으로 일할 수 있는 조건을 만들어 가는 과정으로 파일럿(Pilot) 테스트, 해결안 실행, 프로세스 통합, 프로젝트 종료 및 팀 해산 등의 단계로 이루어진다.

파일럿(Pilot) test 단계에서는 파일럿(Pilot) 계획 수립과 실행 및 검증을 한다. 해결안 실행 단계에서는 양산계획 수립, 공정관리 체제 구축, 양산 적용 및 평가 등을 한다. 프로세스 통합 단계에서는 실행했던 대안의 확산과 전파이다. 프로젝트 종료 및 팀 해산 단계에서는 진행과정을 되돌아보며 성과를 정리하고 반성을 한다. 또한 격려 및 동기부여를 위한 성과에 대한 보상을 하며 마무리를 한다.

● 그림 6-29 **Control 단계의 프로세스와 핵심내용**

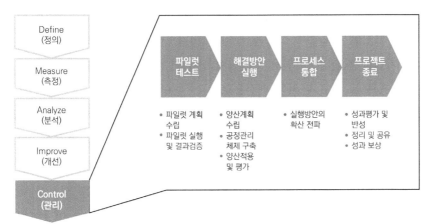

파일럿(Pilot) 테스트의 목적은 해결방안을 검증하기 위해 전체 공정의 10% 전후를 대상으로 계획을 수립하여 유·무형의 자원, 운영상 문제점, 보완 및 강화 대상 등을 찾아 대응하고 현업적용에서의 문제를 최소화하기 위함이다. 주요내용은 파일럿(Pilot) 테스트의 목적, 사유 및 시점, 파일럿(Pilot) 계획의 요소, 파일럿(Pilot) 실행 및 결과 검증과 다음 단계의 과제의 설정 등이다.

해결방안 실행의 목적은 현업 운영에 관한 폭넓은 해결방안을 준비 및 실행하기 위하여 적용한 해결방안이 프로세스의 수행 과정에서 목적했던 기능을 수행했는지 여부를 검증하기 위해서이다. 주요내용은 실행계획, 잠재적 문제의 분석, 계획수립, 해결책의 수행 및 평가 등이다.

프로세스 통합의 목적은 성공적인 문제해결을 위하여 현업공정에서 운영할 때 필수적인 문제(Critical problem)와 일련의 계획을 다른 팀이나 작업조직에서 할 수 있도록 하기 위함이다. 주요내용은 프로세스 전파, 해결방안 표준화, 프로세스 관리개선 등이다.

이상의 Control(관리 또는 통제) 내 소 단계를 거쳐 프로젝트 종료 및 팀의 해산 직전에 Six Sigma 경영을 통하여 얻은 장점과 강점, 단점과 반성할 점 등을 명확하게 성문화하고, 제도화한다. 주요내용으로는 평가 및 반성, 교훈, 성과보상 등이다.

3.8. 아메바경영 기법[64]

아메바경영은 교세라 그룹을 창업한 이나모리 가즈오(いなもり かずお)[65] 회장이 기업을 직접경영하면서 고안하여 1965년 세계 최초로 제조업부문에 도입한 소 조직(小 組織) 단위를 핵심으로 하는 경영기법이다.

아메바 경영은 2017년 현재 일본 내 520여 기업이 도입하여 운용하고 있으며 중국 내 기업 또한 10여 개 기업에서 운영하고 있다. 교세라 그룹의 컨설팅 계열사인 KCCS를 통하여 아메바 경영기법을 도입하는 일본 내외의 기업은 계속 증가할 것으로 예상된다. 아메바 경영은 제조부문과 병원 등 서비스부문을 주요 대상으로 하는데 본 책은 제조부문 아메바 경영에 중점을 두고 소개한다. 또한 아메바 경영에서 사용되는 용어는 미국중심의 경영 용어들과 차이가 있어 각주로 단어의 의미를 기술하였는바, 기법을 이해하는 데 참고하기 바란다.

다음이 아메바 경영이다.

5~10명 단위의 소 조직을 핵심단위로 하는 경영기법을 아메바로 명명한 것은 환경변화에 따라 자신의 모습이나 형태를 변형시키고 분열을 거듭하며 능수능란하게 환경에 적응해 가는 몸 전체가 하나의 세포로 되어 있는 단세포 동물인 아메바와 닮았다 하여 붙여진 이름이 아메바 경영이다. 아메바 경영의 핵심은 4가지로 정리할 수 있다. 첫째, 현장조직의 계장(係長) 및 과장(課長)이 리더(Leader)가 되는 소 조직으로 구분하여 이들 간 사내매입[66]이란 명목으로 사내거래를 한다. 둘째, 가계부와 동일한 시간당 채산표[67]를 이용하여 실물흐름 중심

---

64 이나모리 가즈오의 아메바경영 매뉴얼(모리타나오유키 著, 김진연 譯, 2015), 도서출판 해냄의 내용을 중심으로 편집 및 일부는 원문을 그대로 인용.

65 1932년 1월 産, 가고시마대학교 공학부졸업, 1959년 파인세라믹 기술을 핵심으로 하는 교세라를 설립하였고 10년 후인 1969년 주식 상장을 하였다. 씨 없는 수박으로 알려진 한국의 우장춘 박사의 사위이기도 하다. 파나소닉 창업자 마쓰시타 고노스케, 혼다 자동차 창업자 혼다 쇼이치로와 더불어 일본 경영의 3신으로 불린다. 파산한 일본항공의 경영을 위임받아 아메바경영을 접목 13개월 만에 흑자로 전환시켰다. 저서로는 아메바경영, 카르마경영, 소호카의 꿈, 성공을 향한 정열, 이나모리 가즈오의 철학 등이 있다.

66 사내매입은 제조부문의 시간당 채산표 과목 중 하나로 사내(社內)의 다른 아메바로부터의 구입액을 뜻한다.

67 시간당채산표는 교세라의 사내 아메바가 영업제조활동을 통해 회사에 얼마만큼 기여했는지, 어떻게 부가가치를 창출했는지를 직접 파악하는 자료를 말한다. 영업용과 제조용 두 종류이

의 시간당 부가가치를 관리한다. 셋째, 전원(全員)이 참여한다. 넷째, 제조부문[68]이 중심이 되어 원가계산과 Market Price(시장가격)를 대응한다.

다음이 아메바 경영의 3가지 추구목적이다.

첫째, 시장에 직결된 부문별 채산제도의 확립이다. 회사경영의 원리원칙은 매출을 최대화하고 경비를 최소화해 나가는 것이다. 이 원칙을 전사 차원에서 실천해 가기 위해 아메바별[69]로 수치를 파악할 수 있는 Rule(규칙)을 구축하여 현장에 시장의 역동성을 불어 넣는다.

둘째, 경영의식이 있는 인재의 육성이다. 작게 쪼개진 조직인 아메바 부문의 리더(Leader)인 계장이나 과장에게 경영전반을 맡긴다. 아메바의 리더(Leader)는 일의 진척을 확인하거나 멤버[70]들을 지휘하는 등 매일 매일을 경영자로서의 경험을 쌓아 경영의식이 있는 인재로 성장한다.

셋째, 전원 참가형 경영의 실천이다. 아메바 경영에서는 회사의 경영 수치가 공개된다. 이는 전 구성원이 경영 상태를 공유하여 노사관계가 아닌 파트너 관계로 경영을 해 나가는 것을 의미하는 것이기도 하다. 또한 회사가 지향하는

● 표 6-27 **아메바 경영의 핵심과 추구목적**

구분	주요내용
아메바경영의 핵심	• 현장조직의 계장 및 과장이 리더(Leader)가 되는 5~10명으로 구성된 소 조직이다. • 사내매입이란 명목으로 사내거래를 한다. • 가계부와 동일한 시간당 채산 표를 이용하여 시간당 부가가치의 흐름을 관리한다. • 제조부문이 중심이 되어 원가계산과 시장가격을 대응 및 협상한다.
아메바경영의 추구목적	• 시장에 직결된 부문별 채산 제도의 확립 • 경영의식이 있는 인재의 육성 • 전원 참가형 경영의 실천

며 계(係) 단위부터 회사 전체 합계를 작성한다. R&BD와 제조간접은 제조용 시간당 채산표를, 본사간접은 영업용 시간당 채산표에 준하는 경비항목을 사용한다.

68 제조부문(製造部門)은 항상 고객을 만족시킬 수 있는 가격(Price), 납기(Lead-time), 서비스(Service), 고품질(High quality)의 제품을 생산하여 이익을 창출해내는 부문을 말한다. 국내외 대부분의 회사에서는 고객 판매가격이나 납품가격은 영업부문에서 대응하는 것이 일반적인 형태이나 아메바 경영은 제조부문이 시장가격을 결정한다는 것이다.

69 5~10명 정도의 멤버로 채산을 중심으로 세분화된 소집단으로 계장이나 과장이 Leader가 된다.

70 아메바 조직을 구성하는 계(係)또는 과(課) 단위(單位)의 직원들을 말한다.

목적을 공유하여 전 종업원이 집중하여 구성원 한 사람 한 사람이 주인공이 되는 전원 참가형 경영을 실현하다.

아메바 경영은 이상과 같은 핵심과 추구목적뿐 아니라 여타 경영기법과 비교 시 다음과 같은 차별화된 특징을 가지고 있다. 전술(前述)한 바와 같이 전체의 회사조직을 아메바라고 하는 5~10명 정도의 소집단인 채산부분으로 세분화한다. 각 아메바의 리더(Leader)가 마치 경영자처럼 멤버들의 지혜를 모아 그 소집단의 경영조직을 경영한다.

아메바의 사업목표는 사업연도가 시작되기 전에 Bottom-up(하의상달) 방식으로 수립되고, 그 결과가 각 아메바의 목표로 결정된다. 리더(Leader)와 멤버들은 P(Plan, 예정), Do(실행), C(Check, 분석), A(Action, 대책) 사이클을 반복하며 목표달성을 위해 창의적인 생각을 지속하고 매월 각 아메바의 매출, 이익, 경비 등 운영 실적이 전 사원에게 공지되어 각 사원들은 본인이 얼마나 회사에 공헌했는지를 알 수 있다. 또한 재무회계가 아닌 회계에 대한 지식이 없어도 작성할 수 있는 가계부와 비슷한 시간당 채산표를 사용하는데 이는 비용이 집계되는 부(部)[71] 부문에서 재무회계와 연동할 수 있도록 하여 거꾸로 시간당 채산표의 이해가 밝지 못한 외부 이해관계자들도 이해하도록 하고 있다. 물건, 돈, 그리고 전표는 일대일로 움직이고 더블체크(경리부문과 경영관리부문이 각각 한번씩)한다.

아메바 조직의 리더(Leader)들은 계장이나 과장 때부터 이익확보가 최우선이라는 과제 달성을 위해 경영감각이 있는 인재로 육성된다.

(채산표)
- 시간당 채산표는 일본의 전통적인 부서 단위인 본부(本部)-부(部)-과(課)-계(係) 中, 계(係) 부분을 중심으로 이루어진다.
- 계(係) 부분을 취합하면 과(課)부분이 되고 과 부분을 취합하면 부(部) 단위가 되는데 부 단위의 채산표는 재무회계와 연동된다.
- 사내매매,[72] 사외출하,[73] 구매부를 통한 사내매입 등 물건이나 돈이 움직일 때에는 반드

---

71 일본기업의 일반적인 기업 내 조직은 본부(本部)-부(部)-과(課)-계(係) 체계로 이루어져 있다.
72 사내매매(社內買賣)는 공정 간에 물건이 움직일 때 회사 밖의 시장과 마찬가지로 사내거래를 하고, 이러한 물건과 돈의 흐름을 파악하는 구조를 사내매매라 한다.
73 사외출하(社外出荷)는 제조부문의 시간당 채산표 과목의 하나로 수주생산시스템에 의한 사외 고객 대상 생산금액을 뜻하는 것으로 사외출하라고는 하나 실제 출하를 의미하는 것은 아니

시 전표와 일대일로 움직이고 경리부문과 경영관리부문이 더블 체크를 원칙으로 작성한
다, 즉 실물과 전표는 일대일 대응 및 더블체크[74]가 원칙이다.
• 월 단위로 시간당 부가가치를 집계하므로 아메바 구성원이 5명이든 10명이든 모든 아메
바에게 공통의 지표가 된다.

〈그림 6-30〉에서 보는 바와 같이 아메바 경영의 관리회계 근간으로 아메
바 단위-과 단위-부 단위로 작성되는 채산표가 부단위에서 통합되어 재무회
계와 연동되는 것을 그림으로 확인할 수 있다. 또한 일본의 전통적 기업조직인
본부(本部) - 부(部) - 과(課) - 계(係) 단위 조직구조를 알 수 있으며, 5~10명 단
위의 계 조직단위 아메바도 확인할 수 있다.

● 그림 6-30 **아메바조직, 재무회계[75]와 관리회계[76] 연동 관계, 일본의 전통적 기업 조직**

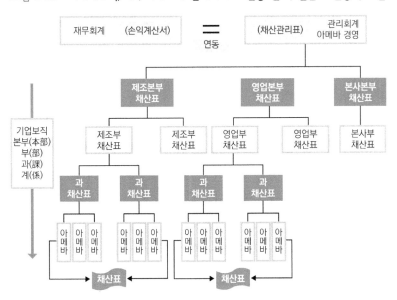

다. 제품을 물류창고에 반입하고 생산데이터를 출하관리시스템 전송하는데 교세라의 경우 12
시까지 완료된 것이 당일 실적에 계상된다.
74 더블체크는 자재품목 구입, 제품발송, 외상매출금 회수 등을 중심으로 모든 업무에 실시된다.
75 기업이 대차대조표, 손익계산서를 중심으로 한 재무전표를 작성하고 공표하여 기업의 재정상
　태 및 경영성적을 기업 외부의 주주, 채권자, 거래처 세무당국 등 기업과 관련 있는 조직이나
　이해관계자에게 보고하는 회계를 말한다.
76 기업 내부 경영자에게 경영에 도움이 되는 각종 회계정보를 필요에 따라 작성하여 보고하는

지금까지는 아메바 경영의 개념, 추구목적, 특징 등 아메바 경영의 이해를 위한 것이었다. 경영학이란 것이 이론적 측면과 응용과학적 측면의 양면성을 가지고 있는 것인바, 이해를 바탕으로 현장사례를 학습한 내공(內功)을 가지고 기업적용이나 컨설팅에 활용할 수 있도록 전개한다.

아메바 경영의 조직이다.

〈그림 6-30〉에서 학습한 것을 되뇌어 보자. 각 조직단위마다 따라다니는 공통의 것이 있는데 바로 채산표이다. 매일매일 작성되는 채산표가 작성되면 그것을 경영관리에 필요한 숫자로 가공하여 일 단위 관리인 경우 다음날, 주간단위 관리인 경우 다음 주 초, 월간단위 관리인 경우 다음 달 초에 확인 및 분석하여 잘한 것은 강화하고, 못 한 것은 대책을 수립하여 반영하여야 한다. 이와 같이 리더(Leader)가 제반 정보를 활용할 수 있도록 매일 매일의 실적수치를 그날 그날 집계 및 가공하여 다음날 아침까지 아메바에게 제공하는 업무를 담당하는 조직이 있는데 경영관리[77]부문이다. 동 부서는 경영의 Rule(규정)을 만드는 업무, 규정을 지키며 운영하는지 여부를 심판하는 업무, 정보[78]를 수집하는 업무 등도 담당한다.

조직 간에 인력을 빌려주고 빌려올 수도 있는 아메바의 나누는 기준이다. 아메바 조직의 목표는 멤버전원이 자신들의 목표를 향해 경영에 참여하고 그 성과를 동료들과 함께 기뻐하며 서로 감사해하는 열정적인 집단을 만드는 것을 기본으로 다음과 같은 기준을 적용한다.

첫째, 수익을 벌어들이는 채산부문,[79] 간접부문[80]을 중심으로 한 비용센터인 비채산부문[81]으로 구분하고 채산부문에 아메바를 만들고 비채산부문의 비용

회계를 말한다.

[77] 사업부 독립채산제인 아메바 경영을 기반으로 하는 경영관리체제의 확립, 유지, 운영을 뜻한다. 경영관리부문에는 아메바 경영과 철학을 실천하는 부문이기도 하다.

[78] 경영관리부문의 수집정보는 건강한 아메바 조직을 위한 것들로 월간계획 대비 매출 및 이익 등의 진척사항, 자재가격, 제품수주 내용, 월 임대료 등의 판관비, 부하직원의 근무상황 등이다.

[79] 채산부문(採算部門)은 사업수입이 있고 자기 부문의 채산성을 파악하여 운영하는 부문으로 제조부문의 시간당 채산표상의 총생산, 공제액, 경비차감 후 매출이 발생하는 부문을 말한다.

[80] 간접부문(間接部門)은 넓은 의미로는 경영관리부문, 자재부문, 총무부문, 환경부문 등의 비채산부문을 뜻한다. 좁은 의미로는 각 사업부 중에서도 사업목적에 직결되는 제조간접 및 영업간접 부문을 말한다.

은 채산부문에 배분한다.

둘째, 3가지 필수조건을 적용한다. 하나는 아메바는 독립채산 조직이므로 수입과 비용을 명확하게 산출할 수 있어야 한다. 둘째는 최소단위 조직인 아메바가 비즈니스 단위로 완성되어야 한다. 셋째는 회사전체의 목적과 방침을 수행할 수 있도록 분할82해야 한다.

● 표 6-28 **아메바 조직의 목표와 나누는 기준**

구분	주요내용
조직의 목표	• 멤버 전원이 자신들의 목표를 향해 경영에 참여한다. • 경영성과를 동료들과 함께 기뻐하며 서로 감사한다.
나누는 기준	• 수익을 벌어들이는 채산부문, 비용센터인 비 채산부문으로 나눈다. • 아메바는 독립채산조직이므로 수입과 비용을 명확하게 산출할 수 있어야 한다. • 비즈니스 단위가 되어야 한다. • 회사전체의 목적과 방침을 수행할 수 있어야 한다.

아메바 경영의 교육과 회의이다.

교육의 핵심은 멤버가 따르도록 하는 리더(Leader)교육과 이념교육인 아메바 철학(Philosophy) 내용을 근간으로 이루어진다.

회의는 경영회의와 부문회의로 구분한다. 경영회의는 매월 초 개최되는 실적보고 회의로 가장 중요한 회의 중 하나로 사장, 임원, 각 부문의 본부장급이 참석하는데, 지난달 목표수치 미달성 시 해당본부는 경비지출을 중단시킨다. 아메바 경영에서는 예산제도가 없기 때문에 목표를 만회하기 위하여 경비지출을 중단시키는 것은 당연한 것으로 여긴다.

부문회의는 자신들이 수립한 예정83을 공유하고 실행해 나가기 위해서 부문 내 Communication을 활발히 하고 멤버들의 아이디어를 활용해 나가기 위한

---

81 비채산부문이란 제조부문의 시간당 채산표상의 총생산, 공제액, 경비 차감 후 매출이 발생하지 않는 부문 또는 영업부문의 시간당 채산표상의 발주, 총매출액, 총수익, 경비합계, 경비차감 후 수익이 발생하지 않은 부문으로 자기부문의 경비나 시간이 최종적으로는 관련되는 채산부문에 배분되는 부문을 말한다.

82 아메바 단위를 너무 작게 쪼개면 복잡해지고, 너무 크게 쪼개면 수지를 파악하기 어려워지기 때문이다.

83 전술한 바와 같이 PDCA의 P에 해당하는 것이 예정이다.

● 표 6-29 **월간회의의 종류와 회의별 특징**

회의 종류		참석자	특징
경영회의		사장, 임원, 본부장	• 매월 초 개최되는 실적보고 회의 • 목표 미달 시 경비지출 중단
부문회의	제1계층회의 제2계층회의 제3계층회의 제4계층회의	각 계층의 장 조직단위 리더	• 실적을 분석하고 지난달 반성 • 직장의 과제 및 문제를 제기하고 이에 대한 의견수렴 및 검토 • 당월의 예정사항과 내용 및 대처 과제를 제시 • 자기부문이 목표로 하는 비전 및 꿈에 대하여 토론

활동 중 하나로 제1계층회의, 제2계층회의, 제3계층회의, 제4계층회의가 있다.

바람직한 부문회의의 핵심내용으로는 다음의 4가지를 들 수 있다.

첫째, 실적을 분석하고 지난달에 대해 반성한다. 즉 채산표를 통하여 목표 달성 상황과 달성결과를 멤버들에게 피드백한다.

둘째, 직장의 과제 및 문제점을 제기하고 의견을 수렴하여 개선책을 검토한다. 예를 들어 현장 담당자가 힘들어 한다. 이렇게 하면 더 좋을 것 같다 등의 작은 주제가 소중하므로 현장 담당자의 지혜를 모아 어떻게 끌어내느냐가 리더(Leader)의 역할이기 때문이다.

셋째, 당월 예정의 내용과 대처과제를 제시한다. 단순히 수치를 낭독하는 것이 아니라 리더(Leader)가 어떻게 해서든 이 예정을 달성하고 싶다는 생각을 자신의 말로 표현한다. 무엇을 어떻게 행동하면 달성할 수 있는지 가능한 한 구체적으로 전달한다. 각각의 목표달성이 자기 부문의 채산에 반영되어 부문 및 회사에 기여한다는 이미지를 모두가 가질 수 있도록 하여야 하기 때문이다.

넷째, 목표로 하는 자기 부문의 비전 및 꿈에 대해 이야기한다. 리더(Leader)는 자기 부문의 존재 의미나 지향에 나가고자 하는 목표 및 모습을 리더 자신의 말로 멤버들에게 전달한다.

● 그림 6-31 **아메바 경영의 회의 형태**

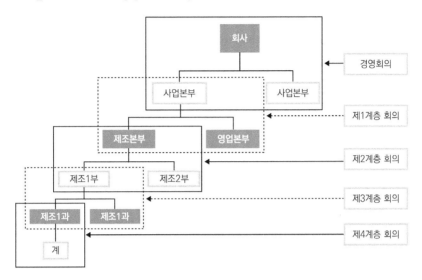

아침 조회(朝禮)는 직장의 모든 멤버들의 마음을 맞춰 나가기 위한 귀중한 시간이다. 조례하는 모습만 봐도 그 직장의 상태를 알 수 있다고 할 정도로 직장 분위기를 만드는 데 꼭 필요한 Communication의 장(場)이다. 조례 또한 회의와 동일하게 전체조례와 부문조례를 실시한다. 오늘 하루 자신들이 어떤 생각을 가지고 무엇을 추구하며 업무에 나설 것인지에 대해 의사소통을 할 수 있는 매우 중요한 기회인 조례의 주요 실시내용은 6단계로 이루어진다.

(조례 6단계)
① 아침인사, ② 출결확인, ③ 경영실적 진척사항 및 예정사항 보고, ④ 공지사항 전달
⑤ 경영이념 수첩 윤독,[84] ⑥ 상호인사 후 해산

아메바 경영의 매출과 회계이다.

아메바 경영의 매출은 제조부문 매출과 영업부문 매출로 구분한다. 제조부문 매출은 제품생산액이 제조 아메바로 계상되고 영업부문 매출은 제조 생산액의 5~10%를 반영하는데 이는 제조부문 생산액에 포함되어 있다. 즉 영업부문

---

84 윤독(輪讀)이란 멤버 간 돌아가면서 읽음을 말한다.

에서 고객에게 제품을 판매하면 그 금액의 5~10%를 제조부문이 영업부문에 지급하여 준다는 뜻이다. 앞에서 설명했던바와 같이 이런 현상은 국내외 대부분의 매출인식 기준과는 상이한 아메바 경영의 독특함으로 제조부문에서 원가와 시장가격을 대응하기 때문에 가능하다. 또한 인건비가 멤버 간 공개됨을 차단하기 위하여 이는 공개될 수 없으며 대신에 시간당 부가가치라는 지표를 이용하여 이익 상황을 파악한다.

(시간당 부가가치)

시간당 부가가치[85] = 경비차감 후 수익[86] ÷ 총시간[87](멤버 전원이 일한 시간)

아메바 경영에서는 Master plan이라고 하는 연간목표 관리가 있다. 리더(Leader)들이 경영하는 아메바가 흑자만 내는 것은 아니다. 각 아메바에는 사전에 결정된 각 부문의 연간목표 달성이 요구되는데 전사 차원의 이것을 Master plan이라 한다. Master plan[88]에서는 부문별, 아메바별 목표 수치가 결정되는데 이것은 아메바 리더(Leader)들에게 주어진 목표이다. 리더(Leader)들은 다음 달의 목표 수치를 어느 정도 달성해 나갈 것인지 채산표의 각 항목 수치를 결정하여 적어 나가는데 이를 예정이라고 부른다. 또한 리더(Leader)들은 멤버와 목표를 달성할 때까지 예정(Plan)을 시작으로 실행(Do) - 분석(Check) - 대책(Action)인 PDCA사이클을 반복해 나간다.

매출액[89]인 총생산액[90]은 사내매매액과 사외출하액을 더한 값에 사내매입

---

85 시간당 채산에서의 부가가치란 매출금액에서 제품을 만들어내기 위해 들어가는 자재비나 설비기계 상각비 등 노무비를 제외한 모든 공제액(경비)을 차감한 것을 말한다.

86 경비차감 후 순익은 시간당 채산표 과목 중 하나로 수입에서 인건비 이외의 경비를 차감한 금액을 말하는데 다른 말로는 아메바가 생산한 부가가치가 된다.

87 총시간은 시간당 채산표 과목 중 하나로 정시간과 잔업 및 부내공통시간, 간접공통시간의 합계를 말한다.

88 마스터플랜은 회사 전체의 방침이나 각 사업부의 방침, 목표에 엄밀한 시뮬레이션을 반복적으로 실행하여 향후 1년간 리더(Leader)의 경영의지를 나타낸 것이다. 월단위 시간당 채산표 형식으로 작성되므로 매월, 6개월, 1년 형식으로 실적을 비교할 수 있어 Master plan 달성이 전 회사 차원의 대목표가 된다.

89 매출액은 영업부문의 시간당 채산표 과목 중 하나로 제품 및 상품의 판매금액을 말한다.

90 총생산액은 제조부문의 시간당 채산표 과목 중 하나로 아메바가 창출한 실질생산액을 뜻한

액을 빼서 구하고, 이 값에 제조경비를 빼서 이익을 산출한다. 또한 총생산액에서 인건비를 빼서 세금공제 전 이익을 구한다. 경비는 직접경비, 간접경비, 공통경비로 구분하여 인식한다.

(총 생산액 및 이익)
- [(사내매매액+사외출하액)-사내매입액=총생산액(매출액)] - 제조경비=이익
- 총생산액 - 인건비=세금 공제 전 이익

(경비)
- 직접경비: 원자재비, 외주가공비, 전기료 등
- 간접경비: 본사경비,[91] 공장경비,[92] 영업수수료, 전기료 등
- 공통경비: 본사경비, 공장경비, 관리부문 경비, R&BD비 등 수익이 발생하지 않는 비채산부문의 비용은 채산부문 아메바가 나누어 부담

● 그림 6-32 **아메바 경영의 흐름과 단계별 이슈**

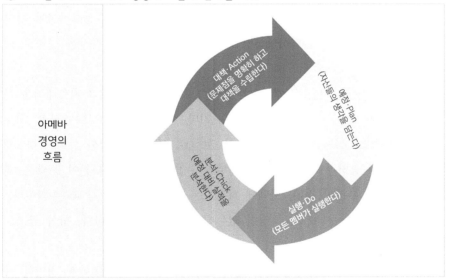

다. 이는 사외출하, 사내매도는 늘리면서 사내매입을 줄이면 최대화된다. 총생산=총출하-사내매입으로 산출한다.

91 본사 경비는 영업부문의 시간당 채산표 과목 중 하나이다. 광고선전비 등 전 회사 차원의 경비 충당이 주된 목표로, 각 부문으로부터 총시간의 한 시간당 일률적으로 징수하는 경비를 말한다.

92 제조부문의 시간당 채산표 과목 중의 하나이다. 공장총무부문, 노무부문, 경영관리부문, 자재부문 등 공장공통부문의 경비 중 개별적으로 할당할 수 없는 경비를 일정기준(총생산대비, 총시간대비, 인원대비 등)으로 할당하는 비용을 말한다.

단계별 이슈	Plan (예정)	아베마 경영에서의 예정이란 당월 매출예상이나 생산전망을 계산 한 것이 리더(Leader)가 스스로의 의지로 달성해야 할 목표를 사전에 정하여 그 달성을 약속하는 시간당 채산표에 나타난 것이다.
	Do (실행)	월간 채산표는 하루하루의 매출이나 경비가 쌓여서 만들어진다. 예를 들어 생산부문의 경우 수주잔액과 생산의 진척 상황을 매일 확인하여 재료 등의 자재제품을 조달하고 생산예정을 확실히 수행해 나가는 것이 중요하다.
	Check (분석)	채산표의 예정과 실적을 비교하여 수치의 차이를 분석한다. 표적인 수치 차이뿐 아니라 예정을 달성하기 위해 어떤 대책을 마련했는지 그 대책은 적절했는지 등 차이가 발생한 정확한 요인을 파악하는 것이 중요하다.
	Action (대책)	담당 부문의 경영수지를 더 개선시켜 나가기 위해 다음 달 이후의 대응과제를 명확히 하고 멤버 전원이 문제 사항을 검토한다.

아메바 경영의 시간당 채산표이다.

시간당 채산표는 수입에서 사용한 비용(지출)을 차감하여 잔액(이익, 부가가치)을 산출하는 식으로 가계부처럼 알기 쉬운 관리 자료로 경리지식이 없어도 경영수지의 의미를 간단하게 이해 할 수 있는 가계부와 똑같은 구조로 되어 있다.

가계부는 수입, 지출, 잔액의 3개 항목으로 분류되고 수입과 지출내역을 기재하는 항목이 있다. 수입내역에는 급여, 기타수입, 지출내역으로는 식비, 의류비, 수도광열비, 교육비, 오락비, 의료비, 보험료, 세금, 대출상환 등이 있다. 제조 아메바에 사용하는 채산표에서 가계부의 수입에 해당하는 부분이 총생산, 지출에 해당하는 부분이 경비, 잔액에 해당하는 부분이 경비 차감 후 수익이다.

시간당 채산표는 3가지 특징이 있는데 부가가치를 추구한다, 항상 금액으로 나타낸다, 시간을 의식한다가 그것이다.

첫째, 부가가치를 추구한다. 부문의 수입(제조부문의 총생산)에서 경비를 차감하여 부가가치(경비차감 후 수익)를 산출한다. 이를 부문 내에서 일한 시간으로 나누어 1시간당 부가가치인 시간당을 산출하는데 이 시간당 부가가치를 높이고 추구하여 채산성을 향상시켜나간다.

둘째, 항상 금액으로 나타낸다. 활동한 성과를 몇 개 만들었다, 몇 개 샀다 등의 수량이 아니라 얼마만큼 만들었다. 얼마만큼 구입했다 등의 금액으로 1엔 단위까지 정확하게 파악한다. 이를 통해 돈의 흐름을 실감하기 쉽도록 만든다.

셋째, 시간을 의식한다. 시간당을 올리는 것에는 수입 늘리기, 경비 줄이기, 시간 줄이기의 3가지 방법이 있다. 아메바 경영은 시간에 대한 개념을 도입한다. 이를 통해 시간의 소중함을 모두가 자각하여 기업으로서의 경쟁력을 강화해 나간다.

● 표 6-30 **제조 아메바의 채산표와 가계부**

[아메바 채산표]	예정	실적	차이	[일반적인 가계부의 예]		월일
출하(b+c)				급여		
사외출하(b)				Part time 수입		
사내매도(c)				이자 및 배당		
사내매입(d)				기타 수입		
총생산(a=b+c-d)	합계 엔	엔	엔	수입	합계	엔
경비(e)	합계 엔	엔	엔	지출	합계	엔
원자재비				식비		
외주 가공비				의류비		
전력비				수도광열비		
•••				생활용품		
금리 및 감가상각비				주택용품		
부내 공통경비				교육		
공장경비				오락		
본사경비				의료		
영업수수료				보험		
경비 차감 후 수익(f=a-e)	합계 엔	엔	엔	세금		
총시간(g)	시간	시간	시간	저축		
정시간(正時間)				대출상환		
잔업시간(殘業時間)				기타지출		
부내 공통시간				현금잔액	합계	엔
당월 시간당(f/g)	엔	엔	엔			
시간당 생산액(a/g)						

아메바 경영의 사내매매이다.

각주 72에서 사내매매는 아메바 경영에서 공정 간에 물건이 움직일 때 회사 밖의 시장과 마찬가지로 사내거래를 하고 이러한 물건과 돈의 흐름을 파악하는 구조를 사내매매라고 이미 설명한 바 있다. 이는 제조부문에서 이익을 고려하기 위한 수단으로 각 아메바를 하나의 회사로 규정하고 아메바 사이에 제품이 움직일 때를 사내매매라고 간주한 것이다.

사내매매는 다음과 같은 공정으로 진행된다.

제조업체의 제조공정에 A, B, C 3개 공정이 있다. 전(前) 공정인 아메바 C는 구매부를 통하여 원자재를 구매하여 제품의 일부를 제작한 중간공정인 아메바 B에게 판매하고, 아메바 B는 C로부터 반제품을 구입하여 가공한 후 후(後) 공정인 아메바 A에게 판매한다. 아메바 A는 제품을 완성시켜 약속한 날까지 고객의 창고에 납입한다.

여기에서 다음의 사내매매 프로세스가 진행됨을 알 수 있다.

● 　그림 6-33　**아메바 경영의 사내매매 프로세스**

〈그림 6-33〉은 사내매매 프로세스이자 제조착수 프로세스인데, 제조착수 측면에서 보자.

고객이 제품을 발주했을 경우 영업부문 아메바는 수주가 예상되는 단계부터 제품출하 담당 아메바 A와 예상수주량, 가격 등에 대해 상담하고 고객에게 견적을 제시한다. 제조부에서는 아메바 A를 중심으로 아메바 B, 아메바 C 3자 간에 사내가격을 협의하여 결정한다.

이때 아메바 리더(Leader)들은 비용절감, 생산성향상으로 얼마만큼의 이익을 확보할 수 있는지 목표를 세워두어야 한다.

● 그림 6-34 **아메바 경영의 사내매매 구조**

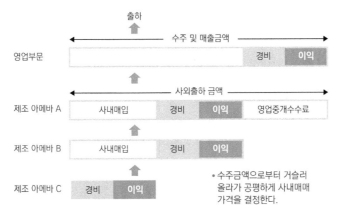

(사내매매 수입구조의 예)
- 영업부문 아메바가 1,000만 엔에 제품을 수주하려 할 때의 사내매매구조 알기
- 영업 아메바는 수주금액의 일정 비율을 영업중개수수료로 받는데 보통 5~10%이다. 가령 그 비율이 5%라면 50만 엔이 된다.
  아메바 C의 생산액은 아메바 B에 대한 사내 판매액이 되고, 아메바 B의 생산액은 아메바 A에 대한 판매액이 되고, 아메바 A의 생산액은 수주금액 1,000만 엔이 된다.
  아메바 A의 생산액 1,000만 엔에는 영업부문 아메바에 지급할 영업중개수수료가 포함되어 있다(본 책에서는 5%로 한다).
- 이를 생산액(수입) 배분 프로세스로 풀어보면 다음과 같이 된다.

  1,000만 엔 수주 → 영업부문 아메바 생산액(50만 엔) → 제조 아메바 C의 생산액 제조 아메바 B에 판매한 금액) → 제조 아메바 B의 생산액(제조 아메바 A에 판매한 금액) → 제조 아메바 A의 생산액(영업부문 아메바 수주액인 1,000만 엔)

교세라 그룹 경영철학이다.

교세라 그룹(Kyocera group) 경영철학에서는 이나모리 가즈오 회장의 경영 12개조와 6대 정진(精進)을 인용하여 제시한다.

경영 12개조는 이나모리 가즈오의 경영철학(Management philosophy)을 담아 12개 조로 구성되었다.

　　제1조 사업의 목적, 의의를 명확히 한다. 공명정대하고 대의명분이 있는 높은 목적을 세운다.

　　제2조 구체적인 목표를 설정한다. 설정한 목표는 항상 사원과 공유한다.

　　제3조 마음에 강렬한 소망을 품는다. 잠재의식 깊숙이 스며들 수 있을 정도

의 강하고, 지속적인 소망을 품는다.

제4조 누구에게도 지지 않을 정도로 노력한다. 작은 일이라도 한 발 한 발 착실하게 끊임없이 노력한다.

제5조 매출을 최대한으로 늘리고 경비를 최소한으로 억제한다. 들어오는 것을 헤아려 나가는 것을 조절한다. 이익은 쫓는 것이 아니다. 이익은 나중에 따라온다.

제6조 가격결정이 경영. 가격결정은 최고경영자의 몫이다. 고객도 기뻐하고 우리도 돈을 벌 수 있는 포인트는 딱 한 포인트밖에 없다.

제7조 경영은 강한 의지로 결정된다. 경영에는 돌도 뚫을 수 있는 강한 의지가 필요하다.

제8조 불타오르는 투혼. 경영에는 그 어떤 격투기에서도 이길 수 있는 격렬한 투쟁심이 필요하다.

제9조 용기를 내서 일에 부딪힌다. 비겁한 행동을 해서는 안 된다.

제10조 항상 창조적인 일을 한다. 오늘보다는 내일, 내일보다는 모레, 항상 끊임없이 개량, 개선해 나간다. 창의적으로 궁리하고 또 궁리한다.

제11조 남을 헤아리는 마음으로 성실하게. 장사에는 상대방이 있다. 상대방도 행복해야 한다. 모두가 행복해야 한다.

제12조 항상 밝고 긍정적으로, 꿈과 희망을 가지고 순수한 마음으로.

6대 정진(精進)

1. 누구에게도 지지 않을 정도로 노력한다. 일에 푹 빠져 일에 몰두하고, 남보다 더욱 노력하면 멋진 결과를 얻는다.

2. 겸손하고 오만하지 않게. 성공하는 사람은 마음속에 불타오를 듯한 정열과 투혼을 품고 있으면서도, 겸허하고 겸손한 인물이다. 성공한 후에도 그 겸허함을 잊어서는 안 된다.

3. 반성하는 하루하루를 보낸다. 방만하지는 않았는지, 남을 불쾌하게 하지는 않았는지, 비겁한 행동은 없었는지, 이기적인 언동은 없었는지, 하루하루를 되돌아보고 인간으로서 바른 일을 했는지 자문해본다. 이러한 매

일의 반성이 나쁜 마음은 억누르고 좋은 마음은 키워준다.

4. 살아 있음에 감사한다. 사람은 혼사서는 살아갈 수 없다. 자신을 둘러싼 모든 것의 도움을 받으며 살아간다. 지금 있는 것에 순수하게 감사하고, 그 마음을 고마워하는 말이나 미소로 주위 사람들에게 전한다. 이것이 자신뿐 아니라 주위 사람들의 마음까지 따뜻하게 만들어 행복한 기분을 느끼게 해준다.

5. 선행, 이타행(利他行)[93]을 쌓는다. 이 세상에는 인과응보의 법칙이 있다. 좋은 일을 생각하고 좋은 일을 한다. 좋은 일이란 상냥함, 정직함, 성실함, 겸허함 등 인간으로서 가장 기본적인 가치관이다. 매일 이를 쌓아가다 보면 운명을 좋은 방향으로 바꿀 수 있다.

6. 감성적인 고민은 하지 않는다. 누구나 실패한다. 사람은 실수를 반복하면서 성장하므로 충분히 반성한 후에는 끙끙 앓지 말고 새로운 길을 향해 발걸음을 옮기는 것이 중요하다.

● 표 6-31 **이나모리 경영철학 경영 12개조와 6대 정진**

구분	경영 12개조	6대 정진
핵심 내용	제1조 사업의 목적, 의의를 명확히 한다. 제2조 구체적인 목표를 설정한다. 제3조 마음에 강렬한 소망을 품는다. 제4조 누구에게도 지지 않을 정도로 노력한다. 제5조 매출을 최대한으로 늘리고 경비를 최소한으로 억제한다. 제6조 가격결정이 경영 제7조 경영은 강한의지로 결정한다. 제8조 불타오르는 투혼 제9조 용기를 내서 일에 부딪힌다. 제10조 항상 창조적인 일을 한다. 제11조 남을 헤아리는 마음으로 성실하게 제12조 항상 밝고 긍정적으로, 꿈과 희망을 가 지고 순수한 마음으로	1. 누구에게도 지지 않을 정도로 노력한다. 2. 겸손하고 오만하지 않게 3. 반성하는 하루하루를 보낸다. 4. 살아 있음에 감사한다. 5. 선행, 이타행을 쌓는다. 6. 감성적인 고민은 하지 않는다.

93 남에게 공덕과 이익을 베풀어주며 중생을 구제하기 위해 노력하는 행동을 말한다.

4. 경영전략수립 프로세스 5단계의 핵심과 산출물

경영전략수립 프로세스 5단계인 목표달성 전략수립에서 활용할 수 있는 전략기법은 〈표 6-32〉와 같고, 핵심 및 산출물은 〈그림 6-35〉와 같다.

● 표 6-32 **목표달성 전략수립에서 활용할 수 있는 전략기법**

전략기법	개념	활용용도 및 특징
Strategic Alliance (전략적 제휴)	• 기술, 생산, 자본 등의 기업 기능에 복수의 기업이 상호협력 관계를 유지하여 시장 내 다른 기업에 대하여 경쟁적 우위를 확보하려는 경영전략기법이다.	• 자사의 약점과 시장 내 위협요인을 외부 기업과의 제휴로 극복하려는 지렛대 전략이라 할 수 있다.
Mergers and Acquisition (인수합병)	• Mergers(합병)와 Acquisition (인수)의 합성어 • 다른 기업의 주식이나 자산을 수단으로 경영권을 획득하여 복수 기업이 법률적·사실적으로 하나의 기업으로 합쳐지거나 기업경영지배권에 영향을 가져오는 일체의 경영행위를 하는 경영전략 기법이다.	• 기업의 성장, 신규시장진입, 위험 분산 등의 목적으로 자본력을 확보한 기업만이 할 수 있는 경영전략 기법이다.
Franchise Management System (프랜차이즈 경영시스템)	• 본부와 가맹점 간의 파트너십을 핵심으로 하는 네트워크 기반의 비즈니스 모델 • 상표, 서비스 표, 휘장을 소유한 본부가 가맹점에 광고, 교육 및 경영관리를 해주고 계약을 통하여 금전을 수수하는 경영 전략기법이다.	• 본부의 검증된 시스템을 경쟁 무기로 저비용, 짧은 기간 동안 사업의 확장, 규모의 경제를 달성할 수 있는 본부와 가맹점 간의 상생경영전략이다.
Product Line Strategy (제품계열화)	• 기존제품의 Image와 Positioning을 이용하여 가격 및 제품계열을 상향 또는 하향으로 확장하여 경쟁력을 찾고자 하는 마케팅 기법이다.	• 기존제품이 확실한 수요층 또는 시장점유율을 확보하고 있을 때 더 효과적으로 전개할 수 있는 시장진입 기법이다. • 3개 믹스전략인 마케팅믹스와 촉진믹스를 결합하여 활용할 때 강력한 힘을 발휘할 수 있다.
Supply Chain Management (공급사슬 관리)	• 공급사슬관리 또는 공급망 관리라고 한다. • 한 개의 완제품이 생산되어 최종 소비자에게 판매 될 때까지의 전 과정을 대상으로 최적의 효율을 찾기 위하여 기	• 공급사슬에 참여하는 유통기관 전체의 체적화를 통한 수요예측 정확도 향상, 납기단축, 서비스 품질 향상, 비용절감 등을 달성하는 데 부합되는 전략이다.

	획(SCP), 실행(SCO), 환류(SCF)까지 일련의 활동을 관리하는 생산관리 및 공급 전략이다.	
Technology Commercialization (기술사업화)	• 기술 또는 지식을 활용하여 신제품이나 새로운 사업의 영역을 창출 및 과정상의 관련 기술을 향상시킬 수 있는 혁신활동이다. • 연구 개발된 기술이 제품이나 서비스로 만들어져 시장에 성공적으로 출시되어 거래되는 일련의 과정을 담고 있는 경영전략 기법이다.	• 기술 이전 및 거래, 기술금융 조달, 현물출자, 경영전략에 활용, 기업의 청산, 지식재산권 소송, 세무관련 목적으로 활용한다.
Six Sigma (식스시그마)	• 1987년 모토로라에서 개발 • 제품의 품질, 판매 및 구매, 회계 등 조직의 제 프로세스에 대한 총체적 경쟁력 강화를 위한 것으로 전형적인 Top-down 방식의 강력한 전개와 구성원들의 자발적인 참여의식을 요구하는 경영전략 기법이다.	• 식스시그마는 백만개 중 3.4개의 불량·99.9997%의 수율을 의미한다. • 6σ의 접근방법인 DMAIC의 이해와 프로세스의 활용이 중요하다. • 품질개선에 최적화된 경영전략 기법이다.
Ameba Management (아메바경영 기법)	• 일본의 교세라 그룹을 창업한 이나모리 가즈오 회장이 기업을 직접경영하면서 고안하여 1965년 세계 최초로 제조업 부문에 도입했다. • 5~10명 단위의 소 조직을 핵심으로 독립 채산식 기반의 경영기법이다.	• 소 조직 단위로 책임과 권한을 위임하여 기능 및 생산단위뿐 아니라 공간적으로 이격된 지역단위 독립 채산식 경영에도 활용이 가능한 경영기법이다.

● 그림 6-35 **경영전략수립 5단계의 핵심과 산출물**

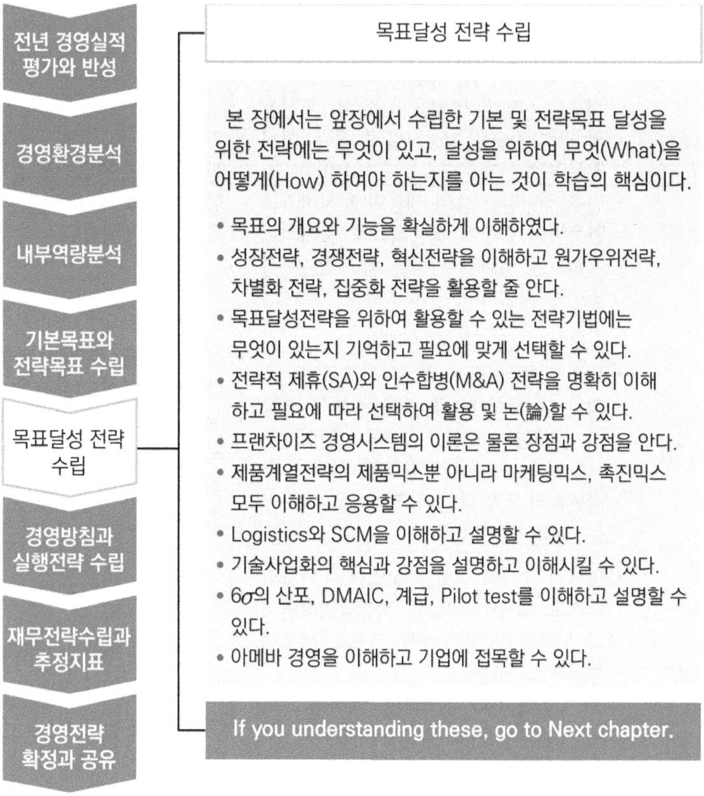

전년 경영실적 평가와 반성

경영환경분석

내부역량분석

기본목표와 전략목표 수립

목표달성 전략 수립

경영방침과 실행전략 수립

재무전략수립과 추정지표

경영전략 확정과 공유

목표달성 전략 수립

본 장에서는 앞장에서 수립한 기본 및 전략목표 달성을 위한 전략에는 무엇이 있고, 달성을 위하여 무엇(What)을 어떻게(How) 하여야 하는지를 아는 것이 학습의 핵심이다.

- 목표의 개요와 기능을 확실하게 이해하였다.
- 성장전략, 경쟁전략, 혁신전략을 이해하고 원가우위전략, 차별화 전략, 집중화 전략을 활용할 줄 안다.
- 목표달성전략을 위하여 활용할 수 있는 전략기법에는 무엇이 있는지 기억하고 필요에 맞게 선택할 수 있다.
- 전략적 제휴(SA)와 인수합병(M&A) 전략을 명확히 이해하고 필요에 따라 선택하여 활용 및 논(論)할 수 있다.
- 프랜차이즈 경영시스템의 이론은 물론 장점과 강점을 안다.
- 제품계열전략의 제품믹스분 아니라 마케팅믹스, 촉진믹스 모두 이해하고 응용할 수 있다.
- Logistics와 SCM을 이해하고 설명할 수 있다.
- 기술사업화의 핵심과 강점을 설명하고 이해시킬 수 있다.
- 6σ의 산포, DMAIC, 계급, Pilot test를 이해하고 설명할 수 있다.
- 아메바 경영을 이해하고 기업에 접목할 수 있다.

If you understanding these, go to Next chapter.

경영방침과 실행전략의 수립

07

1. 경영방침의 이해와 종류
2. 실행전략의 개요와 필요성
3. 부서별 핵심성과지표의 수립
4. 실행 조직의 설계
5. 경영전략수립 프로세스 6단계에서 활용할 수 있는 전략기법, 핵심과 산출물

1. 경영방침의 이해와 종류

1.1. 경영방침이란

우리는 이미 앞단의 제1장에서 전략경영의 단계와 전략수준을 공부한 바 있다. 아래의 그림이 그것의 일부이다. 경영방침은 하단의 비전－목표－전략의 단계일부씩을 포함하고 있는 단계 및 내용이라 할 수 있다. 다시 말하면 계량화나 숫자, 슬로건 등 선언적 의미가 혼합된 각 단계별 조직을 책임지고 있는 경영자1의 경영방향이다.

즉 경영방침(經營方針, Management policy)이란 경영의 목표를 구현하기 위하여 각 직책자(職責者)2가 자신이 맞고 있는 조직의 목표달성을 위하여 전사(全社)의 목표를 기반으로 해당조직의 구성원들에게 선언하는 행동의 기본원리, 원칙, 준칙 등을 말한다. 때문에 경영방침은 사명, 비전, 목표를 근간으로 조직별 리더(Leader)에 따라 핵심과 근간은 유지하며 약간의 차별화를 둘 수 있다.

---

1 여기서 말하는 경영자란 기업이나 조직을 이끄는 최고경영자만을 뜻하는 것이 아니다. 조장, 반장, 과장 등과 같은 일선경영자. 파트 장(Part leader), 그룹 장(Group leader), 팀장(Team leader)과 같은 중간경영자. 사업부장, 본부장, CEO와 같은 최고경영자 모두를 의미한다.

2 전술했던 바와 같이 직책은 직급과 같지 않은 조직의 리더(Leader)를 말하는 것이다. 직책자(職責者)는 직책을 수행하는 조직의 장(長)으로 본 책에서는 경영자라 해도 무방하다.

(제1장에서 학습한 전략수준 단계의 일부)

사명 (Mission)	조직이 중장기적으로 나아가야 할 방향(최고 경영자의 관점이 주를 이룸)
비전 (Vision)	조직이 중장기적인 관점에서 미션에 부합하여 추진해야 할 가시화된 과제
목표 (Goal)	조직의 비전과 사명을 포함한 이행 과제
전략 (Strategy)	조직의 사명과 목표를 추구하기 위한 방법이나 수단
전술/방책 (Tactics/Policy)	조직의 전략을 실행하기 위한 행동지침

1.2 경영방침의 종류

경영방침은 기본방침, 단·중·장기경영방침, 연도방침, 부문방침 등으로 구분할 수 있다. 경영기본방침은 기업의 경영이념 등 기업으로서 갖추어야 할 것을 명시한 것이고, 단·중·장기경영방침은 단·중·장기경영의 측면을 사업측면에서 명시한 것이다. 연도방침은 당해 연도의 구체적인 방침을 경영자원 및 경영기능 측면에서 명시한 것이다. 부문방침은 부문책임자가 단기 방침에 기초하여 부문의 방침을 명시한 것이다. 이들 경영방침의 요소는 〈표 7-1〉과 같다.

● 표 7-1 **경영방침의 요소**

구분	방침요소	주요내용	예(例)
경영방침	경영지침	정해진 기간 내에 목표달성을 위하여 경영활동을 중점적으로 추진해야 할 방향을 제시한 것	• 인재육성에 중점을 둔다. • 토론문화를 활성화한다. • 휴면설비를 최소화한다.
	경영목표	기업이 도달해야 할 Goal을 계량가능한 수치 또는 구체화된 단어로 표시한 것	• 품질 Six Sigma 달성 • 재구매율 90% 달성 • 원가 20%를 절감한다.
	경영시책	목표를 달성하기 위한 수단으로 목표 달성에 관련된 주요 요인에 대하여 어떠한 사고방식으로 추진할 것인가를 나타낸 것	• 조립라인의 Robot화. • 유통경로 분석을 위하여 RFID[3]를 도입한다.

---

3 RFID(Radio frequency identification)는 반도체 칩이 내장된 태그(Tag), 서버(Server), 리더

경영방침은 동일한 사명, 동일한 비전, 동일한 목표 아래 본부 또는 사업부인지 여부, 팀 단위, 그룹 및 파트 단위 등 조직에 따라 표현의 방법을 달리 할 수 있는데 그 이유는 기업 내에서 부서마다 수행해야 할 기능과 중점사항이 서로 다르기 때문이다.

요컨대 제조기업의 경영지원본부는 잠재력 있는 신입사원을 채용하여 교육과 훈련을 통하여 역량 있는 구성원으로 육성하여야 한다. 그러나 생산본부는 부품 및 부분품의 입고를 받아 불량품 없는 고품질의 제품을 생산하여야 하고, 영업본부는 제조본부에서 생산한 고품질의 제품을 철저한 시장조사와 영업 전략을 수립하여 경쟁우위 확보로 조직의 매출 향상을 도모하여야 한다. 이와 같은 이유로 팀 단위 또한 인사팀, 재무팀, 전략팀, 생산관리팀, 구매팀, 마케팅팀 등 부서마다 해당부서의 목표 달성을 위하여 기능에 부합되는 경영방침을 수립 및 선언한다.

이는 위와 같이 본부 및 팀 등 부서단위로 표현할 수도 있지만 바로 앞 페이지의 각주로 설명하였듯 경영자별로 경영방침을 수립할 수 있다. 물론 경영자별로 경영방침을 수립하더라도 기업목표의 핵심은 유지한다. 경영자는 조직의 크고 작고에 관계없이 기업의 목표를 달성하기 위하여 각 부서의 기능에 부합되는 활동을 계획, 조직, 지휘, 조정, 통제 과정의 프로세스를 이용하여 목표를 달성하려는 주체를 말한다.

경영자의 계층은 3단계로 구분할 수 있다. 첫 번째 단계가 일선경영자로 이들은 자신들이 담당하는 작업을 직접 실행하는 작업자만을 감독하고 다른 경영자의 활동에는 관여하지 않는다. 두 번째 단계는 중간경영자로 이들은 부문별 최고경영자가 설정한 기업의 방침을 실행에 옮기며 최고경영자와 일선경영자 중간에서 상호조정과 의사소통을 돕는 역할도 수행한다. 세 번째는 부문별 최고경영자 및 기업의 최고경영자이다. 부문별 최고책임자4는 하단의 각주를 참고하

(Reader) 등을 이용하여 비 접촉으로 읽어내는 무선인식시스템을 말한다. RFID Tag는 전원을 필요로 하는 능동형(Active type)과 리더(Reader)기의 전자기장에 의해 작동되는 수동형(Passive type)으로 나뉘는데 IC칩과 무선을 통하여 식품, 동물, 사물 등 다양한 개체의 정보를 관리할 수 있는 인식기술이기도 하다.

4 부문별 최고경영자로는 CFO(재무최고책임자), COO(최고운영책임자), CIO(최고정보관리책임

● 그림 7-1 **기업의 단계별 경영자**

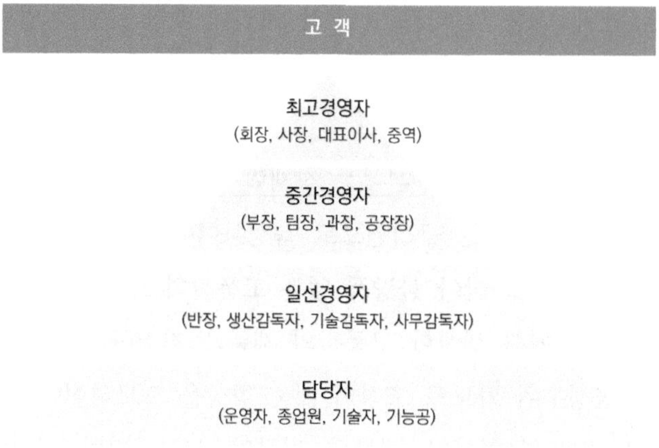

고 객

최고경영자
(회장, 사장, 대표이사, 중역)

중간경영자
(부장, 팀장, 과장, 공장장)

일선경영자
(반장, 생산감독자, 기술감독자, 사무감독자)

담당자
(운영자, 종업원, 기술자, 기능공)

고 기업의 최고경영자는 소유 최고경영자(Owner top manager) 또는 전문경영인인 CEO(Chief executive officer)를 말하며 이들은 보통 한 기업에 1명인 경우가 대부분이다.

기술한 바와 같이 조직에서 수립하고 이의 구성원들이 달성해야 할 목표는 동일하다. 그러나 부서마다 이를 달성하는 대상과 기능은 부서의 업무에 부합되게 표현되고 실행전략이 수립된다는 것이다. 〈그림 7-2〉를 보면서 동일한 회사의 목표 달성을 위하여 부서마다 서로 달리하는 방침의 대상들을 고민하여 보자.

〈그림 7-2〉와 같이 어떤 중견그룹사의 목표가 「고객께 계속 사랑받는 회사!」일 때 계열기업 최고경영자의 경영방침이 「고객만족 경영으로 고객졸도 실현!」이라고 표현될 수 있다. 이때 각 본부장의 경영방침과 각 팀장들의 경영방침 또한 사장의 경영방침에 부합되고 각 부서의 기능에도 부합되어 회사의 목표 달성을 위한 것이 수립될 것이다. 물론 표현의 문구나 방식은 다를 것이다.

사장의 경영방침과 부합되게 경영지원본부장의 경영방침은 경쟁력 있는 인재육성과 제안제도 활성화라 할 수 있고, 이에 인력팀장은 전 팀장 연간 2회 고객만족 Workshop(워크샵) 실시로 수립할 수 있다. 생산본부장의 경영방침은 생

자), CTO(최고기술경영책임자), CMO(최고마케팅책임자), CCO(최고홍보책임자), CCO(고객총괄경영책임자) 등을 말한다.

산설비 100% 가동을 통한 품질 Six Sigma 달성이라 할 수 있고, 엔진팀장은 가동 전(前) 사전설비점검 매일 실행이라 정할 수 있다. 마케팅본부장은 고객의 재구매율 90% 달성이라 할 수 있고, 조사팀장은 고객의 라이프 스타일(Life style)[5] 자사제품별 연간 1회 실시로 할 수 있고, 소통팀장은 방문구매고객 대상 몰 인터셉트면접(Mall intercept interviewing)[6] 매장별 연간 1회 실시로 각각 할 수 있다.

● 그림 7-2 **기업의 경영자별 경영방침의 예**

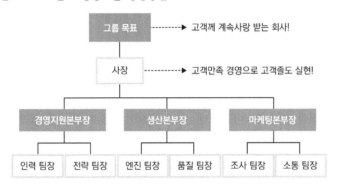

경영지원본부장 : 경쟁력 있는 인재육성과 제안제도 활성화
　　인력팀장 : 전 팀장 연간 2회 고객만족 실천 Workshop 실시
생산본부장　　: 생산설비 100% 가동을 통한 Six sigma 달성
　　엔진팀장 : 가동 전 사전 설비점검 매일 실행
마케팅본부장　: 고객 재구매율 90% 달성
　　조사팀장 : 고객의 Life style 제품별 연 1회 실시
　　소통팀장 : 방문 구매고객 대상 Mall intercept interviewing 매장별 연 1회 실시

---

5 라이프 스타일(Life style)은 고객별 취미 및 여가활동·사회적 활동과 같은 개인의 활동, 패션 및 유행·직업·대중매체와 같은 개인의 관심사항들을 말한다. 이와 같은 경제·교육·문화 등에서 개인의 의견을 마케팅 및 영업활동에 반영하는 것은 마케팅전략에서 핵심이 되고 있다.

6 몰 인터셉트면접(Mall intercept interviewing)은 면접조사원이 점포 또는 매장을 방문한 고객에게 설문지를 제공하여 응답을 요청하여 자사제품에 대한 고객의 선호 및 인지도, 기능 및 디자인 등에 대하여 조사하는 기법을 말한다.

2. 실행전략의 개요와 필요성

실행전략(實行戰略, Action plan)이란 하나 또는 그 이상의 생각(Idea)이나 목적(Goal)을 성취(Achieve)하는 데 필요한 구체적인 계획(Plan)이나 절차(Process)를 말한다.

여기서 또다시 이미 학습했던 제1장의 〈그림 1−7〉(전략경영의 단계와 전략수준)을 회상(Review)해 보자. 경영전략수립은 단답형으로 수립되지도 않을 뿐 아니라 빈번한 반복학습을 통하여 의식(Mind) 속에 구조화(Frame work)를 만들게 하는 데 도움이 되기 때문이기도 하다.

최상위단계의 전략수준은 사명인데 이는 조직이 중장기적으로 나아가야 할 방향이라고 하였다. 다음이 비전인데 이는 조직이 중장기적인 관점에서 Mission(사명)에 부합하여 추진해야 할 가시화된 과제라 하였다.

다음이 조직의 비전과 사명을 포함한 이행 과제인 목표(Goal)라 하였고, 그 다음이 전략으로 조직의 사명과 목표를 추구하기 위한 방법이나 수단이라 하였다. 실행전략(Action plan)은 바로 상위에서 4번째 단계인 전략을 성취하는 데 필요한 구체적인 계획이나 절차를 말하는 것이다.

또한 본 장(Chapter)의 앞단에서 경영방침은 비전−목표−전략의 단계 일부를 포함하고 있는 내용으로 계량화나 숫자, 슬로건이 선언적 의미와 혼합된 각 단계별 조직을 책임지고 있는 경영자의 경영방향이라고 하였다.

위와 같은 제1장의 〈그림 1−7〉과 경영방침을 기억하고 실행전략에 접근하면 이해는 물론 실전에 응용하는 데 전혀 무리가 없을 것이다.

전략경영의 4번째 전략수준인 「전략」은 기업 전략, 사업부 전략, 기능별 전략, 제품별 전략으로 구분된다고 하였던 바와 같이 실행전략은 기업의 사업부에 따라, 기능부서에 따라, 제품에 따라 달리 수립되고 실행된다.

또한 실행전략은 〈그림 7−3〉에서 전략을 실행하기 위한 행동지침인 전술에 해당한다고 할 수 있다.

● 그림 7-3　제1장의 전략경영의 단계와 전략수준 회상도

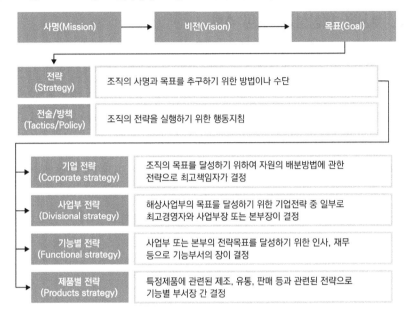

하나 또는 그 이상의 생각이나 목적을 성취하는 데 필요한 구체적인 계획이나 절차인 실행전략은 다음과 같은 3가지 기능을 가지고 있다.

첫째, 상위전략과제인 전략과 목표를 정량화 시킨다. 정성적인 표현이나 선언적 의미의 문구 등을 계량화할 수 있는 숫자로 표현하여 측정할 수 있도록 한다.

둘째, 목표에 도달할 수 있는 절차와 방법을 보여준다. 목표를 달성하기까지의 소요기간과 담당자가 해야 할 행동지침을 제시하여 가시성을 제공해 준다.

셋째, 개인이나 조직단위의 성과평가를 할 수 있는 이정표(Milestone) 기능을 한다. 구체적인 계획이자 절차인 실행전략은 기간단위 성과평가를 위한 기준이나 단위로 활용할 수 있다.

3. 부서별 핵심성과지표의 수립

핵심성과지표(核心成果指標, Key performance indicator)는 간단하게 KPI로 통칭되기도 한다. 본 핵심성과지표인 KPI는 재무와 비재무요인, 결과와 원인요인, 단기와 장기요인, 내부와 외부요인 등의 요인 및 성과지표를 고려하여 조직의 장단기 경영성과를 균형 있게 관리할 수 있는 BSC(Balanced scorecard)모델[7]의 재무(Financial)관점, 고객(Customer)관점, 내부프로세스(Internal process)관점, 학습 및 성장(Learning & Growth)관점 등 4가지 관점(Perspective) 내에서 성공적인 목표 달성을 위하여 가장 핵심이 되는 지표를 선정하여 관리하는 지표(Index of indicator)이다.

3.1. 핵심성과지표의 도출

핵심성과지표를 도출하는 프로세스와 방법은 복수개가 있을 수 있다.

본 책에서는 VDT[8]방법론을 활용한 KPI도출 Framework를 사용하여 실전에 대비하는 것으로 한다.

이는 Value Driver Tree(성과동인체계)를 작성한 후 Critical Success Factor (핵심성공요인)를 도출하고 Strategy Map(전략체계도)을 바탕으로 KPI(핵심성과지표)를 선정하는 4단계로 구성되는데 첫 번째 단계는 CSF 및 KPI 도출의 근간이 된다. 다음의 CSF도출 단계에서는 핵심성공요소를 정의하고, 전략적 지도를 작성하는 3번째 단계에서는 전략에 대한 명확화 및 전사적으로 공유를 하고, 전략 달성여부를 적절히 평가할 수 있는 KPI를 〈그림 7-4〉와 같이 선정하게 된다.

---

7 성과평가모델인 BSC(Balanced Score Card)에 대한 구체적인 내용은 제10장 경영전략 실행과 목표관리를 참고하기 바란다.

8 VDT(成果動因體系, Value driver tree)란 조직의 최종 목표 및 핵심성과의 달성에 영향을 미치는 조직의 내부 및 외부의 요소를 인과관계에 따라 Tree 형태로 표현한 도식을 말한다. 이는 조직의 최종목표 및 핵심성과를 명확히 하고 이에 대한 영향 요인들을 논리적으로 도출 및 정리할 수 있는 강점이 있는 딜로이트(Deloitte) 컨설팅의 BSC 구축 방법론이다.

● 그림 7-4 **VDT를 활용한 핵심성과지표 도출 Framework**

Value Driver Tree 작성	Critical Success Factor 도출	Strategy Map 작성	KPI 선정
• 성과창출 구조의 체계화 • KPI 도출의 근간	• 전략목표 달성을 위한 CSF 요소를 정의	• 전략의 명확화와 전사적 공유	• 전략의 구체화 • 전략목표 달성 판단근거의 도출

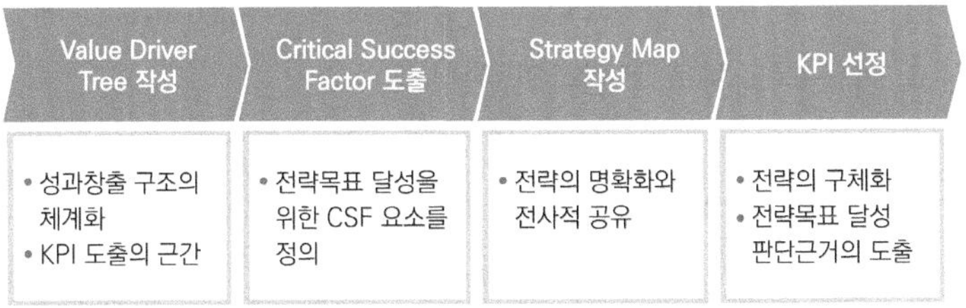

VDT는 다음과 같은 작성원칙을 적용하여 전개하여야 하는데 〈그림 7-5〉 (VDT 작성원칙 개념도)의 숫자와 연결(Matching)하여 학습하기를 권한다.

① 타당성 있고 측정 가능한 전략을 기술하여야 한다.

② 논리적으로 동일한 Level(수준)이어야 한다.

③ 다른 전략과제와 충돌이 없어야 한다.

④ 하위 Activity(활동지표)는 2~3개가 적당하다.

⑤ 상위의 전략과제 수행을 담보하는 인과관계여야 한다.

⑥ 상위 전략과제 범위를 벗어나지 말아야 한다.

⑦ 다른 상위의 전략과제와 상충(Trade-off)되지 않아야 한다.

● 그림 7-5 **VDT 작성원칙 개념도**

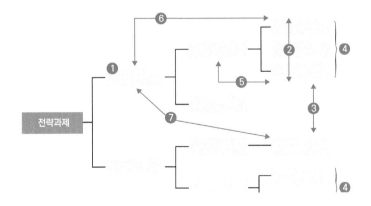

위와 같이 VDT의 개념을 파악하고, VDT를 이용한 KPI도출 Framework을

이해 및 VDT 작성원칙을 숙지했다면 Strategy Map(전략체계도)를 이용하여 CSF
를 대표하는 부문 및 부서의 목표를 달성하는 데 핵심적인 요인인 핵심성과지표
를 도출하고 이를 목표치로 표현하면 된다.

● 그림 7-6 CSF 기반의 전략 체계도를 이용한 KPI 도출과 평가 가중치 수립

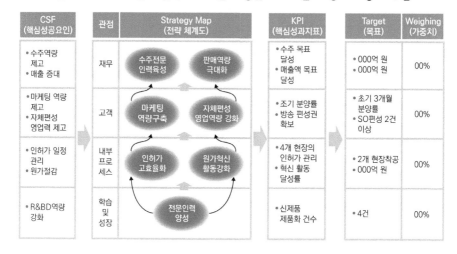

〈그림 7-7〉은 E중견그룹 물류부문 소속 3개 계열사의 대표이사 KPI, 목
표, 가중치 및 평가기준 사례이다.

● 그림 7-7 대표이사의 KPI 및 평가기준 사례

직책	관점	CSF	KPI	목표	가중치	Far Exceed	Exceed	Meet	Not Meet	Poor
				일반현황				평가척도		
계열사 1	재무	지속적 매출 성장	물류부문 매출액	000억 원	30	110% 이상	105%~110%	95%~105%	90%~95%	90% 미만
	고객	수익 극대화	물류부문 경상이익	00억 원	40	105% 이상	100%~105%	90%~100%	85%~90%	85% 미만
		운영효율화	핵심과제 달성률	12건	30	105% 이상	100%~105%	90%~100%	85%~90%	85% 미만
계열사 2	재무	지속적 매출 성장	매출액	000억 원	30	110% 이상	105%~110%	95%~105%	90%~95%	90% 미만
		수익 극대화	영업이익	00억 원	25	105% 이상	100%~105%	90%~100%	85%~90%	85% 미만
		원가경쟁력 확보	물류비용 단가	박스당 0천원	25	589원 미만	589원~611원	611원~620원	620원~631원	631원 이상
	재무	채권관리강화	매출채권 회수기간	00일	20	60일 이내	60일~80일	80일~100일	100일~120일	120일 이상
계열사 3		지속적 매출성장	매출액	000억 원	30	110% 이상	105%~110%	95%~105%	90%~95%	90% 미만
		수익 극대화	영업이익	00억 원	25	105% 이상	100%~105%	90%~100%	85%~90%	85% 미만
		부실채권 관리	부실채권비율 관리	0% 이내	20	110% 이상	105%~110%	95%~105%	90%~95%	90% 미만
	내부프로세스	신속한 정산	매출/매입액의 빠른 노출	0일일	25	익월 4일 내	익월 5~6일	익월 7~8일	익월 9~10일	익월 10일 이후

〈그림 7-8〉은 E중견그룹 물류부문 소속 계열사 대표이사 KPI(핵심성과지표, Key performance indicator)의 지표정의서 사례이다.

● 그림 7-8 **대표이사 KPI 정의서 사례**

KPI명	매출목표			가중치	30	평가 관점	지표구분
						재무	자체지표
KPI정의	A 소그룹 00년 매출 경영계획					평가 산식	A소그룹 계열사 매출실적의 합 ────── A소그룹 계열사 매출목표의 합
목표수준	수준	Far Exceed	Exceed	Meet	Not Meet	Poor	목표	0000억 원
	평가 척도	105%	103%	100%	95%	95% 이하		
							목표 설정 사유	A소그룹의 매출목표 관리
추진계획	월간실적관리 미달성 부문 원인분석 독려방문						기대 효과	그룹의 지속성장 기반구축
							관련 부서	그룹 경영기획실

4. 실행 조직의 설계

수립된 경영목표를 달성하기 위해서는 부문조직, 전사조직 모두 기업이 소유한 모든 인적·물적 자원, 유형·무형의 자산을 집대성한 후 조정 및 배분을 통하여 실행조직을 꾸려야 한다.

실행조직은 정기적인 과업수행을 위한 상설조직과 비정기적인 과업수행을 위한 임시조직으로 구분한다. 일반적으로 기업에서 실행조직이라 하면 매년 반복적으로 수립 및 실행하는 데 소용되는 조직으로 상설조직을 말한다.

반면 비정기적인 과업수행을 위하여 필요한 때에 꾸려지며 TF Team(Task force team)으로 통칭되는 임시조직이 있다. 이는 여러 가지 요인과 형태로 운영

될 수 있겠지만 조직을 꾸리는 목적에 따라 4가지를 들 수 있는데 기업 내부의 단기과제를 수행하기 위한 조직, 기업 외부에서 경영자원을 획득하기 위하여 운영되는 조직, 기업 내·외부의 과제를 전략적으로 진행하기 위한 조직, 기타 경영자의 필요에 의하여 꾸려지는 조직이 그것이다.

본 책에서는 상설조직과 임시조직 중 기업의 경영계획을 실행하는 데 소용되는 동태적 환경9에 대응 및 지향하는 상설조직을 대상으로 운용할 수 있는 사업부 및 본부조직, 팀조직, 매트릭스조직, 라인스텝조직, 혼합조직을 학습 및 소개의 대상으로 한다.

4.1. 사업부 및 본부조직

사업부조직과 본부조직은 공통점과 차이점을 동시에 가지고 있는 조직형태이다. 먼저 공통점으로는 두 조직모두 최고경영자(기업의 대표이사 또는 회장)와 책임과 경영을 분담한다는 것이다. 차이점을 보면 사업부조직은 Company in Company의 형태를 가지고 있다.

사업부조직(Divisional organization) 이외의 일반적인 조직형태에서는 기업의 전략 및 기획부서나 운영부서는 전(全)사에 1개가 존재하는 것이 일반적 조직의 형태이다. 그러나 사업부조직에서는 사업부장이 최고경영자의 위임을 받아 기획, 운영, 산출까지 전 부문을 수행할 수 있는 독립부서를 산하에 거느리고 책임을 지고 경영하는 형태이므로 기업 안에 있는 또 하나의 작은 기업이라는 의미로 Company in Company로 차이점을 표현하였다. 이런 사업부조직은 전략적 사업단위(SBU, Strategy business unit)가 복수인 조직, 취급상품(제품이나 서비스)이 다양한 기업에서 사업부장에게 책임과 권한을 대폭적으로 위임하고 운영하는

---

9 조직을 설계할 때는 조직이 직면하고 있는 내부 및 외부환경에 부합되게 설계를 하여야 한다. 이와 같이 외부환경에 따라 내부구조가 다르다는 것을 밝힌 학자가 Burns와 Stalker이다. 이들은 The management of innovation(1961)을 통하여 동태적 환경과 정태적 환경으로 구분하였는데 동태적 환경은 문서화와 절차가 최소화되어 있고, 의사결정 구조가 분권화되어 있으며 토론이나 상호작용을 통한 갈등해소 및 우발적인 환경에 대한 유연한 대응을 한다는 특성을 가지고 있는 조직이다. 반면 정태적 조직의 특성은 문서에 의한 의사소통, 주로 경영자에 의한 의사결정, 정보의 쌍방향 소통이 제한되어 있고 규정된 상황만 적절하게 대응하는 기계적인 특성을 가지고 있는 조직이다.

조직에서 효율적으로 운영할 수 있는 조직형태이다. 때문에 경영지원, 생산지원 등의 지원 부문을 대상으로 하는 것보다는 생산기능, 운영기능, 품질기능 등과 같은 기능부문을 대상으로 사업부로 편제하여 기획, 운영, 실적관리까지 할 수 있는 조직으로 운용하는 것이 전문성과 효율성, 선의의 경쟁유발과 책임경영 등 두 마리 토끼를 잡을 수 있다.

본부조직(Headquarter organization)은 사업부조직과 같이 Company in Company 형태가 아니라 기획, 운영, 실적관리와 같은 조직은 기업 내부에 독립된 별도 조직으로 운영하고 재무, 마케팅, 물류 등과 같이 지원 부문만을 떼어내어 주로 운영의 책임과 이에 수반되는 권한만을 부여한 것이 본부조직이다.

우리가 접할 수 있는 전문경영인인 CFO(Chief financial officer, 재무최고책임자), CMO(Chief marketing officer, 마케팅최고책임자), CLO(Chief logistics officer, 물류최고책임자)가 여기에 해당하는 직책이다.

●   그림 7-9   **사업부와 본부조직 형태의 예**

(사업부 조직)

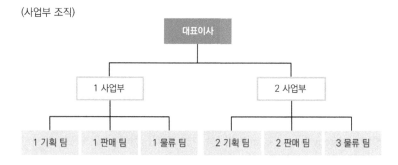

(본부 조직)

4.2. 팀조직

팀조직(Team organization)은 현재 국내 대부분의 공·사 조직에서 가장 일반적으로 보여주는 조직운영형태이다. 이는 일본의 전통적인 조직형태인 본부(本部)−부(部)−과(課)−계(係)에서 보여주는 의사결정시간을 위한 장시간의 소요와 책임과 권한의 다단계 분산이라는 단점을 장점으로 전환하려는 미국의 기업에서 출발한 성과중심의 조직운용형태이다.

팀조직의 장점으로는 신속한 의사결정, 매트릭스조직이나 혼합조직 등에서 보여주는 이중적인 명령이나 보고체계의 제거, 성과창출과 평가의 용이성 등을 들 수 있다. 반면 단점으로는 팀장 간의 심한 경쟁으로 인한 갈등표현과 비협조, 구성원들의 능력에 의존하는 팀 성과창출 등을 들 수 있다.

팀조직은 사업부 및 본부 제(制)를 시행하는 기업, 혼합조직10을 운영하는 기업에서 공통적으로 운용하는 조직으로 보통 사업부조직, 본부조직, 혼합조직의 산하에 편제하여 운영하는 형태를 띠고 있다.

● 그림 7-10 **팀조직 운영형태의 예**

---

10 혼합조직(混合組織, Mixed organization)은 한 조직에 기능이나 부서를 분리하여 각자 대표제를 운영하여 대표이사가 2명인 조직, 본부제와 사업부제를 병행하는 조직, 팀제와 부(部)제를 병행하는 조직 등 장점 있는 조직을 여러 형태로 접목 및 혼합하여 운영하는 형태를 말한다. 그림7-10의 팀조직 운영형태는 본부제와 사업부제(事業部制)를 병행하는 기업에서의 팀조직을 보여준다.

4.3. 매트릭스조직

매트릭스 조직(Matrix organization)은 기능별 조직과 사업부 조직을 혼합한 형태의 조직으로 이들의 장점은 취하고 단점을 극복하기 위한 조직이기도 한다. 이 조직은 동일한 사업에 종사하는 구성원이 둘 이상의 상위부서에 속하는 조직적 특성상 보고부서도 둘 이상이고 지시를 내리는 부서도 둘 이상이다.

본 조직은 제품 또는 서비스 자체로 고객의 Needs를 충족시켜 주어야 할 뿐 아니라 지역적 차이를 극복해야 하는 등의 유연성이 있는 조직 특성상 다국적기업에서 많이 운용하고 있다. 국내의 조직에서는 본사와 공간적으로 이격된 지역의 조직인 지사, 지점, 물류센터, 지역본부 등을 상대로 본사의 복수부서가 관여하는 형태의 매트릭스 조직이 운영되고 있다. 지역의 조직인 현장의 사업장은 예산, 마케팅 및 영업, 인사 및 총무, 유통 및 서비스를 모두 담당하는 반면 본사부서는 기능중심으로 독립된 형태로 구성되다 보니 기능부서의 상위부서인 사업부장 또는 본부장의 관할로 지역의 사업장(조직)이 소속될 수밖에 없기 때문이다.

매트릭스 조직의 장점으로는 동태적이며 복합적인 기능을 수행할 수 있다. 인적자원을 효율적으로 사용할 수 있다. 인건비와 같은 고정비와 생산량에 비례하여 자원을 투입하므로 변동비가 절감된다. 반면 단점으로는 복수 상위부서장의 지시를 받고 보고를 해야 하므로 구성원은 혼란스러울 수가 있다. 복수 상위부서의 서로 다른 업무를 우선적으로 처리하도록 지시를 받았을 때 우선순위 업무를 선택하는 데 어려움이 발생할 수 있다. 또한 구성원들은 잔무(殘務)가 많이 발생할 수 있다.

〈그림 7-11〉은 경영지원본부, 마케팅본부, 물류사업본부 등 본사의 3개 본부로부터 지시를 받는 매트릭스 조직의 예이다.

● 그림 7-11 **매트릭스 조직 운영형태의 예**

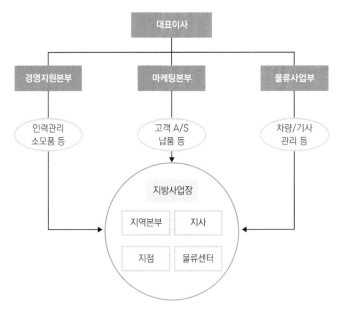

4.4. 라인스텝조직

라인스텝조직(Line – staff organization)은 라인조직(Line organization)과 스텝조직(Staff organization)이 혼합된 혼합조직의 일종으로 라인조직의 장점을 스텝으로 극복하고자 하는 조직운용 형태이다.

라인조직은 최고경영자와 하위계층이 Direct(직접)로 연결된 형태로 직계조직 또는 군대조직이라고도 하는 조직이다. 지시와 보고가 신속하게 이루어지는 장점도 있으나 기업의 규모가 커지고 복잡해지면 최고경영자의 활동에 한계가 발생할 수밖에 없다는 단점이 있다.

스텝조직은 라인조직과 최고경영자 사이에 최고경영자의 지시를 라인조직에 전달하고 라인조직의 보고를 취합 정리된 형태로 최고경영자에게 보고하는 기능을 담당하는 기획조정실, 비서실, 경영기획실 등의 조직을 운용하는 형태이다.

본 조직의 장점으로는 업무가 분산된 각 라인조직의 보고내용을 종합적인 의사결정 정보로 취합·가공되어 보고되므로 정보의 축적과 활용이 용이하다. 또한 최고 경영자는 취합·가공된 정보를 취급하는 스텝으로부터 업무의 우선순위는 물론 조언을 들을 수 있어 시간의 효율적 사용과 자신의 업무에 전념할 수 있다.

　　단점으로는 스텝조직이 라인조직에 군림한다는 오해의 소지가 있고 이로 인한 라인조직과 스텝조직 간에 갈등이 발생할 수 있다. 〈그림 7−12〉의 라인스텝조직의 예에서 대표이사 산하의 부서는 부(部)가 아닌 팀조직으로 해도 무방하다.

● 　그림 7-12　**라인스텝조직의 예**

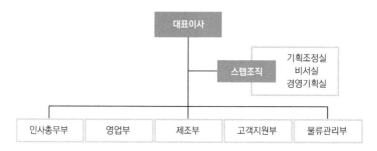

4.5. 혼합조직

　　혼합조직은 앞단의 각주에서 이미 설명한바와 같이 한 조직에 기능중심의 일부 부서를 분리하여 각자 대표제를 운영하여 대표이사가 2명인 조직, 본부제(本部制)와 사업부제(事業部制)를 병행하는 조직, 팀제와 부(部)제를 병행하는 조직 등 장점 있는 조직을 여러 형태로 접목 및 혼합하여 운영하는 형태를 말한다.

　　앞 단의 매트릭스 조직의 예시(例示)가 본부제와 사업부제의 혼합형태 조직이라고 하였는바, 참고하기 바란다.

　　또한 팀제와 부제의 혼합은 사업부조직과 본부조직, 팀제, 라인스텝조직 등 어디에서 활용할 수 있는 유연한 조직운용 형태가 강점이다.

　　본 책에서는 혼합조직의 예로 각자 대표제를 보여주고자 한다.

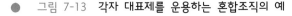

● 그림 7-13 각자 대표제를 운용하는 혼합조직의 예

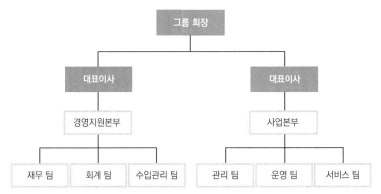

5. 경영전략수립 프로세스 6단계에서 활용할 수 있는 전략기법, 핵심과 산출물

제7장 경영방침과 실행전략의 수립 단계에서 활용할 수 있는 전략기법은 〈표 7-2〉와 같고, 본 경영전략수립 프로세스 6단계의 핵심과 산출물은 〈그림 7-14〉와 같다.

● 표 7-2 경영방침과 실행전략 수립에서 활용할 수 있는 전략기법

전략기법	개념	활용용도 및 특징
Value Driver Tree (성과동인체계)	• VDT는 성과동인체계로 부른다. • 딜로이트(Deloitte) 컨설팅사에서 제시한 BSC(Balanced score card) 구축 방법론이다. • 조직의 최종 목표 및 핵심성과 달성에 영향을 미치는 조직의 내부 및 외부의 요소를 인과관계에 따라 나무(Tree) 형태로 표현된 도식이다.	• 핵심성공요인(CSF)을 도출하고 이를 기반으로 전략 체계도를 통하여 핵심성과지표(KPI)를 선정하고 소수의 KPI를 도출하는 데 유용하다.

● 그림 7-14 **경영전략수립 6단계의 핵심과 산출물**

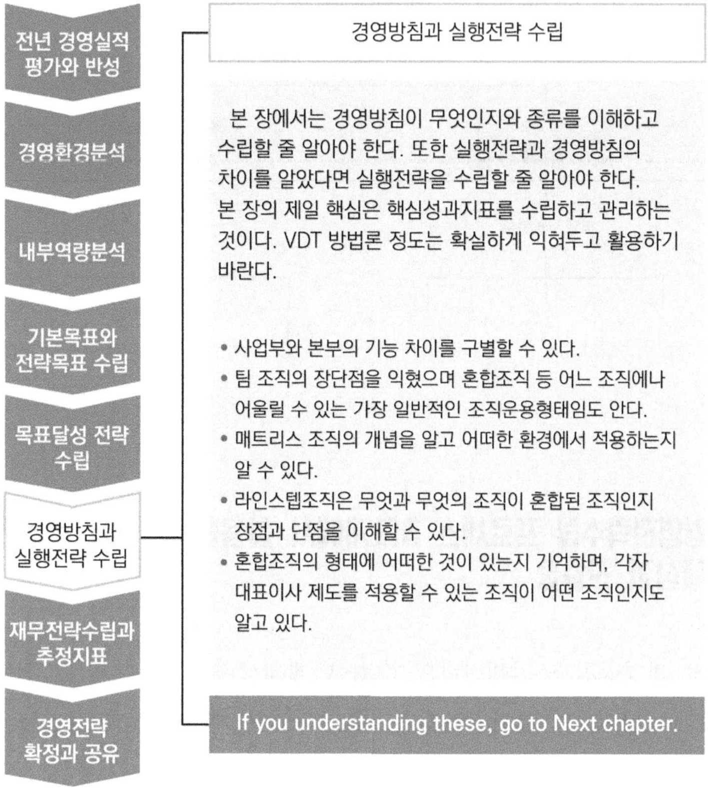

전년 경영실적 평가와 반성	**경영방침과 실행전략 수립**
경영환경분석	본 장에서는 경영방침이 무엇인지와 종류를 이해하고 수립할 줄 알아야 한다. 또한 실행전략과 경영방침의 차이를 알았다면 실행전략을 수립할 줄 알아야 한다. 본 장의 제일 핵심은 핵심성과지표를 수립하고 관리하는 것이다. VDT 방법론 정도는 확실하게 익혀두고 활용하기 바란다.
내부역량분석	
기본목표와 전략목표 수립	• 사업부와 본부의 기능 차이를 구별할 수 있다. • 팀 조직의 장단점을 익혔으며 혼합조직 등 어느 조직에나 어울릴 수 있는 가장 일반적인 조직운용형태임도 안다. • 매트리스 조직의 개념을 알고 어떠한 환경에서 적용하는지 알 수 있다. • 라인스텝조직은 무엇과 무엇의 조직이 혼합된 조직인지 장점과 단점을 이해할 수 있다. • 혼합조직의 형태에 어떠한 것이 있는지 기억하며, 각자 대표이사 제도를 적용할 수 있는 조직이 어떤 조직인지도 알고 있다.
목표달성 전략 수립	
경영방침과 실행전략 수립	
재무전략수립과 추정지표	
경영전략 확정과 공유	If you understanding these, go to Next chapter.

재무전략수립과 추정지표

본 책에서는 경영전략 수립까지를 총 8단계로 제시하고 있다. 전년 경영실적 평가와 반영 – 경영환경 분석 – 내부역량 분석 – 기본목표와 전략목표 수립 – 목표달성전략 수립 – 경영방침과 실행전략의 수립 – 재무전략수립과 추정지표 – 경영전략 확정과 공유가 그것이다. 이미 지금까지 함께 공부해온 바와 같이 총 8단계 중 이번에 학습하는 것이 7단계가 된다.

본 7단계에서는 이미 수립된 경영계획을 수행하기 위한 예산전략을 수립하는 것이 핵심이다. 즉 단기경영계획 중심의 기본목표와 중장기 경영계획 중심의 전략목표를 실행하기 위하여 실행전략을 수립하였는데 이와 같은 실행전략을 수립하기 위하여 소요되는 예산은 얼마나 소용, 즉 지출될 것인지, 예상되는 예산을 소용(지출)하면 얼마나 벌 수 있는지, 즉 수입을 실현할 것인지를 추정해 보아야 한다.

이때에는 불확실한 미래경영에 대한 복수의 시나리오를 작성하여 어느 전략적 대안이 우리기업의 역량에 부합하고 최고의 경영성과를 창출해 낼 수 있을지를 고려하여 의사결정을 해야 한다. 의사결정된 전략적 대안은 시뮬레이션(Simulation)을 통하여 각 지표들을 추정해 보아야 한다. 각종의 경영지표들을 시뮬레이션 해 보아야 기업 내의 보유역량과 필요 시 외부의 역량을 동원하여 기업의 존재이유인 이익을 실현하며 영속기업(Going concern)의 인자(Factor)를 찾아 경영활동을 할 수 있기 때문이다.

전술(前述)의 내용에서 경영이란 기업의 목표를 달성하기 위하여 인적 및 물적 자원을 효율적으로 배분하고 운용하는 것이라고 하였다. 또한 이를 실천하기 위한 것이 경영활동이고 경영활동은 5단계로 진행되는데, 계획(Planning) − 조직(Organizing) − 지휘(Directing) − 조정(Coordinating) − 통제(Controlling)가 그것이라 하였다.

1. 재무전략 수립 기준과 목적

재무전략(財務戰略, Financial strategy)이란 지출비용과 벌어들일 수익을 추정하여 얼마의 비용을 지출하여 얼마의 수익을 벌어들여 이익을 실현할 것인가의 문제이다. 때문에 지출비용은 예산이 되는 것이고 수익과 이익은 미래의 것을 미리 짐작해 보는 것으로 추정이 된다.

때문에 나갈 돈인 예산(豫算, Budget)에 대하여 학습하고 추정 및 재무목표의 대상인 들어올 돈과 자산에 대하여 숫자로 기술되는 재무상태표(財務狀態表, Statement of financial position), 손익계산서(損益計算書, Income statement 또는 profit and loss statement), 현금흐름표(現金흐름표, Statement of cash flow)에 대하여 알아본다.

재무전략(財務戰略, Finance strategy)이란, 기업이 필요로 하는 자금을 조달 및 운용하는 것과 관련하여 현금수지의 흐름 및 이동을 계획하여 최적의 것을 짜 내는 기업의 경영전략이다. 재무전략을 수립하기 위해서는 거시경제지표와 기업관련 지표 등을 조사·분석하여 반영한다. 조사·분석의 대상요소는 자사의 경영에 중요한 영향을 주는 요소(Factors)를 중심으로 선택 및 분석하여 환경에 부합되게 수립하는데 보통 당해 연도를 기준으로 최근 3년에서 5년 치를 반영한다. 이는 트렌드 분석(Trend analysis)과 재무전략에 반영할 수치의 객관화를 위한 목적이 크다.

거시경제지표는 공공 및 민간경제연구소에서 발표한 경제성장률 및 환율, 국공채 이자율, 소비자 물가상승률, 원자재 값, 기타 자사의 경영에 중요하게 작용하는 거시환경 요소를 대상으로 한다. 〈표 8-1〉은 전략수립 연도를 기준으로 최근 5년 치를 반영한 거시경제지표 분석의 예이다.

● 표 8-1 **거시경제지표 분석의 예**

항목	단위	20△△년	20◇◇년	20□□년	20○○년	20★★년
경제성장률 (GDP)	%					
GHKSDBF						
₩/$(원 대 달러)	원					
₩/¥(원 대 엔)	원					
이자율 (3년 만기 국공채)	%					
소비자 물가상승률	%					
원유가 ($/Brrel)	$					
원자재	원					
기타 중요한 경영요소						
경영요소 1						
경영요소 2						

기업관련 지표는 자사를 경영하는데 직접관련 있는 신뢰성 있는 기관의 분석치와 자사의 과거지표를 사용 및 분석하여 미래 계획지표와 관련된 재무전략을 수립하여야 한다. 〈표 8-2〉는 시장성장률, 시장점유율, 임금인상률, 조달금리, 자본금, 부채비율, 연구개발비, 임직원수, 기존의 설비확장, 기존사업 투자계획, 신사업 투자계획 및 투자의 우선순위 등을 기술할 투자기준을 사용한 기업관련 지표의 예이다.

● 표 8-2 **기업관련 지표 분석의 예**

항목	단위	20△△년	20◇◇년	20□□년	20○○년	20★★년
시장 성장률						
SBU1	%					
SBU2	%					
시장 점유율						
SBU1	%					
SBU2	%					
임금인상률	%					
조달금리	%					
자본금	백만원					
부채비율	%					
연구개발비	백만원					
R&BD비율	%					
임직원수						
설비확장						
SBU1						
SBU2						
투자계획						
기존사업	백만원					
신규사업	백만원					
	①					
투자기준	②					
	③					

이와 같은 거시경제지표와 기업관련 지표를 분석하고 재무전략을 수립하는 목적을 다음과 같이 요약할 수 있다.

첫째, 경영의 가시성을 확보할 수 있다. 각종 지표와 같은 무형의 경영요소를 유형화하여 배분과 이동을 통한 최적의 재무전략을 수립할 수 있다.

둘째, 객관적인 입장에서 경영 및 투자의 우선순위를 정할 수 있다. 경영계획에 반영된 각 부서의 항목들은 모두 중요하고 실현해야 할 계획이지만 투자기준을 수립하여 개방된 상태에서 중역 간 회의와 토론을 통하여 각 부서의 구성원들이 납득할 수 있는 객관적인 우선순위 도출이 가능하다.

셋째, 투자비용과 수익의 규모를 추정할 수 있다. 자사가 보유한 자본의 투자, 타인자본의 투자와 이를 통한 각종 수익 및 지표의 긍정적인 부분과 부정적인 부분은 물론 각종 회계정보를 이용하여 수익성분석, 효율성분석, 유동성분석, 성장성분석, 시장가치분석등을 효과적으로 할 수 있다.

넷째, 이해관계자들에게 올바른 정보를 제공하고 공유할 수 있다. 내부 구성원, 협력사, 투자자 등 기업의 이해관계자들에게 경영계획에 대한 공유와 이를 통한 신뢰를 구축하는 수단이 된다.

다섯째, 객관적이고 투명한 경영을 할 수 있다. 계획된 재무전략 범위 내에서 자원의 투입, 가공, 산출이 이루어지는 투명한 경영의 근거가 된다.

여섯째, 필요시 투자유치를 위한 사업계획서의 일부로 활용할 수 있다. 보유자원 이상의 투자를 필요로 하는 중장기 경영목표 달성을 위하여 외부 투자자를 설득하고 납득시키는 투자유치 사업계획서로 활용할 수 있다.

● 표 8-3 **기업의 재무전략 수립 목적**

구분		주요 내용
재무 전략 수립 목적	첫째	경영의 가시성을 확보할 수 있다.
	둘째	객관적인 입장에서 경영 및 투자의 우선순위를 정할 수 있다.
	셋째	투자비용과 수익의 규모를 추정할 수 있다.
	넷째	이해관계자들에게 올바른 정보를 제공하고 공유할 수 있다.
	다섯째	객관적이고 투명한 경영을 할 수 있다.
	여섯째	필요시 투자유치를 위한 사업계획서의 일부로 활용할 수 있다.

● 2. 주요 재무목표

주요 재무목표(財務目標)는 기업마다의 특수성을 반영하지 않았다면 〈표 8-4〉와 같은 항목을 목표항목으로 한다.

● 표 8-4 **기업의 주요 재무목표 항목**

분석항목	단위	20△△년	20◇◇년	20□□년	20○○년	20★★년
매출액						
기존사업	백만원					
신규사업						
매출액 승가율	%					
종업원 1인당 매출액	백만원					
영업이익 (영업이익률)	백만원 (%)					
영업이익 증가율	%					
당기순이익	백만원					
EBITDA	백만원					
EVA	백만원					
ROS	%					
ROI	%					
ROE	%					
총자본회전율	회					
부채비율	%					
PER	%					
EPS	원					

즉 매출액 및 매출액 증가율, 종업원 1인당 매출액 또는 생산성, 영업이익 및 영업이익률, 당기순이익 및 당기 순이익률, EBITDA[1] 및 EVA,[2] ROS,[3] ROI,[4]

---

1 EBITDA(Earning Before Interest, Depreciation, Amortization)는 세전영업이익(EBIT)에 유형 및 무형자산에 대한 감가상각비를 합산한 것을 말한다.

2 EVA(Economic Value Added)는 경제적 부가가치를 뜻하는 것으로 세후영업이익에서 자본비 용을 차감한 값으로 주주 입장에서 본 실질적인 기업의 가치를 나타내는 지표이다. 이는 타인 자본과 자기자본비용을 모두 고려하여 기업의 경영성과를 측정하는 지표이며, 가치 중심 기업 을 유도하기 위한 성과측정수단이라는 특징을 가지고 있다.

3 ROS(Return on Sales)는 매출액 수익률을 의미하는 것으로 매출액에 대한 수익의 비율을 말 한다. 이 비율은 기업의 최종적인 수익능력을 나타내는 것으로 높을수록 좋다.

4 ROI(Return on Investment)는 투자자본수익률을 의미하는 것으로 투자 자본에 대한 수익의 비율을 말한다. 이는 얼마나 효율적으로 경영을 했는가를 알 수 있는 지표로 높을수록 효율 성 있게 경영하고 있다고 하겠다.

ROE,[5] 총자본 회전율, 부채비율, PER,[6] EPS[7] 등이 그것이다.

그러나 위 목표항목 외에 기업의 영위사업의 특성을 반영하여 항목을 추가로 하거나 위 예시항목에서 일부를 제외한 항목을 재무목표항목으로 하여도 무방하다.

3. 추정 재무제표

재무제표는 기업의 재무상태를 파악하기 위해 회계원칙에 따라 간단하게 표시한 재무 보고서를 말하는 것으로 재무상태표, 손익계산서, 자본변동표, 현금흐름표와 주기 및 주석을 재무제표로 정의한다.

본 책에서는 위와 같은 재무제표의 것들 중에서 재무상태표, 손익계산서, 현금흐름표만을 추정 재무제표의 대상으로 다룰 것이다. 왜냐하면 이는 기업의 영업활동으로 인한 것을 대표적으로 보여줄 뿐만 아니라 재무전략의 핵심을 이루는 것이기 때문이다.

재무제표에 대해서는 제12장 재무제표와 회계에서 별도의 장표로 상세하게 설명하였는바, 본 추정 재무제표에서는 각각의 의미와 예시로 대체한다.

예시기업은 금융감독원 공시시스템[8]의 공시결과를 참고하였고, 산업을 대표하여 제조기업(삼성전자)과 서비스기업(한진) 2종만 2016년 결산항목으로 학습하도록 한다.

---

5 ROE(Return on equity)는 자기자본이익률을 의미하는 것으로 투자된 자본을 사용하여 이익을 어느 정도 올리고 있는가를 나타내는 기업의 이익창출능력을 말한다.

6 PER(Price earning ratio)는 주가수익비율 또는 주가수익률이라고 한다. 이는 주당 시가(市價)를 주당이익으로 나눈 값으로 주가가 1주당 수익의 몇 배가 되는가를 말한다.

7 EPS(Earning per share)는 주당순이익을 뜻하는 것으로 기업이 벌어들인 순이익을 기업이 발행한 총 주식수로 나눈 값을 말한다.

8 http://dart.fss.or.kr에서 의무공시 대상 기업의 재무제표를 확인할 수 있다.

3.1. 추정 재무상태표

재무상태표(財務狀態表, Statement of Financial Position)는 일정시점에서의 대상 기업이나 기관 등 조직의 자산, 부채, 자본현황을 보여주는 재무제표를 말한다.

추정 재무상태표는 이와 같은 재무상태표를 경영계획을 반영하여 작성한 것인데 과거의 경영실적이 아니라 미래의 계획을 대상으로 하였으므로 추정 재무상태표라 한 것이다.

● 표 8-5 **재무상태표의 예(한진의 연결 재무상태표 계정과목)**

	제43기	제42기	제41기
자산			
유동자산	백만원	백만원	백만원
현금 및 현금성자산	백만원	백만원	백만원
단기금융자산	백만원	백만원	백만원
매출채권 및 기타채권	백만원	백만원	백만원
재고자산	백만원	백만원	백만원
파생상품금융자산	백만원	백만원	백만원
기타유동자산	백만원	백만원	백만원
비유동자산	백만원	백만원	백만원
유형자산	백만원	백만원	백만원
투자부동산	백만원	백만원	백만원
무형자산	백만원	백만원	백만원
관계기업투자	백만원	백만원	백만원
매도가능금융자산	백만원	백만원	백만원
만기보유증권	백만원	백만원	백만원
장기매출채권 및 기타채권	백만원	백만원	백만원
이연법인세 자산	백만원	백만원	백만원
기타 비유동금융자산	백만원	백만원	백만원
기타 비유동자산	백만원	백만원	백만원
자산총계	백만원	백만원	백만원
부채			
유동부채	백만원	백만원	백만원
매입채무 및 기타채무	백만원	백만원	백만원

	제43기	제42기	제41기
단기차입금	백만원	백만원	백만원
유동성장기차입금	백만원	백만원	백만원
당기법인세부채	백만원	백만원	백만원
기타유동부채	백만원	백만원	백만원
비유동부채	백만원	백만원	백만원
사채	백만원	백만원	백만원
장기차입금	백만원	백만원	백만원
순확정급여부채	백만원	백만원	백만원
이연법인세부채	백만원	백만원	백만원
기타 비유동금융부채	백만원	백만원	백만원
기타비유동비금융부채	백만원	백만원	백만원
부채총계	백만원	백만원	백만원
자본			
지배기업 소유주지분	백만원	백만원	백만원
납입자본	백만원	백만원	백만원
자본금	백만원	백만원	백만원
기타자본구성요소	백만원	백만원	백만원
자본잉여금	백만원	백만원	백만원
자본조정	백만원	백만원	백만원
기타자본 포괄손익누계액	백만원	백만원	백만원
이익잉여금(결손금)	백만원	백만원	백만원
비지배지분	백만원	백만원	백만원
자본총계	백만원	백만원	백만원
자본과 부채총계	백만원	백만원	백만원

● 표 8-6 **재무상태표의 예(삼성전자의 연결 재무상태표 계정과목)**

	제43기	제42기	제41기
자산			
유동자산	백만원	백만원	백만원
현금 및 현금성자산	백만원	백만원	백만원
단기금융상품	백만원	백만원	백만원
단기매도가능금융자산	백만원	백만원	백만원
매출채권	백만원	백만원	백만원
미수금	백만원	백만원	백만원
선급금	백만원	백만원	백만원
선급비용	백만원	백만원	백만원
재고자산	백만원	백만원	백만원

기타유동자산	백만원	백만원	백만원
매각예정분류자산	백만원	백만원	백만원
비유동자산	백만원	백만원	백만원
자기매도가능성금융자산	백만원	백만원	백만원
관계기업 및 공동기업투자	백만원	백만원	백만원
유형자산	백만원	백만원	백만원
무형자산	백만원	백만원	백만원
장기선급비용	백만원	백만원	백만원
순확정급여자산	백만원	백만원	백만원
이연법인세자산	백만원	백만원	백만원
기타유동자산	백만원	백만원	백만원
자산총계	백만원	백만원	백만원
부채			
유동부채	백만원	백만원	백만원
매입채무	백만원	백만원	백만원
단기차입금	백만원	백만원	백만원
미지급금	백만원	백만원	백만원
선수금	백만원	백만원	백만원
예수금	백만원	백만원	백만원
미지급비용	백만원	백만원	백만원
미지급법인세	백만원	백만원	백만원
유동성장기부채	백만원	백만원	백만원
충당부채	백만원	백만원	백만원
기타 유동부채	백만원	백만원	백만원
매각예정분류부채	백만원	백만원	백만원
비유동부채	백만원	백만원	백만원
사채	백만원	백만원	백만원
장기차입금	백만원	백만원	백만원
장기미지급금	백만원	백만원	백만원
순확정급여부채	백만원	백만원	백만원
이연법인세부채	백만원	백만원	백만원
장기충당부채	백만원	백만원	백만원
기타 비유동부채	백만원	백만원	백만원
부채총계	백만원	백만원	백만원
자본			
지배기업 소유주지분	백만원	백만원	백만원
자본금	백만원	백만원	백만원

우선자본금	백만원	백만원	백만원
보통주자본금	백만원	백만원	백만원
주식발행초과금	백만원	백만원	백만원
이익잉여금(결손금)	백만원	백만원	백만원
기타자본항목	백만원	백만원	백만원
매각예정분류기타자본항목	백만원	백만원	백만원
비지배지분	백만원	백만원	백만원
자본총계	백만원	백만원	백만원

재무상태표가 일정시점을 기준으로 한 그 기업의 자산, 부채, 자본현황을 보여주는 것이므로 추정 재무상태표는 차(次)년도 경영계획의 실행이 마무리되는 회계연도의 마지막 날이 된다. 예를 들어 어떤 기업의 회계연도가 매년 1월 1일부터 12월 31일까지라면 본 추정 재무상태표는 차(次)년도 12월 31일 시점에서 추정된 결과의 재무상태표가 작성되어야 하는 것이다.

3.2. 추정 손익계산서

재무상태표가 일정시점의 재무현황에 대한 정보를 알 수 있는 것이라면, 손익계산서(損益計算書, Income statement 또는 Profit and loss statement)는 일정기간의 수익과 비용에 대한 경영성과를 알 수 있는 것이다.

● 표 8-7 **손익계산서의 예(한진의 연결 포괄손익계산서 계정과목)**

	제43기	제42기	제41기
수익(매출액)	백만원	백만원	백만원
매출원가	백만원	백만원	백만원
매출총이익	백만원	백만원	백만원
판매비와 관리비	백만원	백만원	백만원
영업이익(손실)	백만원	백만원	백만원
금융수익	백만원	백만원	백만원
금융원가	백만원	백만원	백만원
기타영업외손익			
지분법이익	백만원	백만원	백만원
지분법손실			
금융수익	백만원	백만원	백만원

금융비용	백만원	백만원	백만원
법인세비용차감전순이익(손실)	백만원	백만원	백만원
법이세비용(수익)	백만원	백만원	백만원
계속영업이익(손실)	백만원	백만원	백만원
당기순이익(손실)	백만원	백만원	백만원
당기순이익(손실)의 귀속			
지배기업 소유주지분	백만원	백만원	백만원
비지배지분	백만원	백만원	백만원
세후 기타포괄손익	백만원	백만원	백만원
당기손익으로 재분류되는 세후기타포괄손익	백만원	백만원	백만원
매도가능금융자산평가손익	백만원	백만원	백만원
해외사업장환산외환차이	백만원	백만원	백만원
파생상품평가손익			
지분법자본변동	백만원	백만원	백만원
당기손익으로 재분류되지 않는 세후기타포괄손익	백만원	백만원	백만원
확정급여제도의 재측정 요소	백만원	백만원	백만원
총포괄손익	백만원	백만원	백만원
총포괄손익의 귀속			
지배기업 소유주지분	백만원	백만원	백만원
비지배지분	백만원	백만원	백만원
주당이익			
기본주당이익(손실)	원	원	원

● 표 8-8 손익계산서의 예(삼성전자의 연결 손익계산서 계정과목)

	제43기	제42기	제41기
수익(매출액)	백만원	백만원	백만원
매출원가	백만원	백만원	백만원
매출총이익	백만원	백만원	백만원
판매비와 관리비	백만원	백만원	백만원
영업이익(손실)	백만원	백만원	백만원
기타수익	백만원	백만원	백만원
기타비용	백만원	백만원	백만원
지분법이익	백만원	백만원	백만원
금융수익	백만원	백만원	백만원
금융비용	백만원	백만원	백만원
법인세비용차감전순이익(손실)	백만원	백만원	백만원
법이세비용	백만원	백만원	백만원

	백만원	백만원	백만원
계속영업이익(손실)	백만원	백만원	백만원
당기순이익(손실)	백만원	백만원	백만원
당기순이익(손실)의 귀속			
지배기업의 소유주에게 귀속되는 당기순이익(손실)	백만원	백만원	백만원
비지배지분에 귀속되는 당기순이익(손실)	백만원	백만원	백만원
주당이익			
기본주당이익(손실)	원	원	원
회석주당이익(손실)	원	원	원

3.3. 추정 현금흐름표

현금흐름표(現金흐름표, Statement of cash flow)는 대상기업이나 기관의 일정 기간 현금의 변동 상황을 알 수 있는 현금자체의 흐름표이다.

이는 수입과 지출 활동결과에 따라 영업활동으로 인한 현금흐름표, 투자활동으로 인한 현금흐름표, 재무활동으로 인한 현금흐름표로 구분한다. 각 현금흐름표를 만든 제목으로는 영업활동 현금흐름표, 투자활동 현금흐름표, 재무활동 현금흐름표로 표기 및 사용한다.

● 표 8-9 **현금흐름표의 예(한진의 연결 현금흐름표 계정과목)**

	제43기	제42기	제41기
영업활동 현금흐름	백만원	백만원	백만원
영업에서 창출된 현금흐름	백만원	백만원	백만원
이자수취	백만원	백만원	백만원
법인세납부(환급)	백만원	백만원	백만원
투자활동 현금흐름	백만원	백만원	백만원
선급금의 증가	백만원	백만원	백만원
유형자산의 취득	백만원	백만원	백만원
유형자산의 처분	백만원	백만원	백만원
투자부동산의 처분	백만원	백만원	백만원
투자부동산의 취득	백만원	백만원	백만원
무형자산의 취득	백만원	백만원	백만원
무형자산의 처분	백만원	백만원	백만원
연결범위 변동으로 인한 현금의 유출	백만원	백만원	백만원
관계기업투자의 취득	백만원	백만원	백만원

관계기업투자의 처분	백만원	백만원	백만원
매도가능금융자산의 취득	백만원	백만원	백만원
매도가능금융자산의 처분	백만원	백만원	백만원
만기보유금융자산의 처분	백만원	백만원	백만원
보증금의 지급	백만원	백만원	백만원
단기대여금의 증가	백만원	백만원	백만원
단기대여금의 감소	백만원	백만원	백만원
단기금융자산의 취득	백만원	백만원	백만원
단기금융자산의 처분	백만원	백만원	백만원
장기금융자산의 취득	백만원	백만원	백만원
장기금융자산의 처분	백만원	백만원	백만원
기타자산의 처분	백만원	백만원	백만원
배당금수취	백만원	백만원	백만원
재무활동 현금흐름	백만원	백만원	백만원
사채의 발행	백만원	백만원	백만원
사채의 상환	백만원	백만원	백만원
장기차입금의 차입	백만원	백만원	백만원
장기차입금의 상환	백만원	백만원	백만원
단기차입금의 차입	백만원	백만원	백만원
단기차입금의 상환	백만원	백만원	백만원
유동성장기차입금의 상환	백만원	백만원	백만원
배당금의 지급	백만원	백만원	백만원
이자지급	백만원	백만원	백만원
종속기업의 유상증자	백만원	백만원	백만원
현금 및 현금성자산의 환율변동효과	백만원	백만원	백만원
현금 및 현금성자산의 증가(감소)	백만원	백만원	백만원
기초현금 및 현금성자산	백만원	백만원	백만원
기말현금 및 현금성자산	백만원	백만원	백만원

● 표 8-10 현금흐름표의 예(삼성전자의 연결 현금흐름표 계정과목)

	제43기	제42기	제41기
영업활동 현금흐름	백만원	백만원	백만원
영업에서 창출된 현금흐름	백만원	백만원	백만원
당기순이익	백만원	백만원	백만원
조정	백만원	백만원	백만원
영업활동으로 이한 자산부채의 변동	백만원	백만원	백만원
이자의 수취	백만원	백만원	백만원

이자의 지급	백만원	백만원	백만원
배당금 수입	백만원	백만원	백만원
법인세 납부액	백만원	백만원	백만원
투자활동 현금흐름	백만원	백만원	백만원
단기금융상품의 순감소(증가)	백만원	백만원	백만원
장기매도가능금융자산의 처분	백만원	백만원	백만원
단기매도가능금융자산의 취득	백만원	백만원	백만원
장기금융상품의 처분	백만원	백만원	백만원
장기금융상품의 취득	백만원	백만원	백만원
장기매도가능금융자산의 처분	백만원	백만원	백만원
장기매도가능금융자산의 취득	백만원	백만원	백만원
관계기업 및 공동기업 투자의 처분	백만원	백만원	백만원
관계기업 및 공동기업 투자의 취득	백만원	백만원	백만원
유형자산의 처분	백만원	백만원	백만원
유형자산의 취득	백만원	백만원	백만원
무형자산의 처분	백만원	백만원	백만원
무형자산의 취득	백만원	백만원	백만원
사업결합으로 인한 현금유출액	백만원	백만원	백만원
기타 투자활동으로 인한 현금유출입액	백만원	백만원	백만원
재무활동 현금흐름	백만원	백만원	백만원
단기차입금의 순증가(감소)	백만원	백만원	백만원
자기주식의 취득	백만원	백만원	백만원
자기주식의 처분	백만원	백만원	백만원
사채 및 장기차입금의 차입	백만원	백만원	백만원
사채 및 장기차입금의 상환	백만원	백만원	백만원
배당금 지급	백만원	백만원	백만원
비지배지분의 증감	백만원	백만원	백만원
환율변동효과 반영전 현금 및 현금성 자산의 순증가(감소)	백만원	백만원	백만원
외화환산으로 인한 현금의 변동	백만원	백만원	백만원
현금 및 현금성자산의 순증가(감소)	백만원	백만원	백만원
기초 현금 및 현금성자산	백만원	백만원	백만원
기말 현금 및 현금성자산	백만원	백만원	백만원

이와 같은 재무상태표, 손익계산서, 현금흐름표의 계정과목은 업태나 업종 구분 없이 대부분이 공통으로 적용되는 것이 일반적이다. 그러나 일부 업태와

업종에 따라 내용은 유사한데 명칭을 달리하거나, 명칭과 내용을 달리하는 계정과목도 있을 수 있는데 이는 해당업종에 종사하는 식자들이 첨삭하면 될 것이다.

경영전략을 수립할 때 재무제표를 추정해보는 것은 의사결정과정에서 매우 중요한 역할을 할 뿐 아니라 전략경영에서 반듯이 수립해 보아야 할 필수부문이다. 이와 같이 중요한 추정재무제표의 대표 역할을 3가지로 정리해 본다.

첫째, 유한한 인·물적 자원의 조정과 배분을 통한 효율적 경영의 의사결정을 할 수 있게 해준다. 모든 사안에는 우선순위가 있다. 기업을 경영하는 입장에서는 더할 나위 없이 우선순위를 의결하고 유한한 자원을 조정해야 하는데 이를 효율적으로 조정 및 배분할 수 있는 기준이 된다는 것이다. 앞의 5장에서 학습했던 상대적 시장점유율과 시장성장률을 기준으로 SBU(전략적 사업단위) 또는 제품의 진퇴를 결정하는 PPM모델을 상기해 보자. 현금창출 능력이 우수한 Cash Cow, 전략적인 많은 투자를 필요로 하는 Star, 투자를 하여 Star로 키울지 투자를 멈추고 Dog으로 구분하여 철수를 할지의 Problem Child(또는 Question Mark), 이도 저도 끼지 못하고 기업에 기여를 못하는 Dog 등은 모두 자원의 조정과 배분을 필요로 하는 것이다.

둘째, 수치화된 가시성(可視性)을 통하여 재무제표상의 예상되는 문제점을 제거하는 데 도움이 된다. 수치화를 해야 문제점을 찾을 수 있고 문제점을 알아야 개선 및 혁신을 할 수 있는 것이다. 추정 재무제표는 개인-팀-본부-전사의 경영계획을 취합하여 단기-중기-장기에 하고자 하는 것들을 정리한 목록표(目錄表)라 할 수 있다. 추정 재무제표는 이와 같은 목록들을 수치화하여 실행하기 전에 개선 및 제거를 할 수 있는 가시성을 제공해 준다.

셋째, 미래경영에 대한 불확실성의 최소화와 방향성을 가늠할 수 있게 해준다. 투자의 최소화로 기본목표만을 달성하고자 하던, 대규모 투자를 통한 전략목표를 달성하고자 하던 투입 대비 산출의 결과는 반듯이 짚어 보아야 할 대상이다. 추정 재무제표는 시나리오 플래닝(Scenario planning)을 통하여 최적의 목표를 선택할 수 있는 수단이 된다.

● 표 8-11 **추정 재무제표의 역할**

구분	주요내용
추 정 재무제표 수립목적	① 조직의 유한한 인·물적 자원의 조정과 배분을 통한 효율적 경영의 의사결정 수단이 됨 ② 수치화된 가시성을 통하여 재무제표상의 예상되는 문제점을 제거할 수 있게 해줌 ③ 미래경영에 대한 불확실성의 최소화와 방향성을 가늠할 수 있게 해줌

● 4. 활용할 수 있는 전략기법과 스킬

재무전략과 목표를 수립하고 경영활동의 결과를 추정하기 위해서는 주요 재무제표에 대한 복수개의 것을 수립하여 자원의 활용정도, 내부의 인·물적 자산 및 역량 등을 고려한 최적, 최강의 것을 선택하여 수립한 경영전략을 실행해야 한다.

본 책에서는 이와 같은 때에 유효적절하게 사용할 수 있는 전략기법인 시나리오 플래닝 전략(Scenario planning strategy)을 소개한다.

4.1. 시나리오 플래닝 전략

시나리오 플래닝(SP, Scenario planning)은 시나리오 분석(Scenario analysis)으로도 불리는데, 이는 가능성 있는 미래를 이미지화(Imaging possible futures)하는데 매우 효율적인 미래 예측기법(Disciplined method)의 하나이다. 이 기법은 오일(Oil) 회사인 유럽의 로얄더치 쉘(Royal Dutch Shell)[9]이 1970년대 석유매장지의 발굴 및 평가를 위하여 사용해오고 있는 전략적 옵션(Strategic option)이기도 하다.[10] 이의 사용 목적은 미래의 광범위하고 불확실한 환경과 많은 기회들로부터 보이지 않는 덫 또는 함정을 피하여 이익과 신속한 결과를 얻기 위한 역량을

---

9 1907년 네덜란드와 영국의 합작회사로 설립되었다. 세계에서 두 번째로 큰 석유회사로 다섯 개의 Big Oil 또는 Super major(슈퍼메이저) 중 하나이다. 다섯 개의 슈퍼메이저는 엑슨모빌, 로열더치 쉘, BP, 셰브런, 코노코필립스를 말한다.

10 Schoemaker, P. J.(1995). Scenario planning: a tool for strategic thinking. Sloan management review, 36(2).

높이는 데 있다.[11]

Scenario(시나리오)의 사전적 의미는 「영화나 드라마의 대본 또는 미래에 가능한 일을 묘사한 것」이라 하였다. 사전적 의미에서 전달해 주듯 Scenario Planning도 미래에 가능한 일을 숫자, 글, 도표 등으로 나타낸 상세 기획서(企劃書)라고 할 수 있다. 이런 측면에서 접근할 때 시나리오 플래닝이 더 필요하고 도움이 될 수 있는 상황 또는 기업의 유형을 다음과 같이 정리할 수 있다.

첫째, 경영진의 미래에 대한 예측 및 적응능력에 비하여 불확실성이 크고 예측가능성이 낮은 산업에 속해 있을 때

둘째, 보유한 전략적 역량으로는 최적의 대안을 선택하기 힘들 때

셋째, 소속된 산업이 대외의 경영환경에 의한 기복이 심할 때

넷째, 장점과 강점이 많은 복수의 대안에서 단수를 선택하여야 할 때

다섯째, 성장성이나 점유율이 높지는 않지만 전략적으로 진입 또는 확장을 해야만 할 때 등이다.

시나리오 계획(플래닝) 수립을 위한 접근법으로는 정량적 접근(Quantitative approach), 정성적 접근(Qualitative method), 델파이 접근기법(Delphi approach method), 교차영향분석(Cross-impact analysis) 등이 있다.

정량적 접근(定量的 接近)은 계량적 경제모델이라고도 한다. 이는 도출된 복수의 산출물 간 다양한 상호관계를 통합하고자 시도하는 방법으로 한 가지 변수에 영향을 줌으로써 그것이 미치는 영향이 있는지 없는지 있다면 어느 정도의 영향인지를 동시에 분석할 수 있다.

정성적 접근(定性的 接近)은 상세 기획서에 제시된 각종의 요소나 요인들 중 미래 환경에 큰 영향을 미치거나 좌우할 것으로 판단되는 것을 접근의 대상으로 한다. 즉 여러 요소 가운데 일부씩을 변경하여 미래 환경에 대한 영향력의 정도를 살펴보는 방법으로 비계량화된 직관에 의한 방법이기 때문에 직관의 한계를 극복해야 하는 숙제를 안고 있다.

델파이 접근기법(接近技法)은 미국의 미래학자인 테드 고든(Ted Gorden)이

---

11 Peterson, G. D., Cumming, G. S., Carpenter, S. R.(2003). Scenario planning: a tool for conservation in an uncertain world. Conservation biology, 17(2).

개발한 미래예측기법으로 기업 내외의 전문가 또는 전문가 집단을 이용하는 전문가 대상의 반복 설문 접근법이다. 이는 다른 방법에 비하여 시간과 비용이 많이 소요되는 단점이 있다. 본 책의 제6장 목표달성 전략수립 내 공급사슬전략 부분에서 이미 델파이기법을 상세하게 기술하였는바, 참고하기 바란다.

교차영향분석(交叉影響分析)은 1966년 델파이기법을 개발한 테드 고든과 그의 동료인 울프 엘머가 개발한 분석 기법이다. 이는 전문가 견해에 근거하여 미래에 어떠한 사건이 발생할지 여부의 확률적 견해를 전문가들로부터 도출한다. 장점으로는 넓은 범위 또는 복수의 여러 문제들 사이에 존재하는 상호의존관계를 파악하여 예측하는 데 접목할 수 있다는 것이고, 단점으로는 델파이기법과 같이 진행하는데 시간과 비용이 많이 소요되고 전문가의 견해에 의존도가 높다는 것이다.

● 표 8-12 **시나리오 플래닝이 필요한 기업유형과 접근법**

구분	주요내용
시나리오 계획 필요기업 유형	• 경영진의 미래에 대한 예측 및 적응능력에 비하여 불확실성이 크고 예측가능성이 낮은 산업에 속해 있을 때 • 보유한 전략적 역량으로는 최적의 대안을 선택하기 힘들 때 • 소속된 산업이 대외의 경영환경에 의한 기복이 심할 때 • 장점과 강점이 많은 복수의 대안에서 단수를 선택하여야 할 때 • 성장성이나 점유율이 높지는 않지만 전략적으로 진입 또는 확장을 해야만 할 때
시나리오 계획 접근법	• 정량적 접근법 • 정성적 접근법 • 델파이 접근법 • 교차영향분석 기법

위와 같은 목적달성을 위하여 복수개의 기법을 이용하여 수립할 수 있는 시나리오 계획은 다음과 같은 효과가 있으며 7단계의 프로세스를 거쳐 이루어지는데,[12] 시나리오 계획 7단계는 무엇을 의사결정할 것인가의 배경 및 핵심이유 선정이 첫 번째 단계가 된다. 두 번째는 의사결정을 하기 위하여 알아야 할 요소를 도출하는 것이다. 세 번째는 미래에 변화를 주도적으로 가져오는 인자가 무엇인지를 규정한다. 네 번째는 앞 단의 내용들을 통하여 의미 있는 시나리오

---

12 김영수(2014). 전략경영론, 학현사를 편집하여 인용.

가 무엇인지를 도출한다. 다섯 번째는 도출된 시나리오로 미래가 어떻게 전개될
지 시나리오를 작성한다. 여섯 번째는 작성된 시나리오에 어떻게 대응해야 할지
대응전략을 수립한다. 마지막에는 수립한 대응전략 중 어떤 시나리오가 현실화
될지 모니터링을 한다.

● 그림 8-1 시나리오 계획의 효과와 도출 프로세스

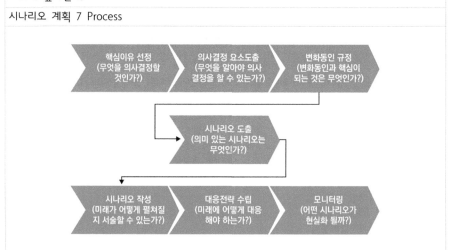

시나리오 계획의 효과

• 시나리오 계획을 수립하는 과정을 통하여 최고 경영자, 중역진, 각 팀장 및 기획 실무직원 등 모
  든 참여자들은 전략적 사고 능력을 갖게 된다.
• 시나리오 계획 수립에 참여하는 전 임직원들은 거시적인 안목과 통찰력을 통해 자신이 속한 기
  업을 객관적으로 분석하고 기업을 둘러싼 외부환경을 냉철하고 객관적으로 정리함으로써 기업의
  현재 위치를 확인할 수 있다.
• 각종의 회의 등을 통하여 서로간의 다른 견해 차이를 발견할 수 있고, 이를 통하여 상호 이해정
  도가 깊어진다.

시나리오 계획 7 Process

핵심이유 선정
(무엇을 의사결정할
것인가?)

의사결정 요소도출
(무엇을 알아야 의사
결정을 할 수 있는가?)

변화동인 규정
(변화동인과 핵심이
되는 것은 무엇인가?)

시나리오 도출
(의미 있는 시나리오는
무엇인가?)

시나리오 작성
(미래가 어떻게 펼쳐질
지 서술할 수 있는가?)

대응전략 수립
(미래에 어떻게 대응
해야 하는가?)

모니터링
(어떤 시나리오가
현실화 될까?)

● **5. 경영전략수립 프로세스 7단계의 핵심과 산출물**

제8장 재무전략과 추정지표의 수립 단계에서 활용할 수 있는 전략기법은
〈표 8−13〉과 같고, 본 경영전략수립 프로세스 7단계의 핵심과 산출물은 〈그림
8−2〉와 같다.

● 표 8-13 경영방침과 실행전략 수립에서 활용할 수 있는 전략기법

전략기법	개념	활용용도 및 특징
Scenario Planning (시나리오 계획)	• Scenario analysis, 시나리오 계획으로도 불린다. • 미래를 이미지화하는 데 매우 효율적인 미래 예측기법이다. • 세계 2대 오일 회사인 로얄더치 쉘 社가 1970년부터 사용해 오고 있는 전략적 옵션 중의 한 기법이기도 하다.	• 미래의 광범위하고 불확실한 환경 및 많은 기회들로부터 보이지 않는 덫 또는 함정을 피하여 이익과 신속한 결과를 얻기 위한 역량을 높이는 데 유용하다. • 시나리오 접근법으로 정량적 접근법, 정성적 접근법, 델파이 접근법, 교차영향분석 등을 이용한다.

● 그림 8-2 경영전략수립 7단계의 핵심과 산출물

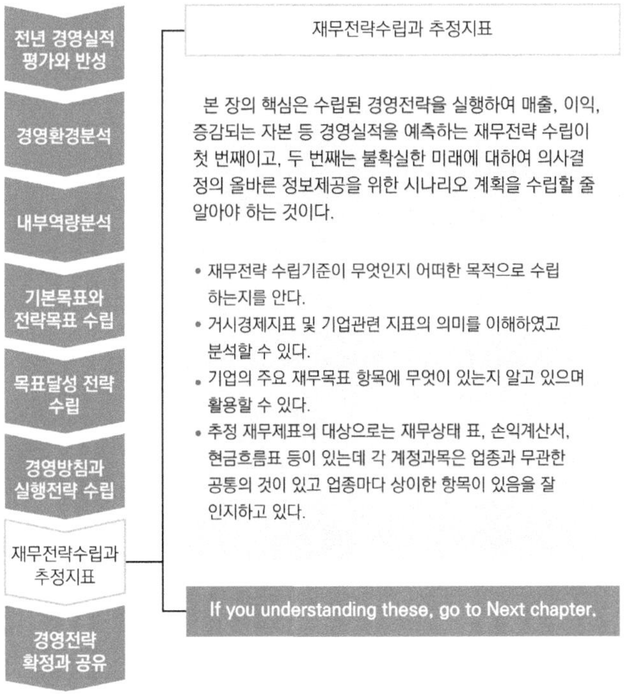

재무전략수립과 추정지표

본 장의 핵심은 수립된 경영전략을 실행하여 매출, 이익, 증감되는 자본 등 경영실적을 예측하는 재무전략 수립이 첫 번째이고, 두 번째는 불확실한 미래에 대하여 의사결정의 올바른 정보제공을 위한 시나리오 계획을 수립할 줄 알아야 하는 것이다.

- 재무전략 수립기준이 무엇인지 어떠한 목적으로 수립하는지를 안다.
- 거시경제지표 및 기업관련 지표의 의미를 이해하였고 분석할 수 있다.
- 기업의 주요 재무목표 항목에 무엇이 있는지 알고 있으며 활용할 수 있다.
- 추정 재무제표의 대상으로는 재무상태 표, 손익계산서, 현금흐름표 등이 있는데 각 계정과목은 업종과 무관한 공통의 것이 있고 업종마다 상이한 항목이 있음을 잘 인지하고 있다.

전년 경영실적 평가와 반성

경영환경분석

내부역량분석

기본목표와 전략목표 수립

목표달성 전략 수립

경영방침과 실행전략 수립

재무전략수립과 추정지표

경영전략 확정과 공유

If you understanding these, go to Next chapter.

경영전략 확정과 공유

CHAPTER

09

1. 공유의 개념과 효과
2. 공유의 대상과 수단
3. 활용할 수 있는 전략기법과 스킬
4. 경영전략수립 프로세스 8단계의 핵심과 산출물

　본 제9장 경영전략 확정과 공유를 학습하면 식자 여러분들은 경영전략 수립의 전(全) 과정인 8단계를 익혔을 뿐 아니라 각각의 단계에서 활용할 수 있는 30여 가지의 전략기법들을 다룰 수 있게 되었다. 여러분의 지식창고에 DB(Data base)화 되어 차곡차곡 내재된 30여 가지의 각종 전략기법들을 적재적소에 활용한다면 여러분은 분명 앞서가는 전략가가 될 것이라 확신한다.

　위와 같은 과정을 통하여 경영전략 수립은 마무리되었다. 마무리된 경영전략은 기업의 중역진(최고 경영자를 제외한 모든 임원)과 최고 경영자의 확정을 받아야 하고 그때에야 수개월 동안 조사—분석—토론—보완—의견반영—리뷰 등의 과정을 거친 경영전략(경영계획서)은 탈고(脫稿)를 하게 된다.

　경영계획인 경영전략 서(書)를 탈고하면 곧바로 시행에 돌입되는 것은 결코 아니다. 이후 수립된 경영계획을 사외 Work shop을 통하여 조직의 구성원들과 공유하여야 한다. 왜냐하면 경영계획은 최고 경영자와 중역진 및 몇몇 부서장들만이 인지하고 진행하는 것이 결코 아니라 전 임직원들이 인지하고 집중해야 할 Share Value(공유가치)의 대상이기 때문이다. 공유과정이 마무리되면 본부(또는 사업부) 및 팀 단위 KPI(핵심성과지표) 수립단계를 거치게 되고, 이와 같은 팀 및 본부 단위로 마무리되면 그때서야 실행하게 되는 것이다.

　핵심성공요인(CSF, Critical success factors) 도출단계를 거쳐 선정되는 핵심성과지표(KPI, Key performance indicator)는 부서단위로 진행되고, 이는 곧 목표관리와 직결되는 실행전략이 된다. 목표관리는 본 책의 제10장을 참고하기 바란다.

본 제9장에서는 수립된 경영계획의 성공적인 실행을 위하여 요구되는 공유의 개념 및 대상, 그리고 본 단계에서 활용할 수 있는 전략기법 등 핵심내용만을 중심으로 진개한다.

● 1. 공유의 개념과 효과

국어사전을 보면 공유(共有, Share)란, 「두 사람 이상이 한 물건을 공동으로 소유함」이라고 정의되어 있다. 경영계획도 해당 기업에 종사하는 임직원 모두가 공동으로 소유하여야 하고 더 많은 구성원이 소유하면 할수록 그 성공의 가능성은 높아진다.

경영계획을 기업의 모든 구성원과 공유할 경우 다음과 같은 긍정적 효과가 있다. 그러나 효과에 가려진 단점 등을 고려하여 공유의 대상, 공유의 시기, 공유의 정도 등을 조정하는 실행전략도 요구된다.

첫째, 도달할 목표를 구체화하고 우선순위에 포지셔닝(Positioning)된다. 경영계획은 단기-중기-장기에 거쳐 수행해야 할 목표이므로 공유를 할 경우 목표를 구체화하고 여타의 것보다 구성원의 마음에 우선순위로 작용하여 집중할 수 있다.

둘째, 투명한 경영을 통하여 노사 간 신뢰성을 제고할 수 있다. 우리는 본 책의 제6장 목표달성 전략수립에서 이미 학습한 바 있던 아메바 경영을 떠올려 보자. 아메바 경영의 추구목적 세 번째가 「전원 참가형 경영의 실천」이었다. 이는 회사의 경영 수치 및 경영 상태를 공유하여 노사관계가 아닌 파트너관계로 경영을 해 나가는 것을 의미하는 효과가 있기 때문이다.

셋째, 전 구성원의 경영의식과 참여의식이 높아진다. 기업의 경영실적이 잘 되도 비상경영, 못 되도 비상경영을 설파하기만 한다면 구성원들의 기업 경영에 대한 의식과 어려움을 극복하려는 참여의식이 향상되는 데 한계가 있을 수밖에 없을 것이다.

넷째, 토의문화의 확산과 문제해결을 위한 대안 수립이 용이하다. 경영목표를 달성하기 위해서는 개인 및 조직 단위의 KPI가 달성되어야 전사의 목표도 달성할 수 있다. 때문에 공유가 될 때 서로 다른 개인의 KPI도 공유할 수 있고 더불어 서로 다른 KPI에 대한 구성원들의 생각이나 아이디어가 전달되기 위해서는 토의문화가 자연스럽게 확산된다. 토의를 통한 문제해결 대안은 개인의 노력에 의하여 수립된 개인만의 해결방안보다 더 효과적일 수 있다.

다섯째, 구성원들에게 중장기 미래를 생각하는 안목을 배양시켜 준다. 경영목표는 기업의 Vision(비전)과 Mission(미션)을 달성하기 위한 전략이므로 개인의 KPI를 달성해야 기업의 경영목표가 달성되고, 기업의 경영목표가 달성되어야 중장기 비전과 미션을 이룰 수 있음을 구성원들은 잘 알고 있으므로 중장기 미래를 생각하는 경영의식과 사고를 갖게 한다.

여섯째, 기타 공유를 통한 부가적인 기업 가치를 창출 수 있다.

● 표 9-1 **경영목표 공유의 효과**

구분	주요내용
공유의 효과	• 도달할 목표를 구체화하고 우선순위에 포지셔닝 됨. • 투명한 경영을 통하여 노사 간 신뢰성을 제고할 수 있음. • 전 구성원의 경영의식과 참여의식이 높아짐. • 토의문화의 확산과 문제해결을 위한 대안 수립이 용이함. • 구성원들에게 중장기 미래를 생각하는 안목을 배양시켜 줌. • 기타 공유를 통한 부가적인 기업 가치를 창출할 수 있음.

● ## 2. 공유의 대상과 수단

2.1. 공유의 대상

기업의 경영관련 공유의 대상은 대상의 물건(物件)이 무엇(What)인지와 대상의 성원(成員)이 누구(Who)인지로 구분할 수 있다. 공유 대상의 물건으로는 경영계획과 계획의 실행결과인 경영성과가 된다. 공유 대상의 성원은 다시 기업의 내부 구성원만으로 할 것인지와 외부 협력사를 포함한 이해관계자까지로 할 것인지로 범위를 구분할 수 있다.

대부분의 기업에서 경영계획을 수립할 때에는 최소 조직단위에서 출발하여 팀 단위, 본부 및 사업부 등 조직 단위별로 진행된다. 이후 취합된 경영계획의 일부를 보완 및 첨삭 과정을 거쳐 전사 경영계획이 완성되므로 전 구성원을 자연스럽게 참여시키는 경우가 많다.

하지만 목표를 달성하기 위한 실행전략 단계인 진척도부터 공유의 대상이 구성원 전체가 아니라 조직의 장과 중역진 등 상위의 고급간부를 중심으로 이루어지는 조직문화의 기업이라면 경영의 성과를 공유한다는 것은 생각만큼 쉽지 않을 수도 있다.

● 표 9-2 **경영목표 공유의 대상**

구분		주요내용
대상 물건(物件)		경영계획, 경영성과
대상성원 (成員)	기업 내	전 임직원
	기업 외	협력사 및 이해관계자
공유 시기		계획의 수립단계, 계획의 진행단계, 성과도출단계

정부차원에서도 「대·중소기업상생협력 촉진에 관한법률1」을 근거로 성과공유제를 시행하고 있으며, 위탁기업과 수탁기업의 효과를 보면 다음과 같다.

위탁기업(委託企業)의 효과로는 신뢰를 기초로 한 협력사 관리가 가능하다. 협력사 역량강화로 경쟁력이 향상되며 신제품 및 신기술 개발에 유리하고, 외부 아이디어를 활용할 있다. 또한 공동 R&BD·기술력향상·품질개선 등에 유리하다.

수탁기업(受託企業)의 효과로는 사전계약으로 공정한 거래문화가 정착되고, 기술역량을 강화할 수 있으며 장기계약·물량확보·단가계약이 용이하다. 또한 위탁기업의 노하우 및 인력활용이 가능하며 매출확대에 따른 투자기반을 획득

---

1 대·중소기업상생협력 촉진에 관한법률 제8조(상생협력 성과의 공평한 배분) 1항 전문으로 정부는 수탁기업이 원가절감 등 수탁·위탁기업 간에 합의한 공동목표를 달성할 수 있도록 위탁기업이 지원하고 그 성과를 수탁·위탁기업이 공유하는 계약모델(이하 "성과공유제"라 한다)의 확산을 위한 시책을 수립하여 추진할 수 있도록 되어 있다.

할 수 있다.

법적근거로 시행되는 성과공유제의 대상이 되는 유형으로는 신제품 및 신기술개발, 해외동반진출, 기술이전, 공정 및 성능개선, 원가개선 및 비용절감, 관리시스템 개선, 서비스용역 개선 등 8가지가 있다. 성과공유의 방법으로는 현금보상, 단가보상, 장기계약, 물량확대, 공동특허, 판매수입공유, 가산점부여, 입찰기회 제공, 구매우선권 지급[2] 등을 들 수 있다.

● 표 9-3 **법적근거로 시행되는 성과공유제의 유형**

성과공유제 유형	주요내용
신제품 및 신기술 개발	• 모기업과 협력사가 공동으로 신제품 또는 신기술을 개발하거나, 수입제품 및 기술을 국산화하고 그 성과를 공유
해외 동반진출	• 모기업과 협력사 제품[3] 또는 사업장을 해외에 동반으로 진출
기술이전	• 기업이 보유한 기술 및 특허, 디자인 등의 지적재산을 협력사에 무상 또는 저가로 제공하고 그로 인한 수익을 공유
공정개선	• 모기업과 협력사가 공동으로 품질 및 생산 등의 공정을 개선하여 품질, 비용 및 납기 최적화를 통해 생산성 및 원자재 비용절감 등의 성과를 상호 공유
성능개선	• 모기업과 협력사가 공동으로 기존에 사용 중인 제품 등의 성능을 개선하여 생산성을 향상시키거나 서비스의 제공 시간을 단축시켜 발생한 성과를 공유
원가개선 및 비용절감	• 모기업과 협혁사가 공동으로 협력사의 원가관리 체계를 개선하거나 생산과정의 Loss(유실) 등을 분석 및 개선하여 발생하는 성과를 공유
관리시스템 개선	• 모기업과 협력사가 공동노력을 통해 협력사의 생산 및 경영관리 시스템을 개선하여 품질향상, 비용절감 및 납기 향상 등의 성과를 상호 공유
서비스용역 개선	• 모기업의 시설, 설비 등을 유지 보수하거나 운영 프로세스를 개선하는 등 서비스용역 개선에 공동으로 노력하고 발생하는 성과를 상호 공유

이상과 같이 정부차원의 성과공유제의 유형과 공유방법 등을 참고로 짚어봤다. 이는 유형과 공유의 방법을 참고하고자 하는 단순 학습자료 이상으로 봐서는 안 될 것이다. 왜냐하면 본 책에서의 공유는 수립된 경영전략(경영계획)을 확정한 이후 실행에 앞서 조직 구성원 또는 협력사를 포함한 이해관계자 정도를 대상으로 하는 것이기 때문이다.

---

2 윤형호, 이지연(2017). 서울시 공기업 성과공유제 도입 방안. 서울연구원.

3 기술, 소프트웨어, 서비스를 포함한다.

공유의 대상이나 유형을 구분할 때 가장 중요하게 반영할 것은 경영에 직접 또는 간접적으로 참여하는 성원들과 공유하는 것이 공유하지 않는 것보다 훨씬 효과적이라는 것이다.

2.2. 공유의 수단

경영전략을 공유하는 수단은 공유하고자 하는 대상이 누구인가에 따라 달라진다. 공유의 대상이 조직 내의 임직원이면 교육 및 일반회의, 제책(製册), 사내게시 등의 수단을 사용할 수 있다.

공유의 대상이 조직 밖의 협력사를 포함한 이해관계자라면 일반 및 교육적 회의, 주주총회, 투자자만을 대상으로 하는 임시회의(臨時會議) 등을 이용할 수 있다.

● 표 9-4 **공유 대상에 따른 수단의 예**

구분		주요내용
조직 내 공유	대상	사내의 임원, 팀장 등 구성원 전원
	수단	일반회의4: Meeting, Convention, Congress, Conference 교육회의: Seminar, Workshop, Institute, Lecture, Class 제책: 편철하여 전 구성원에게 배부 사내게시: 온라인 사내게시판을 이용하여 공지
조직 외 공유	대상	협력사, 이해관계자
	수단	일반회의: Meeting, Convention, Congress, Conference 교육회의: Seminar, Workshop, Institute, Lecture, Class 주주총회5: M&A 등 대규모 투자의 경우 임시회의: 은행 등 투자자만을 위한 계획공유 임시회의

---

4 Meeting: 회의 참가자의 활동 목적이 교육 세션에 참가하는 것이고, 기타 기획된 이벤트에 참가할 수 있는 형태의 회의이다.

Convention: 회의 참가자의 활동 목적이 교육 세션에 참가하는 것이고, 회의 및 토론에 참여하여 사교활동을 하거나 기타 기획된 행사에 참가하는 회의의 형태이다.

Congress: 유럽에서 주로 사용되는 용어로 Convention과 같은 의미의 회의 형태이다.

Conference: 토론, 사실규명, 문제해결, 자문 등을 위하여 기획된 회의의 형태이다.

Seminar: 전문 토론 지도자의 안내로 참가자로 하여금 특정 분야의 경험을 공유하게 하는 회의의 형태를 말한다.

Workshop: 특정 주제에 대하여 다양한 의견을 수렴하기 위하여 격렬하게 토론을 전재로 모이는 회의의 형태이다.

Institute: 특정 주제에 대하여 집중적인 교육을 시행할 목적으로 마련된 심화교육 형태의 회의를 말한다.

3. 활용할 수 있는 전략기법과 스킬

수립된 경영전략(경영계획)을 공유하는 방법으로 가장 일반적으로 이용되는 것이 기업외부에서 시행하는 Workshop이다. 물론 기업내부의 대강당이나 부서별로 소회의실에서 진행할 수도 있으나, 경영계획 수립의 노고를 치하하고 최고경영자 및 임직원들의 경영계획 달성의지를 부양하고 공감대를 만들 수 있는 개방된 장소에서의 기회이기 때문이다.

수십 명이 참여하는 회의에서 대표적인 공유방법이 Presentation(프레젠테이션)이다. 또한 경영계획 수립, 진척도 관리에서 필수적인 것이 Project(프로젝트)관리가 된다.

본 장에서 활용할 수 있는 전략기법과 스킬로 Presentation기법과 일정관리기법을 제시한다. 이는 어느 형태의 조직이나 조직의 과업을 진행할 때, 발표할 때 필수적으로 소용되는 기법이기도 한다.

3.1. 프레젠테이션 기법

Presentation(프레젠테이션)은 시청각(視聽覺) 자료를 이용하여 참석자들에게 정보전달, 안건소개, 사업설명회, 제안서 발표 등을 하는 행위를 말하는 것으로 발표 또는 PT로 줄여서 표현하기도 한다. 이의 목적은 발표장에 참석한 Audience(참석자 또는 청중)를 발표자의 의도에 호응하도록 설득하는 것이다.

호응(好應)이란 무엇일까?, 이는 발표자가 발표하는 대상이 무엇인가에 따라 달라진다. 경영계획을 발표한다면 경영계획을 올바르게 이해하고 질문과 응답을 통하여 구체화 및 인식하게 만드는 것이 된다. 신제품을 소개한다면 제품의 강

Class: 동일한 주제를 갖고 학습을 위하여 정기적으로 만나는 학생 그룹 또는 단체로 배우는 형태의 회의를 말한다.

5 주주총회(General meeting of stockholders)는 기업의 기본 조직과 경영에 관한 중요 사항에 관하여 주주들의 의사를 표시하여 결정하는 최고 의사결정 기관으로 매(每)결산기에 정기적으로 소집되는 정기총회와 필요에 따라 소집되는 임시총회가 있다. 주주총회의 결정사항으로는 정관의 변경, 자본의 증감, 영업의 양도·양수·합병, 이사·감사·검사인·청산인의 임영에 관한 사항, 주식배당, 신주인수권, 계산 서류의 승인 등에 관한 사항이다.

력한 구매를 이끌어 내는 것이고, 사업설명회를 한다면 투자를 받는 것이 될 것이다. 또한 제안서를 발표한다면 제안내용을 평가하는 평가위원들이 가장 높은 점수를 부여하여 발표자의 제안이 우선협상 대상자로 선정되게 하는 것이 될 것이다. 때문에 발표의 내용은 소개하는 대상에 따라, 발표를 듣는 청중에 따라 시청각 자료를 달리하여야 한다.

발표자(Presenter)가 청중의 호응을 얻기 위하여 반드시 조사 및 준비, 그리고 분석해야 할 것이 있다. 바로 4P이다. 우리가 마케팅 전략에서 사용되는 마케팅믹스[6]를 4P라고 한다. 프레젠테이션 기법에서도 4P[7]가 있다. 이는 발표자의 준비(Preparation), 참석한 청중(People), 발표목적(Purpose), 발표장소(Place)를 가리키는데 이들이 조사, 분석 및 분석의 대상 중 핵심이다.

첫째, 참석자(People) 분석이다. 청중은 누구인지, 이들이 발표 장소에 참석한 이유 또는 목적이 무엇인지, 참석한 이들에게 발표자는 어떠한 가치나 이익을 줄 것인지, 반대로 발표자가 청중들로부터 얻을 수 있는 것은 무엇인지를 분석하고 이들에게 부합된 내용의 시청각을 사용한 내용을 준비하여야 한다.

둘째, 발표목적(Purpose) 분석이다. 정보전달 및 소개를 하는 것인지, 신제품이나 신기술을 소개하는 것인지, 사업설명회를 하는 것인지, 기념행사인지에 따라 발표의 내용과 발표자의 외형 또한 부합되게 준비하여야 한다.

셋째, 장소(Place) 분석이다. 발표 장소는 주변의 환경에 많은 영향을 받고 받을 수밖에 없다. 폐쇄적인 실내인지 또는 사방이 개방되어 있는 외부인지, 손마이크를 사용하는지 또는 핀 마이크를 사용하는지, 좌석배치는 어떻게 되어있는지, 통행로는 뒤에서 앞으로 가는지 또는 다른 방법인지, 정전·소음·전자장비 및 기구 등에 이상은 없는지 등을 사전에 조사·분석하여 대응 및 유효적절하게 활용하여야 한다.

넷째, 발표자료 준비(Preparation)이다. 위의 3가지는 상대적인 것이지만 발표 자료는 본인의 것으로 본인에 의하여 좌우할 수 있는 대상이다. 이는 발표자

---

6 본 책 제4장 내부역량분석 내 역량분석의 개요 주석, 제5장 기본목표와 전략목표 수립 내 활용할 수 있는 전략기법과 스킬에서 이미 상세하게 기술하였으니 동 내용을 참고하기 바란다.
7 방용성, 주윤황(2015). 컨설팅방법론, 학현사를 편집하여 인용.

료 준비를 위한 자료수집 – 자료작성 – 발표자료 준비 – 리허설 등의 단계를 요구하는 4가지 중 가장 중요한 것이다. 발표 자료가 아무리 완벽하더라도 발표자가 너무 긴장하여 전달할 것을 제대로 전달하지 못 한다거나, 발표자는 완벽하게 리허설까지 마쳤는데 준비한 내용이 발표목적에 부합하지 않는 내용이라면 낭패가 아닐 수 없다. 성공적인 발표를 위해서는 내용과 발표자의 발표역량이 동시에 충족되어야 한다.

● 표 9-5 **프레젠테이션 4P와 4P별 분석 내용**

구분	Presentation 4P	분석할 내용
주요 내용	People (참석자)	• 청중은 누구인지 • 이들이 발표 장소에 참석한 이유 또는 목적이 무엇인지 • 참석한 이들에게 발표자는 어떠한 가치나 이익을 줄 것인지 • 발표자가 청중들로부터 얻을 수 있는 것은 무엇인지
	Purpose (발표목적)	• 정보전달 및 소개를 하는 것인지 • 신제품이나 신기술을 소개하는 것인지 • 사업설명회를 하는 것인지 • 기념행사인지
	Place (발표장소)	• 폐쇄적인 실내인지 또는 사방이 개방되어 있는 외부인지 • 손 마이크를 사용하는지 또는 핀 마이크를 사용하는지 • 좌석배치는 어떻게 되어있는지 • 통행로는 뒤에서 앞으로 가는지 또는 다른 방법인지 • 정전·소음·전자장비 등에 이상은 없는지
	Preparation (발표준비)	• 발표 자료는 본인의 것으로 본인에 의하여 좌우할 수 있는 대상 • 자료수집-자료작성-발표자료 준비-리허설 등의 단계를 요구하는 4P 중 가장 중요

프레젠테이션 4P중 가장 중요한 발표준비이다.

발표준비는 7단계로 준비하는 것이 실전 대응에 도움이 된다. 1단계는 발표 목적이 무엇인지 철저한 분석과 준비이다. 2단계는 발표목적에 부합하는 자료 및 정보를 수집하는 것이다. 3단계는 수집된 정보와 자료를 분석하고 요약 및 정리하는 것이다. 4단계는 어떻게 효과적으로 전달하여 발표목적을 달성할지 시청각 발표 자료를 디자인하는 것이다. 5단계는 디자인에 근거하여 발표자료를 작성하는 것이다. 6단계는 실전에서 활용할 발표노트를 제작하는 것이다. 7단계는 과제의 목적에 부합하고 발표내용을 보완 및 강화할 수 있는 질문 자료를

● 그림 9-1 **프레젠테이션 발표준비 7단계**[8]

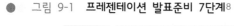

7단계	준비내용	Methods
Phase 1	• 발표목적(Purpose)의 철저한 분석	• 제안요청서(REP) 분석 • 발표의 성질 분석
Phase 2	• 목적에 부합하는 관련 자료 및 정보의 수집	• 선행연구 조사 • 인터넷 조사 • 전문가 의견조사
Phase 3	• 수집된 정보 및 자료의 분석과 요약	• Issue Tree 기법 • Value Driver Tree 기법 (성과동인체계)
Phase 4	• 발표목적에 부합하는 시청각 발표 자료 디자인	• 선행자료 조사 • 전문가 의견조사
Phase 5	• 디자인에 근거한 발표자료 작성	• 전문가 의견조사
Phase 6	• 발표노트 작성 (실전에 사용할 발표 원고)	• 전문가 의견조사
Phase 7	• Q&A자료 준비 (발표 후 진행할 질의응답 자료)	• 발표목적 Review • Key Word 정리

작성하는 것이다.

발표준비 전략이다.

먼저 자료정리 전략이다. 첫째, 시간에 따라 정리한다. 시간적인 자료를 준비할 때는 과거－현재－미래, 3년－2년－1년－금년, 1월－3월－7월－9월 등의 순서로 정리하는 것이 청중들의 이해를 구하는 데 효과적이다. 둘째, 내용에 따라 정리한다. 유사한 내용이나 유사한 주제 등 유사한 것 끼리 나누어 정리하는 것이 청중의 이해력을 활성화시키는 데 도움이 된다. 셋째, 인과관계에 따라 정리한다. 원인을 제기했으면 결과를 이어서 정리하는 것이 발표자와 청중이 함께 호흡하는 데 효과적이다.

---

8 Value Driver Tree(VDT, 성과동인체계)는 이미 학습한 본 책의 제7장 경영방침과 실행전략의 수립 내 부서별 핵심성과지표의 수립 쪽 각주를 참고하기 바란다.

다음은 시각적 자료작성 전략이다. 첫째, 하나의 시각화 자료에는 하나의 주제만 제시한다. 여러 주제를 담아 표현하려다 전달하고자 하는 핵심이 흐려질 수 있으므로 핵심을 강조하여 전달하는 것이 효과가 있다. 둘째, 시각화 자료는 데이터(Data)자료와 함께 사용한다. 그래프나 그림과 같은 시각화 자료만 보여주는 것보다 이들의 근거 자료를 제시하는 것이 객관성과 신뢰성을 더 높여준다. 셋째, 시각화는 단순하게 구성한다. 복잡하게 만들면 청중을 혼란스럽게 할 수 있으므로 간단하고 명료하게 내용을 구성한다. 넷째, 시각화 내용은 발표내용과 부합되게 구성한다. 발표내용과 관계가 없는 시각화 자료는 역효과를 발생시킬 수 있으므로 시각화 자료는 발표내용을 검증하고 구체화시킬 수 있는 것으로 하여야 한다. 다섯째, 그래프나 차트 등 도형을 최대한 활용한다. 백 줄의 문장보다 하나의 그림이 효과적이란 말이 있다. 청중의 입장에서 이들이 쉽게 이해하고 발표자와 호흡을 함께 할 수 있도록 숫자는 그래프로 만들고 문자는 차트나 도형으로 시각화한다. 여섯째, 시각화 자료를 너무 화려하게 하지 않는다. 너무 화려한 색상을 이용한 시각화 자료는 청중들의 가독성을 흐리게 하고 집중보다는 오히려 산만한 결과를 초래하기 쉽다.

● 표 9-6 **자료정리 및 시각적 자료 작성 전략**

구분		주요내용
발표 준비 전략	자료정리 전략	• 오래된 것부터 최근 순으로 시간에 따라 정리 • 유사한 내용 및 주제에 따라 정리 • 인과관계에 따라 정리
	시각적 자료작성 전략	• 하나의 시각화 자료에는 하나의 주제만 제시 • 시각화 자료는 데이터(Data)자료와 함께 사용 • 시각화는 단순하게 구성 • 시각화 내용은 발표내용과 부합되게 구성 • 그래프나 차트 등 도형을 최대한 활용 • 시각화 자료를 너무 화려하지 않게 구성

발표자의 전달기술이다.

훌륭하게 작성된 발표 자료를 더 효과적으로 전달하는 기술은 발표자로부터 나온다. 손동작 및 몸동작, 옷차림과 외모, 시선 맞추기, 무대사용, 사용언어, 발표시간 조절, 질의응답 등이 그것인데 이들에 대하여 알아본다.

● 표 9-7 **발표자의 전달기술**

구분	주요내용		
발표 전달 기술	• 손동작과 몸동작 • 옷차림과 외모	• 시선 맞추기 • 무대사용	• 사용언어 • 발표시간 조절 • 질의응답

첫째, 손동작과 몸동작이다. 발표자의 태도는 자신 있어야 하고 신뢰성이 묻어나야 한다. 때문에 지나친 손동작은 청중에게 위압감을 줄 수 있으므로 좌우는 자신의 어깨 넓이 범위 내에서 움직이고, 상하는 자신의 배꼽아래 단전에서 턱 부분까지를 범위로 하는 것이 좋다. 때문에 레이저 포인터(Laser point)나 볼펜 등을 손에 쥐고 설명하는 곳을 지시하는 포인터로 불필요한 손동작을 피하는 도구로 사용하는 것이 자신감 있고 신뢰성을 주는 발표자의 자세에 유리하다. 몸과 표정동작이 경색되면 청중들도 딱딱해질 수밖에 없으므로 몸동작은 유연하게 표정은 미소가 있는 부드러움이 좋은 분위기를 만들어 낸다.

둘째, 옷차림과 외모이다. 발표는 자신의 개성을 발산하는 곳이 아니다. 발표 장소에 부합하는 정장, 캐주얼, 구두 착용 등 옷차림과 외모를 발표 장소에 걸맞게 달리 준비하여야 한다.

셋째, 시선(視線) 맞추기이다. 이는(Eye contact) 청중이 발표자와 함께하는지, 발표내용을 이해하는지 못하는지, 따분한 진행인지 아닌지 등을 알 수 있는 수단이다. 또한 참석자의 지위(地位)를 더 높여주고 높은 관심을 갖게 해주는 효과가 있으므로 모든 청중과 골고루 시선 맞추기를 하는 것이 중요[9]하다.

넷째, 무대사용이다. 발표무대는 보통 바닥보다 높은 교탁이 있는 형태와 없는 형태 두 가지가 있다. 교탁이 있으면 교탁을 범위로 활용하고 없다면 좌우의 화면을 벗어나지 않는 범위를 활용토록 한다. 무대는 적당한 보폭으로 골고루 이용한다. 시선 맞추는 청중이 있다면 그쪽으로 이동하면서 설명한다. 청중에게 등을 보이지 않는다.

---

9 시선 맞추기에 대한 몇 가지 Tip을 제공한다. 지위가 높거나 핵심인물에게는 시선 맞추기의 비중을 더 준다. 몸의 방향과 시선의 방향은 같게 한다. 특정인에게 과도한 시선 맞추기는 피한다. 발표를 하면서 시선 맞추기를 해야 한다. 시선 맞추기는 눈싸움이 아니므로 눈에 과한 힘을 주는 것은 청중에게 불쾌감을 줄 수 있으므로 주의해야 한다.

다섯째, 사용언어이다. 프레젠테이션은 대부분 비즈니스 차원에서 이루어지므로 품위가 있는 표준어를 사용하는 것이 좋다. 또한 청중의 수준에 부합되는 언어를 사용하여야 한다. 변호사나 검사가 재판정에서 법률용어를 사용하며 변호와 공격을 하듯이 발표자의 사용언어 또한 발표내용에 부합되는 용어를 사용한다.

여섯째, 발표시간 조절이다. 준비가 잘된 발표내용과 발표자라 하더라도 발표시간을 초과하여 청중들에게 반토막 발표밖에 못하였다면 그 결과 또한 반토막이 날 수밖에 없을 것이다. 시간조절을 가장 잘 하는 방법은 많은 연습뿐이다. 발표는 발표를 준비할 때 제시된 시간보다 2~3분 미리 끝나게 준비한다. 우발적인 발표시간 증감요구에 대비하여 설명을 줄이거나 생략해도 내용전달에 문제가 없는 부분, 추가적인 설명이나 유머를 삽입하여 설명할 부분 등을 준비해 둔다. 서론에서 시간할애는 금물이다.

일곱째, 질의응답 준비이다. 본 발표의 부족한 부분과 잘된 부분을 강화할 수 있는 것이 질의응답이다. 발표내용의 본질을 파악하여 청중의 입장에서 질문이 될 만한 내용을 사전에 선정 및 대답을 연습하여 또 하나의 발표 무기로 활용하여야 한다.

3.2. 일정관리 기법

일정관리(日程管理)는 개인이나 조직이나 시한성(時限性)이 있는 사안을 처리할 때 가시성 확보를 통하여 처리사항, 진척도, 참여자의 책임과 역할, 보고 및 마무리 시점을 확인할 수 있도록 숫자 테이블을 이용하여 과제를 관리하는 행위를 말한다.

일정관리는 강제적인 의무와 이를 통한 긍정의 효과측면이 공존하는 것이기도 하다. 기업의 내부과제 진행과 수주한 외부과제를 수행한다면 일정관리는 강제적인 의무사항이 된다. 이런 강제적인 의무사항은 진행과정은 물론 산출물이 도출될 때까지의 전(全)과정에서 진척도와 결과물을 가시화시키는 효율상승 효과를 가져온다. 또한 과제 참여자의 심리적 긴장상태 유지와 효율적인 시간 활용을 가능하게 해주는 계획적인 긍정의 효과를 제공해 준다.

일정관리는 무엇을 언제까지 어느 정도 할 것인지를 일 단위(Day), 주간단위(Week), 월간단위(Month), 분기단위(Quarter), 반기단위(Half), 연간단위(Year)로 관리하는 것을 말한다. 또한 특정 작업 또는 과업의 시작과 완료시점을 알 수 있고 고객의 납기약속을 수립하고 납품하는 데에도 필수적이다.

경영전략(경영계획)에서 일정관리를 하는 깃은 경영계획수립을 위한 일정관리, 수립된 계획을 진행하는 진척도 관리, KPI 중심의 목표관리, 연간계획의 마무리관리를 위한 수단으로 유용하게 사용된다.

일정관리의 대표적인 수단은 Gantt Chart(간트 차트)이다. 미국의 간트[10]에 의하여 1910년대 초 개발된 일정관리 기법이다. 이는 프로젝트 일정관리를 위한 막대모양의 도구인 바(Bar)를 수단으로 작업의 목적과 시간의 두 핵심요소를 이용하여 계획과 통제기능을 동시에 수행할 수 있도록 설계된 것으로 막대그래프 차트라고도 한다.

간트 차트는 다음과 같은 특징[11]을 갖고 있다.

첫째, 대표적인 Top-down방식의 일정관리 수단이다. 이미 확정되어 하달된 일정을 관리하는 데 유용하다.

둘째, 과학적으로 관리되는 공장의 생산관리 수단이다. 제품 생산을 위한 부품발주-부품입고-중간생산-완제품생산-검품 등의 단계를 과학적 관리가 가능하게 해준다.

셋째, 작업실적의 기록을 위한 작업자 및 기계기록 도표이다. 작업자나 기계별 계획생산량과 실제 생산량의 관계를 표시하여 목표대비 실제의 차이(Gap)의 원인을 알 수 있다.

넷째, 작업계획을 위한 작업할당 도표이다. 각 공정의 현재 작업 상태를 보여주는 기능을 한다.

다섯째, 능력 활용을 위한 작업하부 도표이다. 작업자 및 기계별로 현재 능

---

10 Henry Laurence Gantt(1861년 5월~1919년 11월), 미국의 존스 홉킨스대학교(Johns Hopkins University)를 졸업하고 기계분야 엔지니어이자 경영컨설턴트로 활동하였다. 1910년 초 간트 차트(Gantt chart)를 개발하였다.

11 Wilson, J. M.(2003). Gantt charts: A centenary appreciation. European Journal of Operational Research, 149(2); 두산백과.

력에 대해 어느 정도의 작업량이 할당되어 있는가를 보여준다.

여섯째, 진도관리를 위한 작업진도 도표이다. 작업공정이나 제품별로 계획된 작업이 실제로 어떻게 진행되고 있는가를 보여준다.

● 표 9-8 **간트 차트의 특징**

구분	주요내용
Gantt Chart의 특징	• 대표적인 Top-down방식의 일정관리 수단 • 과학적으로 관리되는 공장의 생산관리 수단 • 작업실적의 기록을 위한 작업자 및 기계기록 도표 • 작업계획을 위한 작업할당 도표 • 능력 활용을 위한 작업하부 도표

전술(前述)한 바와 같이 간트 차트는 여러 가지 특징을 가지고 있고, 물론 특징에 따라 사용 방법과 목적을 달리하기도 한다. 〈그림 9-2〉는 본인이 NH 경제지주의 「ㅇㅇ사업에 대한 비즈니스모델수립과 사업의 타당성분석」 컨설팅 프로젝트를 진행할 때의 간트 차트 사용 실례이다.

그림에서 보는 실례와 같이 맨 좌측에는 수행해야 할 과제와 착수보고, 중간보고, 최종보고의 일정을 기술하였다. 적색 화살표로 표시한 것은 각 보고기간을 강조하여 과업의 늘어짐을 방지하기 위한 시점을 강조하기 위한 것이다. 주요수행업무를 기준으로 우측에는 업무공정계획을 주간단위로 확인 및 진척관리를 할 수 있도록 칸트차트의 표식인 바(Bar)를 이용하여 해당업무의 소요기간을 그래프로 일정을 표시하였고, 맨 우측에는 본 과업에 참여하는 연구원들의 책임과 역할(R&R)을 상세하게 기술하여 업무분장표의 성격을 함께하도록 기능을 활용한 예(例)이다.

그림 9-2 **간트 차트의 사용 예 (컨설팅 일정관리와 R&R)**

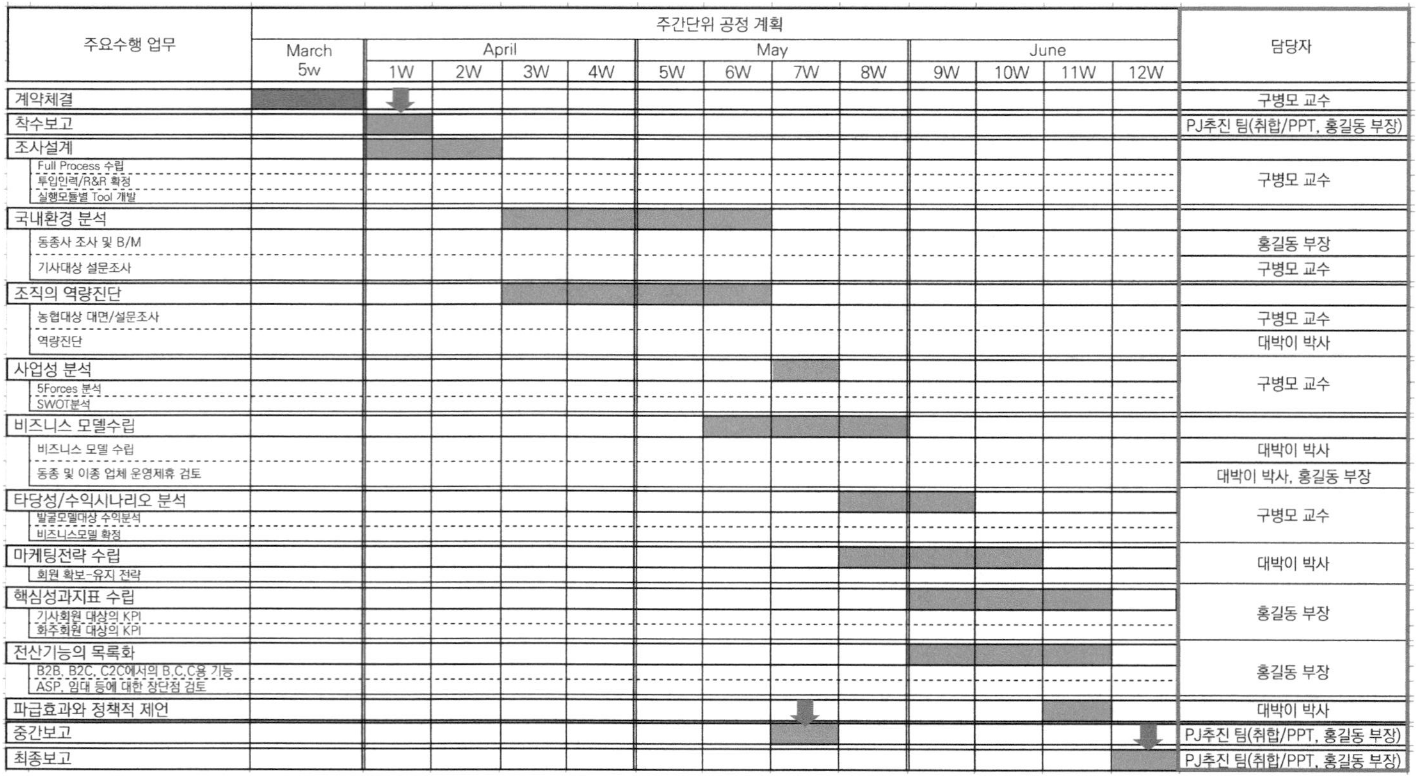

4. 경영전략수립 프로세스 8단계의 핵심과 산출물

제9장 경영전략 확정과 공유 단계에서 활용할 수 있는 전략기법은 〈표 9-9〉 같고, 본 경영전략수립 프로세스 8단계의 핵심과 산출물은 〈그림 9-3〉과 같다.

● 표 9-9 경영방침과 실행전략 수립에서 활용할 수 있는 전략기법

전략기법	개념	활용용도 및 특징
Presentation 기법	• 프레젠테이션 기법은 시청각 자료를 이용하여 청중들에게 정보전달, 안건소개, 사업설명회, 제안서 발표 등의 행위를 할 때 요구되는 프레젠테이션 4P를 준비하고 행하는 Communication 기법이다. • Presentation 4P는 People(청중), Purpose(발표목적), Place(발표 장소), Preparation(발표준비)을 말한다.	• 발표자가 발표내용과 혼연일체되어 청중들을 설득시켜 발표 목적을 얻고자 할 때 필요한 핵심수단이다. • 프레젠테이션 4P와 발표자의 옷차림과 외모, 무대사용, Eye contact, 사용언어, 발표시간조절, 질의응답 준비를 함께할 때 발표목적의 성취에 한 걸음 더 다가갈 수 있다.
일정관리 기법	• 시한성 사안을 처리할 때 가시성 확보를 통하여 처리사항, 진척도, 참여자의 책임과 역할, 보고 및 마무리 시점을 확인 할 수 있도록 숫자 테이블을 이용하여 과제를 관리하는 행위를 일정관리라 한다.	• Top-down 방식으로 일정을 관리하는 수단이다 • 과학적으로 관리되는 공장의 생산관리 수단이다. • 작업실적의 기록을 위한 작업자 및 기계기록 도표이다. • 작업계획을 위한 작업할당 도표이다. • 능력 활용을 위한 작업하부 도표이다. • 진도관리를 위한 작업진도 도표이다.

● 그림 9-3 **경영전략수립 8단계의 핵심과 산출물**

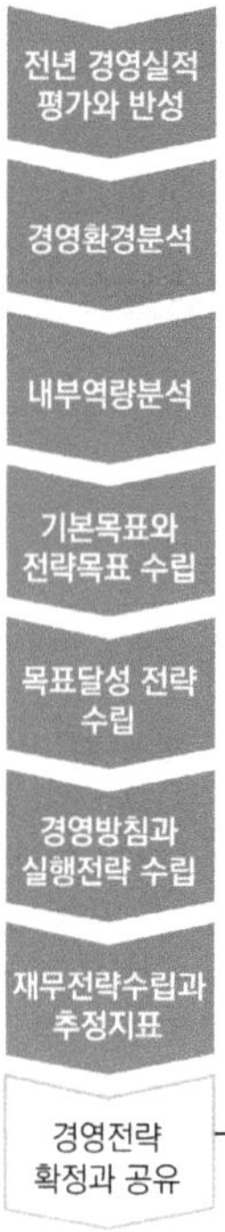

| 전년 경영실적 평가와 반성 |
| 경영환경분석 |
| 내부역량분석 |
| 기본목표와 전략목표 수립 |
| 목표달성 전략 수립 |
| 경영방침과 실행전략 수립 |
| 재무전략수립과 추정지표 |
| 경영전략 확정과 공유 |

경영전략 확정과 공유

본 9장의 핵심은 수립된 경영전략을 전사의 모든 임직원과 공유하는 것이다. 때문에 공유가 무엇인지 개념과 효과를 아는 것은 기본이다.

기업경영 및 경영관리를 하다 보면 대외비(對外秘) 정보가 발생할 수밖에 없으므로 공유의 대상인 물건과 대상자를 고려한 전략적 행동도 필요하다.

- 프레젠테이션 4P인 People, Purpose, Place, Preparation 각각의 의미와 무엇을 분석해야 하는지 이해하였다.
- 프레젠테이션의 발표준비 7단계를 알고 실전에서 활용할 수 있다.
- 발표자의 전달기술인 손동작과 옷차림, 시선 맞추기, 무대 사용, 사용언어, 발표시간 조절, 질의응답 준비 등이 왜 필요한지 확실하게 인지하였고 이를 실천할 수 있다.
- 일정관리의 개념과 목적을 분명하게 이해하였다.
- 일정관리에 사용되는 간트차트의 특징과 활용용도를 이해하였고 이를 활용할 수 있다.

If you understanding these, go to Next chapter.

PART

03

———

전략경영의 실행과 목표관리

CHAPTER

10

경영전략의 실행과 목표관리

1. 목표관리의 개념과 특징
2. 전략적 목표관리
3. 활용할 수 있는 전략기법과 스킬
4. 경영전략의 실행과 목표관리 단계의 핵심과 산출물

파트－그룹－팀[1] 또는 파트－팀－본부 등 조직단위별로 수립된 경영전략이 수립되었고, 수립된 경영전략이 취합 정리 및 확정되어 제9장과 같이 공유되었다면 이미 학습한 바와 같이 목표를 달성하기 위하여 개인별, 부서별 핵심성과지표(KPI, Key performance indicator)를 수립하여 조직단위 및 전사 경영목표 달성을 위한 대 장정(長征)에 돌입해야 한다.

만인이 알고 있는 금언(金言)과 같이 칭찬은 고래도 춤추게 한다고 하였다. 또한 많은 기업에서 조직 구성원들에게 긍정적인 동기부여를 위하여 인센티브 여행(Incentive travel)을 시행하기도 한다. 고래를 춤추게 하는 것, 인센티브 여행을 갈 수 있는 것의 출발점은 무엇일까? 그렇다 목표관리이다. 목표관리는 앞장에서 이미 학습한 바와 같이 가시성 있는 일정관리 기법인 간트차트(Gantte chart)를 이용하여 체크 및 피드백(Feed－back)된다. 목표관리를 해야만이 목표 대비 효과와 투입대비 효율을 분석할 수 있고 참여 임직원들의 성과를 객관적으로 계량화하여 평가할 수 있기 때문이다.

목표관리는 조직 구성원들에게 PI(Profit incentive), PS(Profit sharing), 특별상여금, 연봉인상, 복리후생 및 임직원 금융지원범위 확대 등의 금전 보상은 물론, 정기(定期)승진, 특별(特別)승진, 발탁(拔擢)승진, 희망부서 전환배치 등 만족

---

1 팀(Team)이란 상호보완적인 기능을 가진 소수의 구성원들이 공동의 목표와 업무수행목표를 달성하기 위하여 결집된 조직을 말한다.

스런 직장생활을 할 수 있는 제반의 것들이 제공될 수 있는 시작점이 되기도 한다. 또한 이와 같은 동기부여는 임직원들의 자발적이고 창의적인 직무활동으로 이어져 기업의 지속적인 이익창출에 기여하여 종극(終極)에는 영속기업을 만들고 유지하는 원동력이 된다.

이번 장(Chapter)에서는 객관적이고 체계적인 목표관리를 위한 전사적 목표관리(MBO)에 대하여 학습한다. 또한 금(今) 경영전략실행과 목표관리2에서 활용할 수 있는 전략기법으로 성과측정 도구로서의 역할뿐 아니라 경영진의 전략적 의사결정을 지원하는 경영계기판의 역할을 수행하는 균형성과지표(BSC, Balanced score card)와 1회계연도의 경영목표 달성을 위하여 추진되는 3개월 전후의 단기업무, 6개월 전후의 중기업무, 9개월 전후의 장기업무의 성공적인 완수를 위해 필수적으로 요구되는 프로젝트관리 기법에 대하여 학습한다.

1. 목표관리의 개념과 특징

MBO(全社的目標管理, Management by objective)는 1954년 피터 드러커(Peter Drucker3)에 의하여 개발되어 그의 저서인 「경영의 실체, The Practice of Management」에 소개되었다. 또한 그 자신에 의하여 최초로 사용된 것으로 이는 모든 관리자들이 하고자 하는 미래의 구체적인 목적이나 과업의 달성을 위하여 접근하는 경영목표관리 접근기법이다.

MBO의 특징으로는 첫째, 탑다운(Top-down) 방식의 목표하달식이 아닌 조직수준에서 계획과 절차를 토론하는 시스템이다. 둘째, 상급자가 하급자를 위하여 특별한 목표와 과업을 제시하면 회의를 통하여 하급자들은 그들이 조직에

---

2 목표관리(目標管理)는 목표를 수단으로 조직을 관리함으로써 구성원들에게 동기를 부여하고 성과를 극대화해 나가는 특징을 가지고 있다.

3 Peter Ferdinand Drucker(1909년 11월~2005년 11월 卒), 오스트리아 빈에서 출생한 미국인으로 프랑크푸르트대학원에서 법학박사학위를 받았다. 미국 뉴욕대학교 경영학부 교수와 드러커 경영대학원 사회과학부 석좌교수를 역임한 작가이자 경영학자 및 경영컨설턴트로 경영, 경제, 혁신, 사회, 정책 등 다방면에서 수많은 저서를 남겼다.

더 기여하고 성취할 수 있는 것(Job)을 제시하고 발전시키는 기법이다. 셋째, 관리직의 종사자들이 목표수립과 과업을 구체화시키는 프로세스이다. 넷째, 계획된 활동의 이행을 모니터(Monitor)하는 시스템이다. 다섯째, 과업의 목표달성 정도를 계량화로 지원하는 시스템이다. 여섯째, Y이론적 인간관리 기법4으로 접근하는 협력적 조직문화 시스템5이다.

● 표 10-1 **MBO의 개념과 특징**

구분	주요내용
MBO의 개념	• 관리자들이 하고자 하는 미래의 구체적인 목적이나 과업의 달성을 위하여 접근하는 목표관리 기법
MBO의 특징	• 탑다운(Top-down) 방식의 목표하달식이 아닌 조직수준에서 계획과 절차를 토론하는 시스템 • 상급자가 하급자를 위하여 특별한 목표와 과업을 제시하면 회의를 통하여 하급자들은 그들이 조직에 더 기여하고 성취할 수 있는 Job을 제시하고 발전시키는 기법 • 관리직에 종사자들이 목표수립과 과업을 구체화시키는 프로세스 • 계획된 활동의 이행을 모니터(Monitor)하는 시스템 • 과업의 목표달성 정도를 계량화로 지원하는 시스템 • 협력적 조직문화를 중시하는 Y이론적 인간관리 기법

2. 전략적 목표관리

전략적 목표관리는 다음과 같은 프로세스와 단계별 조건 및 제 요인을 반영하여야 한다.

목표설정은 구성원의 참여 - 토론과 회의를 통한 목표설정 - 개인 및 조직 단위목표달성 활동 - 목표달성활동 결과의 평가 - 평가결과의 피드백 등 5단계의

---

4 Y이론적 인간관리 기법은 MIT대학교의 맥그리거(McGregor) 교수가 인간본성에 대하여 제시한 이론이다. 그에 의하면 부정적인 관점인 X이론과 긍정적인 관점인 Y이론이 있다고 하였다. Y이론에 따르면 인간은 일을 할 때 작업조건에 따른 고통보다는 기쁨을 가져온다고 생각하고 있으므로 강제적으로 지시와 통제보다는 스스로 할 수 있도록 협력적인 분위기를 만들어야 한다는 것이다.

5 Thomson, T. M.(1998). Management by objectives. The Pfeiffer Library, 20(2); Read, B. H. (1974). Management by Objectives.

● 그림 10-1 **목표관리 프로세스**

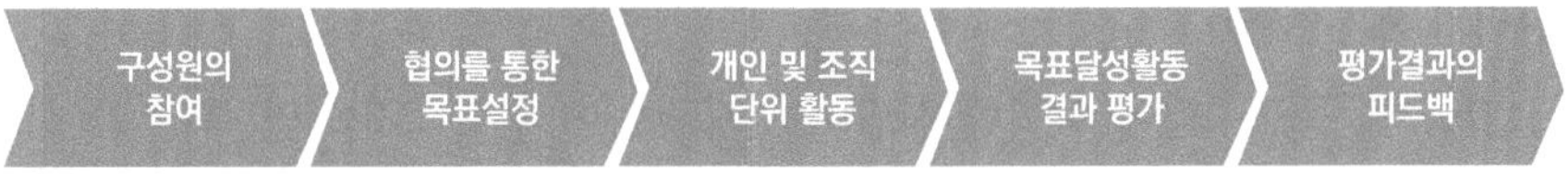

| 구성원의 참여 | 협의를 통한 목표설정 | 개인 및 조직 단위 활동 | 목표달성활동 결과 평가 | 평가결과의 피드백 |

선순환과정으로 이루어진다.

목표설정은 다음의 조건을 고려하여 설정하여야 한다.

● 표 10-2 **목표 설정 시 고려조건**

구분	주요내용
목표설정조건	• 구체적으로 표시 및 기술되어야 한다. • 정량적으로 측정 가능하여야 한다. • 시작시점과 종료시점이 명확해야 한다. • 현실에 바탕을 두어야 한다. • 도전적이어야 한다. • 목표수립에 참여한 사람이 할당받아야 한다.

첫째, 목표는 구체적으로 표시 및 기술되어야 한다. 장문(長文)의 서술적인 표현보다는 구체적인 단문으로, 단문보다는 숫자로 하는 것이 좋다.

둘째, 목표는 정량적으로 측정 가능하여야 한다. 목표대비 효과를 객관적이고 숫자로 측정 가능하여야 효과와 효율을 평가할 수 있다.

셋째, 목표는 시작시점과 종료시점이 명확해야 한다. 단기경영계획의 경우 1회계연도인 1년 내에 하여야 할 목표가 적시된다. 목표는 경영계획을 달성하고자 하는 것인바, 1회계연도[6] 안에서 실행 및 평가를 마무리하고 개선점을 반영하여 재차 실행할 수 있는 기간으로 시작과 종료시점이 있어야 한다.

다섯째, 목표는 현실에 바탕을 두어야 한다. 최고 경영자로부터 배분받은 유형의 자원과 자신의 역량으로 달성할 수 있는 현실적인 목표여야 한다.

여섯째, 목표는 도전적이어야 한다. 큰 노력이나 준비 없이 쉽게 달성할 수

---

6 회계연도(會計年度, FY, fiscal year)는 공공기관 및 민간기업 등 단체예산의 집행단위가 되는 기간을 말하는 것으로 세입 및 세출, 수입 및 지출을 구분하기 위하여 설정된 1년 단위이다. 우리나라의 예산회계법은 회계연도를 매년 1월 1일에서 시작하여 당해 12월 31일에 종료하는 1~12월제를 채택하고 있다. 반면 국가에 따라 4~3월제(영국, 일본, 인도 등), 7~6월제(호주, 스웨덴, 필리핀 등), 10~9월제(미국, 미얀마 등) 등도 채택 및 운영되고 있다.

있는 목표는 구성원들에게 현실안주, 비도전적 조직, 동기부여가 되지 않는 목표관리가 될 수 있다.

일곱째, 목표수립에 참여한 사람이 할당받아야 한다. MBO의 특징 중 하나가 구성원 간 회의와 토론을 통한 목표수립이라고 하였다. 이는 목표수립활동에 참여함으로써 목표설정 배경, 목적 등의 이해도가 높고 목표과제에 대한 Ownership(주인의식)이 강하기 때문이다.

성과평가(成果評價)와 피드백(還流, Feed-back)이다.

목표를 부여하여 그 결과를 측정 및 반영하여 반듯이 해야 할 일이 성과평가이다. 성과평가는 개인이나 조직단위가 실행한 목표달성을 위한 업무수행 결과를 수립된 평가기준을 근간으로 신뢰성과 타당성[7]있게 주어진 기간 내 목표대비 효과를 집계하는 경영활동을 말한다.

이 평가결과를 보완, 개선, 강화, Incentive(보상) 및 Penalty(개선명령, 벌) 지급 등으로 구분하여 목표활동을 수행한 개인이나 조직에 통보하는 것을 피드백(Feed-back 또는 환류)이라 한다.

피드백 또한 성과평가를 하였다면 활동결과가 목표대비 달성을 하였든 못하였든 반드시 해야 하는 과정 중의 하나이다. 개인 및 조직에 대한 피드백의 결과는 목표달성을 격려하는 보상중심의 Incentive와 자극을 통한 동기부여를 목적인 벌(罰) 중심의 Penalty가 있다.

성과평가의 대상으로는 구성원에 대한 역량평가, 직무태도평가, 업적평가 등이 있다.

역량평가(力量評價, Competency evaluation)는 담당하고 있는 직무를 통하여 발휘하고 있는 리더십, 의사소통, 전문성 등의 역량을 말하는 것으로 직무 및 조

---

7 신뢰성과 타당성은 평가나 조사에서 가장 중요한 것 중의 하나이다. 신뢰성(信賴性, Reliability)은 동일한 대상을 복수로 측정하여도 동일 또는 유사한 결과 값이 도출되는 정도를 말한다. 즉 국궁이나 사격을 하였을 때 과녁의 동일한 부위에 명중되는 것인데 사격의 탄착군을 생각하면 되겠다. 타당성(妥當性, Validity)은 측정하고자 하는 것을 제대로 측정하였는가의 정도를 말한다. 즉 자사 제품의 소비자 선호도 조사를 하려면 이에 부합되는 설문지를 만들어 조사해야지 선호도가 아닌 직원의 서비스 태도나 서비스 품질을 묻는 설문지는 타당성이 결여된 것이다. 한국인에게 수학시험을 보려면 한글과 아라비아 숫자를 이용한 시험문제여야지 한글이 아닌 영어나 일본어 등 외국어로 된 시험문제지는 시험의 목적이 수학의 이해정도가 아니라 외국어 이해를 우선해야 하는 문제가 되므로 타당성이 결여된 시험문제가 되는 것이다.

직생활과 무관한 것은 역량목표관리의 대상에서 제외하여야 한다. 그 밖의 역량평가 요인으로 직무지식, 자격증, 성장가능성, 대인관계, 애사심, 창의력 등을 들 수 있다.

직무태도평가(職務態度評價, Job attitude evaluation)는 목표 및 직무의 대상에 대하여 가지고 있는 생각, 표현, 태도, 열정 및 성실성 등을 말하는 것으로 부정적인지, 긍정적인지, 열정적인지와 같은 것이 대상이 될 수도 있다. 그 밖의 직무태도평가 요인으로는 사규준수여부, 보고 및 보고서 작성, 제안건수, 가치관, 경제적인 직무처리 등이 있다.

업적평가(業績評價, Performance evaluation)는 개인 및 조직에게 주어진 기간 내에 목표 대비 달성정도를 말한다. 이의 평가요인으로는 매출, 영업이익, 생산성, 불량률, 고객만족도, 리드타임준수율, 고객칭찬건수 등 다양한 정량적 항목을 대상으로 할 수 있다.

성과평가의 대표적인 목적을 들면 다음과 같다.

첫째, 인재 육성 및 평가에 중요한 정보를 제공한다. 개인에게 주어진 목표달성 활동을 통하여 구성원의 직무태도는 물론 역량, 가치관, 의식 등 유무형의 것을 확인할 수 있는 기회가 된다.

둘째, 연봉협상의 중요한 기준이 된다. 성과중심 기업의 경우 개인의 목표달성여부를 가장 높은 평가항목으로 하는데 목표달성은 연봉인상의 중요한 요인이 되기 때문이다.

셋째, 기업의 인력유지 및 감축 등 구조조정의 평가요인으로 활용한다. 기업의 경영실적이 내부 및 변화무쌍한 외부의 경영환경에 따른 기복이 심할 경우 또는 인위적인 환경에 의하여 인력의 감소가 필요할 때 성과평가의 결과는 인력

● 표 10-3 **성과평가의 대상과 시행목적**

구분	주요내용
성과평가의 대상	• 역량평가(力量評價, Competency evaluation) • 직무태도평가(職務態度評價, Job attitude evaluation) • 업적평가(業績評價, Performance evaluation)
성과평가의 목적	• 인재 육성 및 평가에 중요한 정보를 제공 • 연봉협상의 중요한 기준으로 작용 • 기업의 인력유지 및 감축 등 구조조정의 평가요인으로 활용

의 유지 및 감축의 중요한 기준으로 활용된다.

기업에서 개인 및 조직 대상의 평가 프로세스는 우선 평가요인 및 기간 등 평가방법을 확정하고 시행에 돌입한다. 이후 활동결과를 평가하여 등급 및 비율을 정하고 개인 및 조직에 반영한다.

● 그림 10-2 **평가결과 반영프로세스**

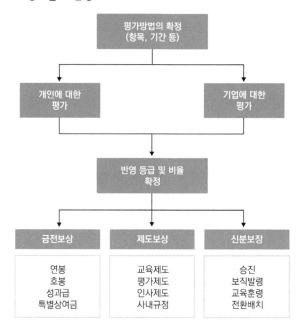

3. 활용할 수 있는 전략기법과 스킬

수립된 경영전략의 효과적인 달성을 위하여 도입되는 제도가 전략적 목표관리제도이다. 목표관리는 조직유지의 핵심인 인력의 처우와 관계가 있는 결과를 초래하므로 객관성과 투명성이 전제되어야 하므로 시스템적 접근이 요구된다.

본 장에서 활용할 수 있는 전략기법으로 4개의 관점을 핵심요인으로 하여

성과관리 시스템으로 검증된 BSC(Balanced score card)를 소개한다. 또한 목표달
성 활동을 개인단위로 하든 팀 단위로 하든 오너십(Owner ship)을 가지고 다뤄
야 할 것이 프로젝트 이므로 프로젝트 관리 기법을 소개한다.

3.1. BSC 기법

Balanced Scorecard(均衡成果指標)는 하버드 비즈니스대학원(Harvard business
school)의 회계학과 교수인 Robert S. Kaplan과 컨설팅 회사인 르네상스 전략그
룹의 설립자이자 대표이사인 David P. Norton이 1992년 하버드 비즈니스 리뷰
지에 게재하면서 소개되었다. 이는 조직의 비전과 전략으로부터 균형적인 관점
으로 도출된 성과지표 체계로 조직의 변화를 관리하고 실행하는 도구이다.

BSC는 다음과 같은 4가지 관점과 4가지 특징으로 구성[8]된다.

4가지 관점은 Financial Perspective(재무적 관점), Internal Process
Perspective(내부업무처리 관점), Learning and Growth Perspective(학습과 성장관
점),[9] Customer Perspective(고객관점)이 그것이다.

〈그림 10−3〉과 같이 4가지 관점으로 구성된 BSC는 다음과 같은 4가지
특징을 가지고 있다.

첫째, 기업의 Mission(미션)과 Strategy(전략)에서 출발하는 Top−down
방식으로 도출된다. BSC는 전략경영의 상위단계인 기업의 미션, 비전, 전략을
출발점으로 이들과 상호 연계된 지표들로 통합적 경영전략모델의 구축이 가능
하다.

둘째, 기업이 달성하길 원하는 중·장기적인 측정지표로 구성된다. BSC는
단기적 측면뿐 아니라 기업이 원하는 중장기 미래의 측정지표로 종합적인 관리
가 가능하다.

---

8 Kaplan, R. S., Norton, D. P.(1996). Using the balanced scorecard as a strategic
management system.

9 하버드 비즈니스 리뷰지 9-10월호(Harvard Business Review September-October)에 게재된
BSC를 개발한 카플란(Robert S. Kaplan)과 노턴(David P. Norton)이 지은 「Putting the
Balanced Scorecard to Work」에 소개한 Rockwater의 4가지 관점은 학습과 성장관점이 아니
라 Innovation and Learning Perspective(혁신과 학습관점)로 되어 있음을 참고하기 바란다.

● 그림 10-3 **BSC의 4가지 관점**

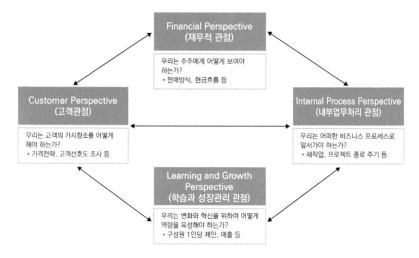

셋째, 기업의 내부 및 외부에 대한 통합측정이 가능한 요소로 구성된다. BSC는 기업 내부의 재무적인 성과측정, 내부업무프로세스 및 외부의 고객측면의 핵심성공요인에 대한 성과측정이 가능하다.

넷째, 기업이 추구하는 통합적 경영전략 모델로서 개인 및 조직 단위 업무활동의 명확화와 의식향상에 기여한다. BSC는 기업의 경영목표와 개인 및 조직의 업무활동 간 정합성 유지와 목표의 명확화, 그리고 경영전략에 적합한 조직관리 및 기능역량 배양에 기여한다.

● 표 10-4 **BSC의 4가지 특징**

구분	주요내용
BSC의 특징	• 기업의 Mission(미션)과 Strategy(전략)에서 출발하는 Top-down 방식으로 도출된다. • 기업이 달성하길 원하는 중·장기적인 측정지표로 구성된다. • 기업의 내부 및 외부에 대한 통합측정이 가능한 요소로 구성된다. • 기업이 추구하는 통합적 경영전략 모델로서 개인 및 조직 단위 업무활동의 명확화와 의식향상에 기여한다.

이와 같은 특징을 가지고 있는 Balanced Scorecard(균형성과지표)는 기존의 성과관리 체계와 지표의 도출 방법은 물론, 지표체계, 결과의 분석 및 활용측면

● 표 10-5 BSC 성과관리 체계와 기존 성과관리 체계의 비교

구분	BSC의 성과관리 체계	기존의 성과관리 체계
지표도출 방법	• Vision 및 전략에서 출발 • Top-down으로 도출 • Task Force 팀에서 참여와 토론을 통한 설계	• 직무분석에서 출발 • Bottom-up으로 도출 • 담당부서에서 설계
지표체계	• 4가지 관점을 중심으로 단·중·장기적 미래역량 지표 등이 균형적으로 도출 • 지표 간 인과관계(Cause&effect) 정의	• 단기적, 과거의 업적평가 중심 지표 • 지표 간 인과관계 정의 불분명
결과분석	• 목표기간 내 주기적 모니터링 • 모니터링 후 철저한 사후조치	• 주기적 모니터링 체계가 미흡 • 결과에 대한 원인분석 미비
결과활용	• 활동실적의 분석 및 사후조치 • 개인 및 조직에 대한 성과평가 • 조직의 비전 및 전략과 연계	• 보상목적의 지표실적 평가 • 조직의 비전 및 전략과 단절된 성과평가

에서 〈표 10 − 5〉와 같이 다른 점을 가지고 있다.

기업의 비전 및 전략과 상호 연계된 BSC의 수립은 5단계로 이루어진다.

첫 번째 단계는 기업의 비전수립이다. 두 번째 단계는 성공적인 비전을 위한 차별화 수립이다. 세 번째 단계는 차별화 수립을 위한 핵심성공요인(CSF, Critical success factors) 설정이다. 네 번째 단계는 핵심성공지표(KPI)의 선정이고 다섯 번째 단계는 이들을 평가할 목표치의 설정이다.

이미 학습했던 제7장 경영방침과 실행전략의 수립에서 CSF 및 KPI를 설명하였는데 〈그림 7 − 6〉(CSF기반의 전략 체계도를 이용한 KPI도출과 평가가중치 수립)이 그것으로 이를 복습(Review)하고 본 페이지를 학습한다면 스치기만 하여도 이해가 될 것이다.

● 그림 10-4 비전 및 전략과 연계된 BSC 수립 5단계

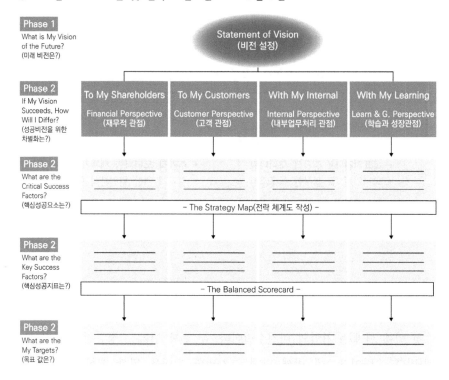

전략 체계도는 상위단계의 지표와 상호 인과관계(Cause and effect)를 통한 도출 등 인과관계를 나타내는 것이다.

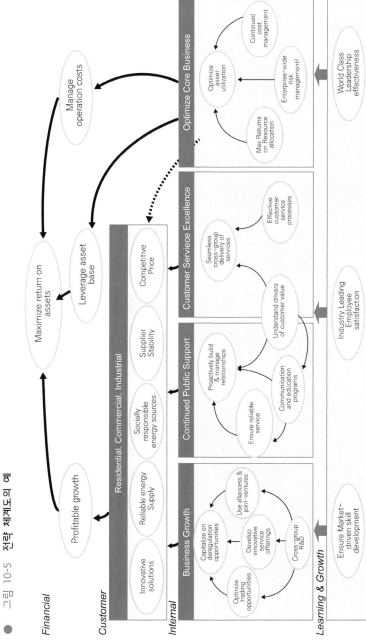

● 그림 10-5 전략 체계도의 예

● 그림 10-6 **전략 체계도를 이용한 KPI의 도출과 목표 값 확정의 예**

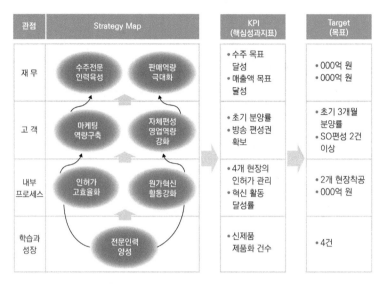

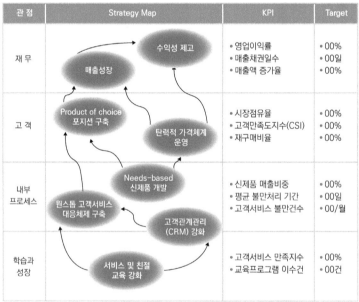

〈그림 10-5〉는 전략체계도 수립의 예이고, 〈그림 10-6〉은 전략체계도 (Strategy map)를 통한 서로다른 핵심성과지표(Key performance index)의 선정과 목표 값을 정하는 실 사례이다.

3.2. 프로젝트 관리기법

프로젝트(Project)는 특정한 목적달성을 위하여 시작과 끝이 있는 단발적인 인·물적 조직을 구성하여 위험성이 있음에도 수행해야 할 단위사업을 말한다. 프로젝트관리는 이와 같은 프로젝트의 성공적인 관리를 위한 절차라고 정의[10]할 수 있다.

이와 같은 프로젝트와 프로젝트 관리는 각각의 특성을 가지고 있다. 먼저 프로젝트의 특성으로는 수명이 한정되어 있어 충분히 기획된 사업이어야 한다. 상호의존성과 대립성을 고려하여야 하고 독특한 내용이어야 한다는 것이다. 다음으로 프로젝트 관리의 특성으로는 관리의 목표가 명확하여야 하고 수행절차를 활용하여야 한다. 또한 계획된 기간에 목표를 달성하기 위해서는 역량 있는 관리자를 임명해야 한다는 것이다. 이들에 대하여 짚어보면 다음과 같다.

프로젝트의 특성이다.

첫째, 수명(Life span)이 한정되어 있다. 프로젝트는 보통 1회계연도 내에서 결과를 도출하여야 한다. 기간이 1년을 초과하는 프로젝트라 하더라고 최장 1회계연도를 기준으로 중간결과물을 도출하고 공유하여 목적과 부합되는지 진척관리가 되고 있는지 등을 관리하여야 한다.

둘째, 기획(Planning)된 프로젝트여야 한다. 프로젝트 정보수집 및 분석을 통하여 목표와 핵심내용을 설정하고 추진방법론을 구체화한 후, 프로젝트 결과물의 활용방안을 수립하고 마지막으로 프로젝트에 투입될 인력을 포함한 인·물적 자원의 철저한 계획 후 돌입하여야 한다.

셋째, 상호의존성(Interdependency)과 대립성(Trade-off)을 고려하여야 한다. 기업에 따라서는 복수의 프로젝트 팀을 동시에 가동하는 경우가 있을 수 있다. 이럴 경우 프로젝트 간 상호의존적인 것과 독립적인 것을 직시하여 인적이나 물적, 내용이나 기술 등의 시너지를 고려하여야 한다. 또한 결과물의 품질수준과 비용은 상충관계임을 고려하여 기간과 필요시점을 반영한 유효적절한

---

10 Munns, A. K., Bjeirmi, B. F.(1996). The role of project management in achieving project success. International journal of project management, 14(2).

● 표 10-6 **프로젝트 기획절차 및 절차별 주요내용**

프로젝트 기획절차	주요내용
정보수집 및 분석	• PESTLE이나 5Forces 기법을 활용한 거시 및 산업 내 환경 분석을 통하여 프로젝트의 전략적 방향을 수립 • 프로젝트 수행의 직접 및 파급효과 등을 분석
목표 및 핵심내용 설정	• 각각의 목표인 최종목표, 단계별 및 연도별 목표를 수립 • 목표에 부합되는 세부과제를 구체화하고 예상인력 산정 • 투입인력을 고려한 R&R 및 일정계획을 수립
추진 방법론의 구체화	• 선행연구, 델파이기법 등 문제해결 방법론을 구체화 • 내부 단독 또는 외부와 공동 등 수행방법 결정 • 외부와 공동의 경우 각각의 수행범위, 회의방법 등 정리
결과물 활용방안 수립	• 특허등록, 사업화, 내부역량 강화 등 결과 활용방안 수립 • 공동수행의 경우 결과물 공유 또는 귀속주체 등 결정
투입자원계획 수립	• 투입인력 및 예산의 확보 방안 결정
프로젝트 킥오프	• 수행 장소확보 및 투입인력의 인사발령 • 프로젝트 팀 상견례 및 킥오프(Kick-off)

의사결정이 필요하다.

넷째, 독특(Uniqueness)한 내용이어야 한다. 프로젝트의 성과물은 이전에 수행했던 결과물과 새로운 성과물, 독특하고 차별성이 있어야 한다.

프로젝트 관리의 특성이다.

첫째, 관리목표(Target)가 명확하여야 한다. 프로젝트 관리목표는 기대 또는 계획하고 있는 결과물의 용도를 어디에 두느냐에 따라 관리적, 전략적, 사업화 목표로 구분하여 관리하여야 한다.

● 표 10-7 **결과물에 따른 프로젝트관리 방향**

프로젝트목표 방향	주요내용
관리적 목표	• 결과물의 용도가 내부 프로세스의 개선 및 혁신이 목표 • 원가절감 및 이익률 향상이 목표
전략적 목표	• 신상품 및 신기술의 개발, 품질 및 성능의 혁신 등이 목표 • 기업의 상장(IPO), 전략적 제휴, M&A 등이 목표
사업화 목표	• 비즈니스모델의 개발 및 이의 사업화가 목표 • 전략적 사업단위(SBU)의 분사(Spin-off) 등이 목표

둘째, 관리의 시작과 끝이 있는 수행절차(Process)를 활용하여야 한다. 수명이 한정된 프로젝트는 정해진 기간 내에 최종 결과물을 산출해 내야 하므로 구

● 표 10-8 **프로젝트관리 수행 절차**

관리수행 절차	주요내용
프로젝트 착수	• 프로젝트 기획단계에서 조사·분석한 결과물을 리뷰(Review) • 인·물적 소요자원을 점검하고 관리목표를 명확히 한다.
상세계획 수립	• 프로젝트 전반에 대한 상세계획 수립과 팀원 간 R&R 정립 • 중간 및 최종보고, 회의 등을 포함한 일정관리 계획수립
프로젝트 실행	• R&R 및 일정 공유와 프로젝트의 실행
프로젝트 통제	• 내용 및 일정의 진척도, 팀원의 특기사항 등을 모니터링 • R&R 및 WBS(Work breakdown structure)에 의한 통제강화
프로젝트 조정	• 상사 및 의뢰기관과 프로젝트 일정, 내용 등을 대상으로 하는 의사소통과 조정
프로젝트 종료	• 수행 및 조정된 내용을 기반으로 최종 보고서(성과물) 점검 • 최종보고 및 프로젝트 종료

조화된 절차에 따라 관리하여야 하는데 TF(Task forces)팀이 발족하면 착수－상세계획수립－계획실행－통제－조정 및 종료의 절차가 그것이다.

셋째, 역량(Capability)있는 관리자를 임명하여야 한다. 착수한 프로젝트의 핵심은 정해진 일정 내에 마치느냐 아니냐가 핵심이 된다. 이를 달성하기 위하여 프로젝트 관리자에게 요구되는 역량으로는 팀원 및 내용의 조직화 능력, 상사 및 의뢰기관과 의사소통 역량, 상사 보고 및 통제역량, 프로젝트관리 및 조정역량이 그것이다.

● 표 10-9 **프로젝트관리자에게 요구되는 역량**

관리자 역량	주요내용
조직화 역량	• 프로젝트 내용 및 목표에 대한 확실한 이해 • 내용 및 팀원의 역량에 따른 자원의 배치와 운용 • 리더십 및 프로젝트 수행 및 문제해결 방법론 능력
의사소통 역량	• 상사 및 의뢰기관 담당, 관련팀장 및 임원과의 의사소통 • 특기 및 우발상황의 대처 및 해결 역량
보고 및 통제역량	• 팀원 및 일정, 내용 등 우발적 상황발생의 보고 • 팀원에 대한 동기부여 및 이탈 방지 • 예산의 적절한 집행과 통제
관리 및 조정역량	• 팀원 간 R&R에 부합되는 담당 범위 및 진척도 관리 • 중간 및 최종보고 등을 고려한 일정관리 • 프로젝트 내용 및 성과물에 대한 품질관리

● 표 10-10 **프로젝트 및 프로젝트 관리의 특성**

구분	주요내용
프로젝트의 특성	• 수명(Life span)이 한정되어 있다. • 기획(Planning)된 프로젝트여야 한다. • 상호의존성(Interdependency)과 대립성(Trade-off)을 고려하여야 한다. • 독특(Uniqueness)한 내용이어야 한다.
프로젝트 관리의 특성	• 관리목표(Target)가 명확하여야 한다. • 관리의 시작과 끝이 있는 수행절차(Process)를 활용하여야 한다. • 역량(Capability)있는 관리자를 임명하여야 한다.

지금까지 프로젝트 및 프로젝트 관리의 특성에 대하여 학습한 내용을 정리하면 〈표 10 – 10〉과 같다.

이외에 프로젝트를 진행할 때 관리하여야 할 대표적인 영역으로는 일정관리, 작업범위관리, 의사소통관리, 품질관리, 구매관리, 비용관리, 인·물적 자원관리, 위험관리를 들 수 있다.

● 그림 10-7 **프로젝트, 프로젝트 관리자 및 프로젝트 관리영역의 관계**

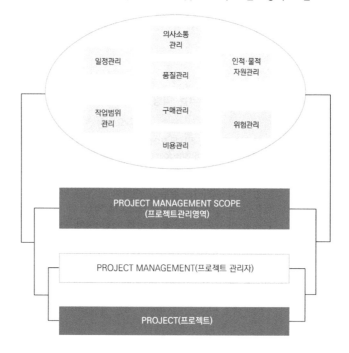

4. 전략경영의 실행과 목표관리 단계의 핵심과 산출물

제10장 전략경영의 실행과 목표관리 단계에서 활용할 수 있는 전략기법은 〈표 10-11〉과 같고, 본 장의 핵심과 산출물은 〈그림 10-8〉과 같다.

● 표 10-11 **경영방침과 실행전략 수립에서 활용할 수 있는 전략기법**

전략기법	개념	활용용도 및 특징
BSC 기법	• BSC는 Balanced Scorecard의 약어로 균형성과지표를 말한다. • 기법은 1992년 하버드 대학교 비즈니스대학원의 카플란 교수와 컨설팅 그룹 대표이사인 노턴이 Harvard Business Review지 1-2월호에 발표하면서 소개되었다. • BSC기법은 조직의 비전과 전략으로부터 균형적인 관점으로 도출된 성과지표 체계로 조직의 변화를 관리하고 실행하는 경영전략 기법이다.	• BSC는 재무적 관점, 내부업무 처리 관점, 고객관점, 학습과 성장관점 등 4가지 관점으로 구성된다. • 이 기법은 기업의 미션과 전략에서 출발하는 Top-down방식으로 도출, 기업이 원하는 중장기적인 측정지표로 구성, 기업의 내·외부에 대한 통합측정이 가능한 측정지표로 구성, 기업이 추구하는 통합적 경영전략 모델로서 개인 및 조직단위 업무활동의 명확화와 의식 향상에 기여한다.
Project 관리 기법	• Project Management 기법은 특정한 목적달성을 위하여 시작과 끝이 있는 단발적인 인·물적 조직을 구성하여 위험성이 있음에도 수행해야 할 단위사업인 프로젝트의 성공적인 관리를 위한 절차로 전략 경영을 수행하는 도구이다.	• 프로젝트관리 기법은 우선 프로젝트의 특성을 이해해야만 되는데 그 이유는 관리의 대상이 프로젝트이기 때문이다. • 프로젝트관리는 관리목표가 명확해야 하고 관리의 시작과 끝이 있는 수행절차를 활용하여야 하며 역량 있는 관리자를 임명하여야 한다.

● 그림 10-8 **경영전략의 실행과 목표관리의 핵심과 산출물**

경영전략
실행과
목표관리

성과보상제도

재무제표와
회계

경영전략 실행과 목표관리

본 10장은 조직단위 별로 수립된 경영전략을 실행하고 강력한 실행활동을 통한 목표달성을 이끌어 내기 위하여 목표관리를 해야 하는데, 이의 개념과 특징이 무엇인지, 목표설정 시 반영해야 할 조건은 무엇인지를 확실하게 알고 현업에 적용할 줄 알아야 한다.

또한 목표관리의 결과의 성과평가의 대상과 목적 또한 인지하여 강력한 목표달성 엔진을 가동하는 조직으로 만들어야 한다.

• Balanced Scorecard의 개념과 4가지 관점, 특징 및 수립 절차를 확실하게 이해하였고 활용할 줄 안다.
• 목표달성을 위한 Project Management를 위한 프로젝트 정의와 특징을 이해하였고, 프로젝트 관리방향과 인지하고 프로젝트관리자에게 요구되는 역량이 무엇인지 인지하고 있음은 물론 역량함양에 노력할 준비가 되었다.

If you understanding these, go to Next chapter.

CHAPTER

11

성과보상제도

1. 개념과 충족조건
2. 성과보상제도의 설계
3. 성과보상제도에서 활용할 수 있는 전략기법, 핵심과 산출물사례

1. 개념과 충족조건

성과보상제도(成果補償制度, Pay for performance system)는 행동 모니터링 (Behavioral monitoring) 또는 산출된 성과물을 근거로 개인의 성과 및 노력의 극대화를 위하여 구성원들을 격려하는 것을 목적[1]으로 하는 조직경영 기법이라고 정의할 수 있다. 여기서 말하는 성과보상(Compensation)이란 조직과 개인 간 고용관계(Employee relationship)의 일환으로 임원 또는 직원인 구성원이 기업으로부터 받게 되는 모든 형태의 금전 또는 비금전적인 대가를 말한다.

성과보상제도는 인센티브의 성격이 강한 동기부여와 격려를 목적으로 하는 바 다음과 같은 조건을 충족하여야 성공의 가능성을 높일 수 있다.

첫째, 구성원들이 긍정적이고 호의적으로 받아들여야 한다. 성과보상제도는 조직 전체 구성원들을 대상으로 하는 조직경영 기법이므로 설계에서 확정까지 전 구성원들이 참여하고 이들과 공유하여야 한다.

둘째, 구성원들은 성과보상과 직무성과 사이의 관계를 명확하게 인지하여야 한다. 경영목표 달성을 위하여 개인단위, 조직단위로 시행되는 핵심성과지표

---

1 Deckop, J. R., Mangel, R., Cirka, C. C.(1999). Research notes. Getting more than you pay for: Organizational citizenship behavior and pay-for-performance plans. Academy of Management Journal, 42(4).

의 정량적 평가를 통한 결과로 성과보상이 주어지는 것이고 고정급 이외에 별도로 주어지는 인센티브 성격임을 인지하여야 한다.

셋째, 모든 구성원들에게 공정하게 적용되어야 한다. 지원부서, 생산부서, 개인이나 조직단위 모두에게 정해진 평가 제도를 통하여 평가되고 평가된 결과는 제외나 차별 없이 공정하게 적용되어야 한다.

넷째, 성과보상의 기준은 구체적이고 너무 쉽지 않아야 한다. 성과보상의 기준은 구체적으로 계량화할 수 있도록 하여야 하고 어렵지 않은 노력으로 획득할 수 있는 것이 아니어야 한다.

다섯째, 성과보상의 결정방식은 단순하고 쉽게 이해2되어야 한다. 성과보상의 대상이 될 수 있는지 아닌지를 결정하는 방식은 전문가나 기획 및 운영부서만이 할 수 있는 것이 아니라 구성원 누구라도 그 결과를 예측하고 이해할 수 있도록 설계되어야 한다.

여섯째, 성과급은 개인 및 집단에 따라 차등 지급되어야 한다. 성과에 따른 인센티브(Incentive)적 보상의 개념으로 지급되는 것이므로 개인이나 집단에 따라 성과급은 차등이 있어야 하고 임금보전의 수단이 되어서는 절대로 안 된다.

이와 같은 성과보상제도의 장점으로는 구체적인 성과목표가 있고 이를 달성하려는 데 초점을 두고 있으므로 개인 및 집단의 동기를 자극한다. 고정급과

● 표 11-1 **성과보상제도의 충족조건과 장점**

구분	주요내용
충족조건	• 구성원들이 긍정적이고 호의적으로 받아들여야 한다. • 구성원들은 성과보상과 직무성과 사이의 관계를 명확하게 인지하여야 한다. • 모든 구성원들에게 공정하게 적용되어야 한다. • 성과보상의 기준은 구체적이고 너무 쉽지 않아야 한다. • 성과보상의 결정방식은 단순하고 쉽게 이해되어야 한다. • 성과급은 개인 및 집단에 따라 차등 지급되어야 한다.
장점	• 개인 및 집단의 동기를 자극한다. • 고정급과 달리 목표달성여부에 따라 변동급여가 지급되고, 성과의 정도가 클수록 변동급여의 규모가 커질 수 있다. • 성과급 지급대상을 집단으로 할 경우 팀워크를 강화시킨다. • 조직 활성화의 동인으로 작용한다.

2 Bohlander, S. Shell.(2003). Administración de Recursos Humanos.

달리 목표달성여부에 따라 변동급여가 지급되고, 또한 성과의 정도가 클수록 변동급여의 규모가 커질 수 있다. 성과급 지급대상을 개인이 아닌 집단을 대상으로 할 경우 팀워크를 강화시킨다. 성과급은 목표달성을 전제로 하므로 조직을 활성화시키는 동인으로 작용한다.

2. 성과보상제도의 설계

성과보상의 종류는 2가지로 구분할 수 있다. 지급형태에 따른 고정급과 변동급여, 그리고 지급대상에 따른 개인성과급과 집단성과급으로 구분하는 것이 그것이다.

2.1. 고정급과 변동급여

고정급(固定給, Fixed pay)은 업무성과와 상관없이 업무에 종사한 시간을 단위로 정액을 지급하는 제도로 일종의 시간급여를 말한다.

변동급여(變動給與, Variable pay)는 성과급을 말하는 것으로 이는 고정급과는 다른 개인이나 집단이 수행한 작업성과나 능률에 따라 보수를 차등 지급하는 형태로 생산성을 높이는 것을 목적으로 한다.

2.2. 개인성과급과 집단성과급

다음은 지급대상에 따른 개인성과급과 집단성과급이다.

개인 성과급에는 단순성과급(Simple piece rate plan), 복률성과급(Multiple piece rate plan), 할증성과급(Premium plan)이 있다.

단순성과급(單純成果給, Simple piece rate plan)은 성과의 정도에 따라 임금단가와 생산량의 곱으로 산출하여 지급하는 제도이다.

복률성과급(複率成果給, Multiple piece rate plan)은 단순성과급처럼 고정된 단일단가를 적용하지 않고 복수의 임금단가를 적용하여 표준작업량까지는 일정한 성과급을 적용하고 표준작업량을 초과했을 때 높은 성과급을 지급하는 것으로 업무결과의 정도에 따라 차등 지급하는 제도이다.

할증성과급(割增成果給, Premium plan)은 최소임금을 보장하기 위한 방법으로 고정급과 변동급여의 절충형태로 표준작업량까지는 기본시간급을 지급하고 그 이상으로 달성했을 때 할증급여를 지급하는 제도이다.

집단성과급에는 스캔론 계획(Scanlon plan), 라커 계획(Rucker share of production plan), 이윤분배 계획(Profit sharing plan), 프렌치제도(French system)가 있다.[3]

스캔론 계획(Scanlon plan)은 전체 구성원이 참여하는 공동의사결정을 통해 목표를 설정하여 협동을 고취시키고 표준성과수준을 초과한 이익에 대해 매달 구성원 전원에게 배분하는 것으로 구성원의 참여와 동기부여가 결합되어 있는 제도이다.

러커 계획(Rucker share of production plan)은 러커(Allen W. Rucker)가 고안한 제도로 성과분배의 기준을 인건비의 부가가치(Value added)에 둔 제도이다. 보수는 부가가치[4]와 임금분배의 곱의 산정공식에 의해 지급하는데 부가가치에 대한 노동 비용이 평균비용보다 낮으면 비용절감부분을 사내유보로 하고 나머지는 고용자, 작업자가 배분한다. 이의 기본전제는 모든 작업자를 팀으로 보고 집단 생산성을 매월 기록하여 집단 성과급을 개인 실적에 따라 배분하며 집단생산성은 원가절감에 따른 성과를 화폐가치로 나타낸다는 것이다.

이윤분배계획(利潤分配計劃, Profit sharing plan)은 조직구성원의 협동에 의해 달성한 이윤을 배분하는 것으로 일명 보너스(Bonus)라고 한다. 이는 노사관계 개선, 작업능률 증진, 조직구성원의 생활안정을 위한 제도이기도 하다.

프렌치제도(French system)는 인건비, 자재비 등의 모든 비용절감을 대상으로 총투입에 대한 총산출의 비율을 계산하여 절감한 금액을 성과로 계산하여 조직의 개인에게 50%, 집단에게 50%로 나누어 지급하는 제도이다.

---

3 김태일, 김성준, 문명제(2005). 성과평가와 보상 연계방안 연구. 한국정책학회의 노동부연구 과제 보고서를 편집하여 인용.

4 매출액에서 원재료, 소모품 등 외부 급부를 차감한 것을 말한다.

● 그림 11-1 **성과보상의 종류**

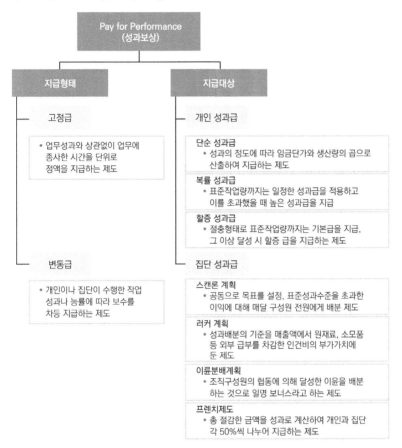

2.3. Model of Pay for performance system(성과보상제도의 체계)

본 책에서 소개하는 성과보상제도의 체계는 Cornell University(코넬대학교) 교수인 Mikovich 외 2인의 공동저서인 「Compensation」에 제시되었던 Pay Model[5]을 소개한다.

5 Milkovich, G. T., Newman, J. M., Milkovich, C.(2002). Compensation (Vol. 8). T. Mirror (Ed.). New York: McGraw-Hill.

Pay Model은 3가지로 구성되는데 Strategic Compensation Objectives(전략적 보상목표), Four Strategic Policies(4가지 전략적 정책), Pay Techniques(보상기법)가 그것이다.

첫째, 전략적 보상목표(戰略的 補償目標, Strategic compensation objectives)이다. 성과보상제도는 이의 특정한 목표인 Efficiency(효율싱), Fairness(공정싱), Compliance(순응성)를 수행하도록 설계되고 유지된다.

효율성(效率性, Efficiency)은 기업의 경영성과와 생산 및 제공되는 제품과 서비스의 질(Quality)을 향상시켜 고객과 주주들을 만족시키며 노동비용을 통제하는 것을 말한다.

공정성(公正性, Fairness)은 성과보상제도의 근본적인 목표가 되는 것으로 구성원들의 공헌과 필요를 반영하여 주어진 공정한 대우(Treatment)를 보장하는 것을 말한다. 그러나 여기서의 공정성은 모든 구성원들을 동일하게 대우하는 것을 의미하는 것은 아니다.

순응성(順應性, Compliance)은 노동 및 근로관련의 정부 및 회사의 제반 법규를 준용하고 이에 순응하여야 한다는 것을 말한다.

둘째, 4가지 전략적 정책(Four strategic policies)이다. 성과보상 제도를 설계할 때에는 기업의 Internal Alignment(내부적 일관성)와 External Competitiveness(외부적 경쟁성), Employee Contribution(구성원들의 공헌도)과 Administration(관리)을 고려하여야 한다.

내부적 일관성(內部的 一貫性, Internal alignment)은 조직의 목표를 달성하는데 상대적인 공헌도 차이가 얼마나 되느냐를 기준으로, 조직 내부의 직무나 기술의 수준들의 상호비교를 통하여 성과보상을 하는 것을 말한다.

외부적 경쟁성(外部的 競爭性, External competitiveness)은 시장에서 경쟁력 있는 Pay Model의 작동을 위하여 외부에 있는 경쟁사들과 비교하여 자사의 성과보상 제도를 판단하는 것을 말한다.

구성원 공헌도(構成員 貢獻度, Employee contribution)는 구성원들의 목표달성의 정도인 성과에 초점을 맞춰 보상하는 것을 말한다.

관리(管理, Administration)는 이미 설명한 내부적 일관성, 외부적 경쟁성, 구

● 그림 11-2 **성과보상 제도의 체계**

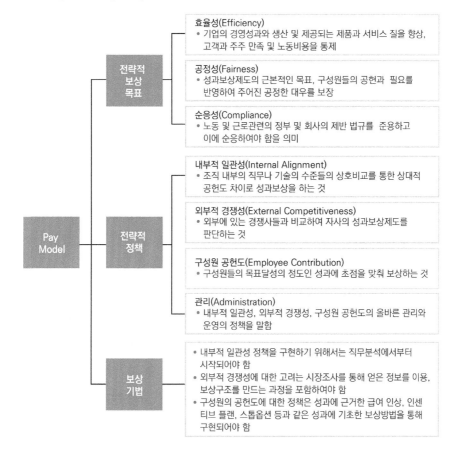

성원 공헌도의 올바른 관리와 운영의 정책을 말한다. 아무리 훌륭하게 설계된 성과보상 제도라 하더라도 올바른 관리와 운영이 되지 않는다면 무용지물이 될 수도 있기 때문이다.

셋째, 보상기법(Pay techniques)이다. 이는 내부적 일관성 정책을 구현하기 위해서는 직무분석에서부터 시작되어야 하고, 외부적 경쟁성에 대한 고려는 비슷한 과업에 대해서 경쟁사들이 지급하는 보상 수준과 보상형태를 비교하여 구체적으로 경쟁사의 범위를 설정하고 시장조사를 통해 얻은 정보를 이용하여 경쟁력 있는 보상구조를 만드는 과정을 포함하여야 한다는 것이며, 구성원의 공헌도에 대한 정책은 성과에 근거한 급여 인상, 인센티브 플랜, 스톱옵션 등과 같은 성과에 기초한 보상방법을 통해 구현되어야 하는 것을 말한다.

다음은 성과보상과 관련된 이론들이다. 이를 학습하여 좀 더 실전에서 활용하고 응용할 수 있는 토대 및 동기부여가 되기를 바란다.

2.4. Expectancy Theory(기대이론)

기대이론(期待理論, Expectancy theory)은 예일 대학교 경영학과 교수인 Vroom[6]에 의하여 1964년 제시된 이론으로 직무에 대한 동기부여가 노력과 성과를 결정짓는 핵심이라는 이론으로 VIE Model 또는 Vroom's Model로 불린다. 이 모델은 조직 내 구성원의 행동, 리더십, 보상의 범위에서 풍부한 이론적 혁신을 제공[7]하였다.

기대이론의 핵심인 동기부여는 Expectancy(기대감), Instrumentality(수단성), Valence(유의성)로 이들 VIE 3가지의 극대화가 중요함을 강조하였다.

기대감(期待感, Expectancy)은 직무를 완수하기까지 소요되는 구성원의 노력과 완료 이후 목표달성과의 관계에 대한 인식으로 열심히 일하면 높은 성과를 올릴 것이라고 믿는 정도를 말한다.

수단성(手段性, Instrumentality)은 구성원의 노력의 정도에 따른 목표달성에 대한 주관적인 인식과 목표달성 이후에 주어질 보상 사이의 관계에 대한 인식으로 직무수행의 결과로 보상이 주어질 것이라고 믿는 정도를 말한다.

유의성(誘意性, Valence)은 직무완료 이후 구성원에게 돌아올 보상이 얼마나 만족스러운 수준인가에 대한 주관적인 인식으로 직무결과에 대하여 각 구성원이 느끼는 가치를 말한다.

이들 기대감, 수단성, 유의성 3가지 요소들의 상호관계를 그림으로 표현하

---

6 Victor Harold Vroom(1932년 9월 캐나다 몬트리올 産). McGill University에서 학사 및 석사를, University of Michigan에서 박사학위를 취득하였다. 대표적인 연구가 동기부여에 대한 기대이론이며 「Work and Motivation, 일과동기부여」, 「Leadership and Decision Making, 리더십과 의사결정」, 「The New Leadership, 새로운 리더십」 등을 저술하였다.

7 Van Eerde, W., Thierry, H.(1996). Vroom's expectancy models and work-related criteria: A meta-analysis. Journal of applied psychology, 81(5).

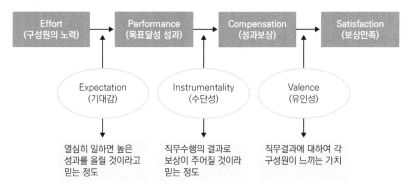

● 그림 11-3 **기대이론 3요소의 상호관계**

면 〈그림 11-3〉과 같다.

성과보상제도 설계에 Vroom's Model(VIE model)을 적용하고자 한다면 다음의 사항을 고려하여야 한다. 첫째, 조직의 관리자는 구성원의 노력으로 도출되는 성과와 주어지는 보상의 정도가 합리적으로 연계되게 하여야 한다. 둘째, 목표달성에 주어지는 보상은 구성원이 느끼는 가치와 합리적으로 연계되어야 한다. 셋째, 구성원이 느끼는 가치는 만족과 합리적으로 연계되어야 개인 및 조직에 동기부여를 통한 성과보상제도의 목적을 달성할 수 있다.

2.5. Theory of motivation(동기이론)

동기이론(動機理論, Theory of motivation)은 Yale University 교수인 Edward E. Lawler와 Berkeley University 교수인 Lyman W. Porter 교수가 1968년 제시[8]한 이론이다. 이의 핵심은 보상은 성과에 좌우된다는 것이다.

Model of Motivation Theory(동기부여이론 모델)에서는 직무에 투입하는 구성원의 노력(Effort), 성과(Performance), 보상(Rewards) 및 구성원의 주관적 만족(Satisfaction) 수준 등 4가지 개념을 핵심 변수로 한다.

동기이론에서는 성과에 대한 보상체계를 내적보상과 외적보상 2가지로 구분한다.

---

8 Porter, L. W., Lawler, E. E.(1968). Managerial attitudes and performance.

첫째, 내적보상(內的補償, Intrinsic rewards)은 구성원 개개인의 내적인 감정과 밀접한 관련이 있는 것으로 능력발휘와 관련된 장인정신이나 직업주의 정신을 통하여 내적보상이 이루어질 수 있다.

둘째, 외적보상(外的補償, Extrinsic rewards)은 구성원 개개인을 둘러싸고 있는 환경에서 비롯되는 것으로 성과자체로부터 나오지는 않으며 성공적인 목표달성에 대한 금전보상이나 승진 등을 들 수 있다.

● 그림 11-4 **동기이론 4요소의 상호관계**9

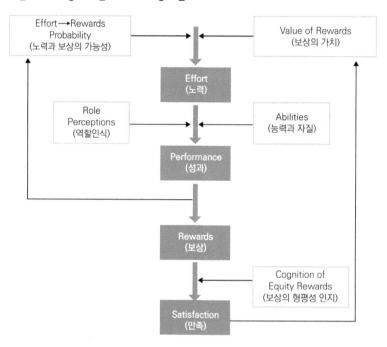

Porter and Lawler(1968)의 연구결과에서 구성원 개인에 대한 보상은 단지 부분적으로 만족에 영향을 주지만 달성에 대하여 개인이 받은 보상이 공정하다고 믿을 때 만족에 더 큰 영향을 주는 것이 밝혀진바, 동기부여 이론을 실전의

---

9 Lawler, E. E., Porter, L. W.(1967). Antecedent attitudes of effective managerial performance. Organizational behavior and human performance, 2(2); 이영조, 김석태, 문인수, 김대원(2004). 행정학원론, 도서출판 학우를 각각 편집하여 인용.

성과보상제도로 채택할 경우에는 공평한 보상이나 만족수준은 실제 보상이 어느 정도 기대보상 수준에 일치하는가에 대한 개인의 주관적 평가에 의하여 좌우됨을 고려하여야 한다.

2.6. Equity and Justice Theory(공정성이론)

공정성이론(公正性理論, Equity and justice theory)은 Stacy Adams에 의하여 모든 구성원들은 공정하게 대우받기를 원한다는 것을 핵심으로 1965년 개발[10]된 것으로 실전에서 활용되는 성과보상제도의 설계와 관리의 중요성을 잘 설명해주는 이론이다.

본 이론의 핵심은 사람들은 자신의 노력 대비 성과보상 결과가 주위의 사람의 것과 비교하여 투입과 산출의 교환관계가 공정성을 유지하는지를 판단하게 된다. 이때 판단결과가 공정하다고 지각하면 현재의 공정한 관계를 지속하기 위한 투입을 계속할 것이고, 공정하지 않다고 판단되면 이를 시정하기 위하여 여러 가지 대응활동을 한다는 것이다.

공정성은 한 구성원이 직무에 들인 Input(투입)과 그 일에 대하여 받은 보상인 Output(산출) 간의 균형을 말한다. 구성원의 투입요소로는 특정의 기술, 노력, 교육, 시간 등이 있다. 산출물로는 급여, 복리후생, 상사 및 사회로부터의 인정, 기타 보상 등을 들 수 있다.

구성원이 성과보상의 불공정을 인식했을 때의 첫 번째 반응은 작업성과가 떨어진다. 이외의 활동으로는 상사에게 이의를 제기하거나 공격적인 행동을 취하기도 한다. 극단적인 행동이지만 결근이나 이직의 형태[11]로도 나타난다.

공정성이론을 실전에서 성과보상제도의 운영시스템으로 도입하고자 한다면 위와 같은 불공정으로 인한 조직의 개인 및 집단에 부정적인 대응활동을 고려한 공정한 설계를 하여야 한다.

---

10 Adams, J. S. (1965). Inequity in social exchange. Advances in experimental social psychology,2.

11 김태룡, 최무현, 강병준, 안희정, 안병기(2015). 특허행정 분야 업무생산성 제고를 위한 성과보상체계(인센티브) 설계. 특허청 연구과제 보고서를 편집하여 인용.

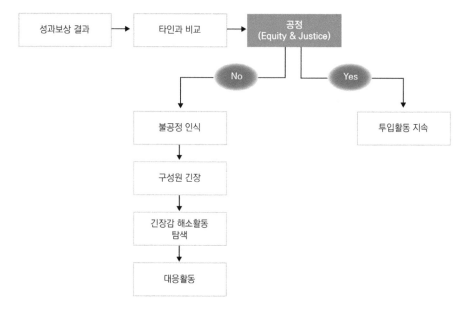

● 그림 11-5 **불공정한 성과보상의 결과**

3. 성과보상제도에서 활용할 수 있는 전략기법, 핵심과 산출물사례

제11장 성과보상제도에서 활용할 수 있는 전략기법은 〈표 11-2〉와 같고, 본 장의 핵심과 산출물은 〈그림 11-6〉과 같다.

● 표 11-2 **성과보상제도에서 활용할 수 있는 전략기법**

전략기법	개념	활용요도 및 특징
지급형태별 보상기법	• 고정급: 업무성과와 상관없이 업무에 종사한 시간을 단위로 정액을 지급하는 제도	• 월급여 • 고정적으로 지급되는 자격 수당, 식대 등
	• 변동급여: 고정급과 다른 개인이나 집단이 수행한 작업성과나 능률에 따라 보수를 차등 지급하는 형태로 생산성을 높이는 것을 목적으로 하는 제도	• 고정급 이외의 모든 급여로 각종 성과급, 잔업수당, 당직비, 자격 수당 등이 있다.
지급대상별 보상기법	• 개인성과급: 목표관리를 구성원 개인별로 하고 평가 및 지급도 개인별로 하는 제도	• 단순성과급, 복률 성과급, 할증 성과급 제도에 활용

	• 집단 성과급제: 목표관리를 조직단위별로 하고 평가 및 지급도 조직별로 하는 제도	• 스캔론 계획, 라커계획, 이윤분배 계획, 프렌치제도 등에 활용
기대이론	• 직무에 대한 동기부여가 구성원 노력과 성과를 결정지어짐을 핵심으로 다루는 이론 • Vroom Model 또는 VIE 모델로 불린다. • 1964년 예일대학 교수인 Victor Harold Vroom에 의하여 제시	• 조직 내 구성원의 행동, 리더십, 보상의 범위에서 풍부한 이론적 혁신을 제공. • 기대감, 수단성, 유의성 인 VIE 3가지의 극대화가 중요
동기이론	• 구성원들의 성과보상의 핵심은 성과에 의해 좌우된다는 이론 • 1968년 예일대학 교수인 Lawler 및 버클리대학 교수인 Porter에 의하여 제시	• 구성원의 노력, 직무성과, 평가에 대한 보상, 구성원의 주관적 만족 등 4가지 개념을 핵심 변수로 한다.
공정성이론	• 모든 구성원들은 공정하게 대우받기를 원한다는 것을 핵심 기반으로 하는 이론 • 1965년 Adams가 개발하였다.	• 자신의 노력 대비 성과보상 결과가 주위의 사람의 것과 비교하여 투입과 산출의 교환관계가 공정하지 않다고 판단되면 이를 시정하기 위하여 여러 가지 대응활동을 한다.

● 그림 11-6 **성과보상제도에서의 핵심과 산출물**

성과보상제도

본 11장은 구성원의 행동 모니터링 또는 산출된 성과물을 근거로 개인의 성과 및 노력의 극대화를 위하여 구성원들을 격려하는 것을 목적으로 하는 성과보상제도를 이해하고 실전에서 설계 및 적용을 목적으로 한다.

실전적용을 위해서는 성과보상제도의 개념은 물론 충족조건과 장점을 알아야겠다.

• 성과보상제도를 설계하기 위하여 지급형태 및 지급대상에 따른 성과급의 종류를 이해하였다.
• 개인성과급의 종류에 단순성과급, 복률성과급, 할증성과급 등을 이해하였고, 조직단위로 적용하는 성과급에는 스캔론 계획, 라커 계획, 이윤분배계획, 프렌치 제도 등이 있음을 알고 있으며 각각의 의미를 인지하고 있다.
• 미코비치(Mikovich)의 Pay Model은 전략적보상, 4가지의 전략적 정책, 보상기법으로 구성되었고 각각을 확실하게 이해하고 있다.
• 성과보상제도의 이론에는 기대이론, 동기이론, 공정성이론 등이 있음은 물론 이를 활용할 수 있다.

If you understanding these, go to Next chapter.

재무제표와 회계

12

1. 회계의 정의와 분류
2. 재무제표
3. 회계정보를 이용한 기업분석
4. 재무제표와 회계에서 활용할 수 있는 전략기법, 핵심과 산출물

1. 회계의 정의와 분류

측정기능과 전달기능[1]을 갖고 숫자로 의사소통하는 만국 공통어인 회계의 정의와 분류에 대하여 알아본다.

1.1. 회계의 정의

회계(會計, Accounting)는 특정 대상의 경제실체(Economic entity) 또는 회계실체(Accounting entity)[2]를 기업 등 조직의 내부 및 외부 관계자들에게 계량화된 재무적 정보를 제공하여 이를 정의(Define), 식별(Identification), 측정(Measurement) 및 전달(Communication)하여 합리적이고 합목적적인 의사결정을 할 수 있도록 도와주는 정보시스템이다.

회계정보의 이용자, 즉 이해관계자는 조직을 기준으로 내부와 외부로 구분

---

1 측정기능(測定機能)이란 어떤 대상에 수치를 부여하는 것으로 회계에서의 측정은 기업이라는 경제주체의 모든 경제활동을 화폐가치로 표시하는 것을 말한다. 또한 전달기능(傳達機能)이란 회계담당자가 작성한 회계정보를 기업 및 기관 등 조직의 이해관계자에게 알려주는 것을 의미한다.

2 회계실체는 법적인 권리 및 의무의 주체가 되는 단위뿐만 아니라, 경제적 행위의 단위가 될 수 있다. 기업이 법인화되어 있을 때, 그 법인이 하나의 회계실체가 될 수도 있지만, 법적 권리 및 의무의 주체가 될 수 없는 회사의 1개 부문인 공정이나 작업반도 회계실체가 될 수 있다. 기업이 회계실체가 되어 성립된 회계를 기업회계, 국가를 회계실체로 하는 회계를 국가(예산)회계, 가정을 회계실체로 하는 회계를 가계(家計)라고 한다.

● 표 12-1 **회계정보이용 이해관계자의 구분**

이해관계 집단	이용자	의사결정 목적
내부 이해관계자	경영자	• 금전보상 및 연봉인상 등과 같은 조직의 내부관리 목적 • 성장전략 추진 및 투자전략 수립 등과 같은 경쟁력 강화 목적
	노동조합	• 근조조건 등의 협상 목적
외부 이해관계자	투자자	• 지속여부, 신규 등 투자의사결정이 목적
	채권자	• 회수, 증가, 지속여부 등 대여의사결정이 목적
	국세청	• 법인소득세 등 세금납부 적정여부 의사결정이 목적
	정부부처	• 각종의 통계자료 활용, 경제정책 수립의 의사결정이 목적
	일반대중	• 경제현황조사, 각종 추이조사 등에 이용하는 것이 목적
	협력회사	• 납품 및 신용거래의 지속여부 의사결정 목적

하며 각각 의사결정의 목적을 달리 한다.

1.2. 회계의 분류

회계는 재무정보의 이용자가 누구인지, 이용목적이 무엇인지에 따라 재무회계, 관리회계, 세무회계로 구분한다.

● 표 12-2 **회계의 분류**

구분	관리회계	재무회계	세무회계
회계정보 이용자	내부 이해관계자	외부 이해관계자	외부 이해관계자
이용목적	내부의 관리 및 경쟁력 강화 등	투자 및 대여의사, 경제정책 수립, 현황조사, 지속거래 여부 등	세금납부, 적정성 여부 판단, 세법 준용 여부 등
적용규정	특별한 적용규정 없이 조직마다 상이	GAAP(국제거래, 일반기업, 중소기업), IFRS(상장기업)	국세청 요구기준
보고서식	적용규정과 동일	재무제표	재무제표
강제여부	외부강제성은 없음	외부감사법 적용 조직은 강제성 있음	강제성 있음
제공정보	손익계산서, 미래의 현금 흐름 등	재무상태표, 손익계산서, 현금 흐름표	재무상태표, 손익계산서
제공정보의 본질	과거정보의 정확성, 예측 가능성	객관성과 투명성, 신뢰성과 예측성	객관성, 투명성, 신뢰성
제공정보의 특성	과거정보 중심, 미래정보의 예측	과거정보	과거정보

　　관리회계는 경영자, 노동조합 등 내부의 이해관계자가 정보이용자이다. 반면 외부 이해관계자를 대상으로 하는 회계는 투자자 및 채권자, 일반대중 및 협력사 등 대상의 재무회계와 국세청 및 이를 필요로 하는 M&A와 같은 특수목적을 용처로 하는 세무회계로 분류한다.

● 2. 재무제표

　　재무제표는 기업의 재무상태를 파악하기 위해 회계원칙에 따라 간단하게 표시한 재무 보고서를 말한다. 일반적으로 재무상태표, 손익계산서, 자본변동표, 현금흐름표와 주기 및 주석을 재무제표로 정의하며, 필요한 재무 정보에 따라 사용되는 문서가 각기 다르다.

2.1. 재무상태표

　　재무상태표(財務狀態表, Statement of financial position)는 일정시점에서의 대상 기업이나 기관 등 조직의 자산, 부채, 자본 현황을 보여주는 재무제표이다. 여기서 「자산＝부채＋자본」으로 표현할 수 있는데 이를 재무제표 등식, B/S(Balance sheet)3 등식, 회계등식이라고 한다.

　　자산, 부채, 자본의 개념과 주요 종류를 표와 그림으로 설명한다.

---

3 Balance Sheet는 대차대조표를 의미한다. 이는 EU주관의 IASC(국제회계기준위원회, International accounting standards committee)가 공표한 IFRS(International financial reporting standards)가 국내에 본격 도입되기 시작한 2007년 이후 재무상태표(Statement of financial position)로 명칭이 바뀌어 사용되고 있다.

● 표 12-3 **자산, 부채, 자본의 개념**

구분	개념
재무상태표	• 일정시점의 재무상태를 보여주는 재무제표
재무상태표 등식	• 자산 = 부채 + 자본(회계등식, B/S등식)
자산(Asset)	• 과거 거래나 경제적 사건의 결과 • 현재의 기업실체에 의해 지배됨 • 미래에 경제적 효익(Economic benefit)을 창출할 것으로 기대되는 자원
부채(Liability)	• 과거 거래나 경제적 사건의 결과 • 현재의 기업실체가 부담하고 있는 의무 • 미래 경제적 효익의 희생을 초래
자본(Equity)	• 순자산(자산에서 부채를 차감한 잔액) 또는 소유주 자본(Owner's equity) • 자산에 대한 소유주의 잔여 청구원
자본금	• 발행주식에 액면금액을 곱한 것(발행주식수×액면금액)
자본잉여금	• 주식발행시의 액면금액 초과금액
이익잉여금	• 법정적립금(법적으로 정한 적립금), 임의적립금(주총에서 임의로 정한 적립금), 미처분 이익잉여금(당기순이익, 즉 순이익이 적립된 배당금 등 용처(用處)로 배분되기 전 금액)

● 그림 12-1 **자산, 부채, 자본의 구성과 위치**

재무상태표	
차변(左側 位)	대변(右側 位)
자산 현금 및 현금성 자산 단기투자자산 매출채권 재고자산(상품, 제품) 장기투자자산 유형자산 무형자산 기타 비유동자산 자산총계	**부채** 매입채무 장기차입금 부채총계 **자본** 자본금 이익잉여금 자본총계 자본 및 부채총계

2.2. 손익계산서

재무상태표가 일정시점의 재무현황에 대한 정보를 알 수 있는 것이라면, 손익계산서(損益計算書, Income statement 또는 profit and loss statement)는 일정기간의 수익과 비용에 대한 경영성과를 알 수 있는 것이다.

● 표 12-4 **손익계산서의 수익과 비용의 개념**

구분	개념
손익계산서	• 일정기간의 수익과 비용의 이익정보를 보여주는 경영성과표
포괄손익계산서	• 기타포괄손실 및 총 포괄손실까지 보여주는 손익계산서
수익(Revenue)[4]	• 재화의 판매, 용역의 제공으로 기업이 받는 대가로 경제적 효익의 유입이다. • 제조업체에서는 매출(액), 금융업체에서는 영업수익으로 기표 • 이는 영업활동으로 발생된 영업수익과 영업이외의 것으로 발생된 영업외 수익으로 구분 • 예로는 매출액, 배당금수익, 이자수익 등이 있다.
비용(Expense)	• 제품이나 상품의 생산, 용역을 생산하기 위하여 지불되는 대가로 경제적 효익의 유출이다. • 비용은 영업비용, 영업외 비용, 법인세 비용이 있다. • 예로는 매출원가, 감가상각비, 이자비용 등이 있다.

　자산, 부채, 자본, 비용, 수익 등을 계정[5]이라 하고, 기업의 재산 및 자본에 변동을 미치는 것으로 금액으로 계산 가능한 사실을 말하는데 이 중 핵심적인 자산의 증가, 부채의 감소, 자본의 감소, 비용의 발생, 자산의 감소, 부채의 증가, 자본의 증가, 수익의 발생을 회계거래의 8요소라 한다.

　회계거래의 각 8요소는 차변에 위치하는지, 대변에 위치하는지를 확실하게 인지하는 것이 중요하다.

---

4 보통 수익(收益, Revenue)과 이익(利益, Profit)을 혼용 또는 혼동하는 경우가 있는데, 수익 하면 대표적인 것이 매출이라 생각하고, 매출(액)에서 비용을 뺀 것을 이익으로 기억하면 확실한 구분이 될 것이다(수익-비용=이익, 총매출-총비용=순이익).

5 계정(計定, Account)은 거래의 발생으로 기업의 자산, 부채, 자본의 증감 및 수익과 비용의 발생을 명확화하기 위하여 설정된 회계의 최소단위를 말한다. 계정에 구체적인 명칭을 부여한 것을 계정과목이라 한다.

● 그림 12-2 **수익과 비용의 구성과 거래 8요소의 위치**

구성	위치

Ⅰ. 매출액

Ⅱ. 매출원가

	차변(左側 位)	대변(右側 位)

Ⅲ. 매출총이익(또는 매출 총손실)

| | 자산의 증가 | 자산의 감소 |

Ⅳ. 판매비와 관리비

| | 부채의 감소 | 부채의 증가 |

　　1. 급여

| | 자본의 감소 | 자본의 증가 |

　　2. 임차료

| | 비용의 발생 | 수익의 발생 |

　　3. 접대비

　　4. 감가상각비

Ⅴ. 영업이익(또는 영업 손실)

Ⅵ. 영업외 수익

　　1. 이자수익

　　2. 임대료수익

- 회계등식 또는 B/S등식이라 불리는 재무상태표 등식의 차변과 대변의 위치와 동일

Ⅶ. 영업외 비용

　　1. 이자비용

　　2. 기부금

- 회계거래 8요소의 위치는 T계정에 분개했을 때의 위치

Ⅷ. 법인세비용 차감 전 순이익

Ⅸ. 법인세 비용

Ⅹ. 당기순이익(또는 당기순손실)

ⅩⅠ. 기타포괄이익(또는 기타포괄손실)

ⅩⅡ. 총포괄이익(또는 총포괄손실)

2.3. 현금흐름표

현금흐름표(現金흐름표, Statement of cash flow)는 대상기업이나 기관의 일정기간 현금의 변동 상황을 알 수 있는 현금자체의 흐름표이다.

이는 수입과 지출 활동결과에 따라 영업활동 현금흐름표, 투자활동 현금흐름표, 재무활동 현금흐름표로 구분한다.

● 표 12-5 **현금흐름표의 구성 과목**

현금 흐름표 구성 과목

Ⅰ. 영업활동으로 인한 현금 흐름

    1. 매출활동으로 인한 현금 유입

    2. 매입활동으로 인한 현금 유출

Ⅱ. 투자활동으로 인한 현금 흐름

    1. 투자활동으로 인한 현금 유입액

        가. 투자자산의 처분

        나. 유형자산 또는 무형자산의 처분

    2. 투자활동으로 인한 현금 유출액

        가. 투자자산의 취득

        나. 유형자산 또는 무형자산의 취득

Ⅲ. 재무활동으로 인한 현금흐름

    1. 재무활동으로 인한 현금 유입액

        가. 장기 또는 단기 차입금의 차입

        나. 유상증자 또는 사채(Corporate bond)의 발행

    2. 재무활동으로 인한 현금 유출액

        가. 장기 또는 단기 차입금의 상환, 사채의 상환

        나. 배당금의 지급

Ⅳ. 현금의 증가 또는 감소(Ⅰ+Ⅱ+Ⅲ)

Ⅴ. 기초 현금

Ⅵ. 기말 현금

현금 흐름표는 다음과 같은 세 가지의 대표적인 유용성을 가지고 있다.

첫째, 미래 현금흐름을 예측 및 평가할 수 있다.

둘째, 배당금지급능력 및 현금흐름 창출능력과 같은 영업활동 수행능력에 관한 정보를 얻을 수 있다.

셋째, 유동성, 채무변제능력, 재무탄력성6에 대한 평가를 할 수 있다.

현금 및 현금성자산을 현금의 개념으로 정의할 수 있는데, 현금이란 유통되는 화폐인 통화, 자기앞수표, 타인발행수료 및 우편환 등의 통화대용증권, 정기예금이 아닌 은행에 예치되어 언제라도 이용할 수 있는 요구불예금을 말한다.

---

6 재무탄력성(財務彈力性, Financial elasticity)은 예측하지 못했던 상황에 대처하거나 유리한 기회에 현금흐름의 크기와 시기를 조절할 수 있는 능력을 의미한다.

● 표 12-6 **현금흐름표상 현금의 유입과 유출 요인**

구분	현금의 유입	현금의 유출
영업활동으로 인한 현금흐름 (Ⅰ)	매출활동, 매출채권의 회수, 이자와 배당금 수취, 투자와 재무활동에 속하지 않는 거래로 인한 현금유입	매입활동, 매입채무의 지급, 협력사/임직원에 대한 지출, 법인소득세 지급, 이자지급, 투자와 재무활동에 속하지 않는 거래로 인한 현금유입
투자활동으로 인한 현금흐름 (Ⅱ)	유형자산의 처분, 무형자산의 처분, 투자자산의 처분	유형자산의 취득, 무형자산의 취득, 투자자산의 취득
재무활동으로 인한 현금흐름 (Ⅲ)	현금의 차입, 사채의 발행, 주식의 발행	현금의 상환, 사채의 상환, 배당금 지급
현금흐름을 통한 종합판단	우량기업 Ⅰ(영업활동 현금흐름)은 「+」 + Ⅱ(투자활동 현금흐름)는 「-」 + Ⅲ(재무활동 현금흐름)도 「-」인데 합계는 「+」일 때 우량기업으로 판단할 수 있다 <우량기업 설명> (영업활동 현금흐름은 플러스) + (투자활동 현금흐름은 마이너스) + (재무활동 현금흐름도 마이너스)인데 합계는 플러스일 때 우량기업으로 판단할 수 있다. 부실기업 Ⅰ(영업활동 현금흐름)은 「-」 + Ⅱ(투자활동 현금흐름)는 「+」 + Ⅲ(재무활동 현금흐름)도 「+」인데 합계는 「-」일 경우에는 부실기업으로 판단할 수 있다. <부실기업 설명> (영업활동 현금흐름은 마이너스) + (투자활동 현금흐름은 플러스) + (재무활동 현금흐름도 플러스)인데 합계는 마이너스 경우에는 부실기업으로 판단할 수 있다.	

현금성자산이란 취득 당시 만기가 3개월 이내인 금융상품과 거래 시 큰 비용 없이 현금으로 전환이 용이한 것을 말한다.

2.4. 자본변동표

자본변동표(資本變動表, Statement of changes in equity)는 기업이나 기관 등 조직의 자본금이 변동되는 흐름을 파악하기 위하여 일정 회계기간 동안 기록한 변동 상황을 분석할 수 있는 재무제표이다.

자본은 조직의 자산과 부채를 제외한 순자산을 의미하는 것으로 이는 납입자본(자본금, 자본잉여금이라 함), 이익잉여금, 기타포괄손익누계액 등으로 구성된다.

● 표 12-7 **자본변동표의 프레임과 구성 요소의 예**

자본 변동표

구분	자본금	자본잉여금	자본조정	기타포괄손익 누계액	이익잉여금	총계
2018.01.01.(보고금액)						
회계정책변경 누계효과						
전기오류수정 손익						
수정 후 이익잉여금						
연차배당						
현금배당						
주식배당						
처분 후 이익잉여금						
중간배당						
신주발행						
유상증자						
주식할인발행자금						
당기순이익 또는 손실						
자기주식 취득						
매도가능금융자산평가손익						
2017.12.31						

3. 회계정보를 이용한 기업분석

재무제표 및 손익계산서상의 항목들을 이용하여 재무실적을 분석하고, 미래예측과 가치평가를 할 수 있다.

본 장에서는 수익성분석, 효율성분석, 재무위험 여부를 판단할 수 있는 유동성 및 레버리지분석, 성장성분석 및 시장가치분석을 범위로 한다.

3.1. 수익성분석

수익성분석(收益性分析, Profitability analysis)은 일정기간 동안의 기업전체 또는 분석하고자 하는 특정 대상의 성과를 측정할 수 있으며, 이를 통하여 경영의 효율성을 판단할 수 있다.

수익성분석은 크게 매출액이익률과 자본이익률로 구분하여 분석할 수 있다.

● 표 12-8 **수익성분석의 개념과 구성**

수익성분석의 개념		• 일정기간의 기업전체 또는 특정 대상의 성과를 분석 • 경영의 전체적인 효율성을 알 수 있다
매출액 이익률	개념	• 영업활동을 통하여 벌어들인 현금창출 능력을 나타내는 수익성지표 매출액총이익률　　　(매출액총이익 ÷ 매출액) × 100(%) 영업이익률　　　　　(영업이익 ÷ 매출액) × 100(%) 순이익률　　　　　　(순이익 ÷ 매출액) × 100(%) EBITDA Margin　　(EBITDA ÷ 매출액) × 100(%)
	종류	EBITDA? • Earnings Before Interest, Taxes, Depreciation, Amortization의 약어로 이자비용, 법인세, 유형자산감가상각비, 무형자산감가상각비를 공제하기 전의 이익을 의미한다. • 편의상 영업이익(EBIT)에 유무형의 감가상각비를 더하여 구한다. • Depreciation: 유형자산 감가상각 • Amortization: 무형자산 감가상각
자 본 이익률	개념	• 투자자본이 얼마나 효율적으로 운용되고 있는지 여부를 보여준다.
	종류	총 자산이익률(ROA)　　(순이익 ÷ 평균[7]자산) × 100(%) 자기자본이익률(ROE)　(순이익 ÷ 평균자기자본) × 100(%) • ROA: Return On Assets • ROE: Return On Equity

3.2. 효율성분석

효율성분석(效率性分析, Effectiveness analysis)은 기업이나 기관 등 조직에서 보유한 자원을 얼마나 활발하게 사용하느냐의 것으로 활동성분석(活動性分析, Activity analysis)이라고도 한다.

이는 재고자산회전율, 매출채권회전율, 총자산회전율로 구분하여 정리할 수 있다.

---

7 손익계산서 수치와 재무상태표의 수치를 대응할 때 평균을 사용한다. 이는 손익계산서의 일정기간과 재무상태표의 일정시점이라는 불일치에서 오는 오류를 최소화하기 위한 것으로, 손익계산서 수치간의 사칙연산에서는 평균을 사용하지 않는다. 본 회계정보를 이용한 기업분석에서 평균은 모두 본 의미가 같음을 인지하고 학습해 주시기 바란다.

● 표 12-9 **효율성분석의 개념과 구성**

효율성분석의 개념		• 자산의 효율적 사용여부 및 정도를 측정 및 분석
재고자산 회 전 율	개념	• 재고자산이 일정기간 동안 당좌자산(Quick asset)으로 전환된 회수이다. • 재고자산회전율이 높을수록 이를 통하여 효율적인 판매활동을 하였음을 의미한다. • 반대로 지나치게 높다면 판매기회를 잃었을 가능성도 있다.
	산식	(매출액 ÷ 평균매출채권)
매출채권 회 전 율	개념	• 매출채권 회전율이 높으면 매출채권관리가 잘되고 있는 것인데, 이는 매출채권의 현금화 속도가 빠름을 의미한다.
	산식	(매출 ÷ 평균매출채권)
총 자 산 회 전 율	개념	• 자산을 얼마나 효율적으로 사용했는지를 나타낸다. • 감가상각법[8]에 따라 비율계산이 영향을 받는다.
	산식	(매출액 ÷ 평균자산)

3.3. 유동성분석

유동성분석(流動性分析, Liquidity analysis)은 기업이나 기관 등 조직의 단기 채무에 대한 지급능력을 측정하는 것으로 유동비율과 당좌비율로 분석한다.

● 표 12-10 **유동성분석의 개념과 구성**

유동성분석의 개념		• 조직의 단기 채무에 대한 지급능력을 분석
유동비율	개념	• 단기 채무에 충당할 수 있는 유동자산의 규모
	산식	(유동자산 ÷ 유동부채)×100(%)
당좌비율	개념	• 현금화 속도가 상대적으로 느린 재고자산 처분 없이도 단기부채를 지불할 수 있는 능력
	산식	(당좌자산[9] ÷ 유동부채)×100(%)

---

8 감가상각(減價償却, Depreciation)은 기업 및 기관 등 조직 내 유무형 고정자산의 대부분은 수익활동에 지속 사용되는바, 시간이 지남에 따라 그 가치가 점점 소모될 수밖에 없다. 때문에 그 기간만큼 매 회계연도의 비용으로 계상하여야 한다. 이와 같이 고정자산에 투하된 자본의 가치를 유지하고 이것을 일정한 유효기간 내에 회수하는 회계절차를 감가상각이라 한다. 또한 이를 처리하는 감가상각법에는 정액법, 정율법, 폐기법, 생산량비례법 등이 있다.

9 당좌자산(當座資産, Quick assets)의 종류로는 유동자산 중에서 현금 및 현금성자산, 단기투자자산, 매출채권을 말한다.

3.4. 레버리지 분석

레버리지분석(Leverage analysis)은 기업이나 기관 등 조직이 어느 정도 타인 자본에 의존하고 있는가, 즉 기업의 부채의존도를 분석하는 것을 의미한다.

이는 부채비율, 자기자본비율, 이자보상배율로 분석한다.

● 표 12-11 **레버리지분석의 개념과 구성**

레버리지 분석의 개념		• 타인자본 의존도와 타인자본이 기업에 미치는 영향을 분석 • 기업이나 기관 등 조직의 장기부채상환능력을 분석
부채비율	개념	• 기업이나 기관 등 조직의 재무구조를 반영
	산식	(부채 ÷ 자본) × 100(%)
자기자본 비율	개념	• 은행의 대출심사 시 중요한 기준자료가 된다. • 은행지도비율 또는 자기자본지도비율이라 한다.
	산식	(자기자본 ÷ 총자본) × 100(%)
이자보상 배율	개념	• 영영이익이 이자비용의 몇 배가 되는지를 분석
	산식	(영업이익÷이자비용)

3.5. 성장성분석

성장성분석(成長性分析, Growth ratio)은 기업이나 기관 등 조직의 일정기간 동안 규모나 이익의 증가정도를 분석하는 것을 말한다.

● 표 12-12 **성장성분석의 개념과 구성**

성장성분석의 개념		• 일정기간 동안 기업의 규모나 이익이 얼마나 증가하였는지를 분석
총자산 증가율	개념	• 기업이나 기관 등 조직의 외형적 성장을 반영
	산식	(당기말총자산÷전기말총자산) × 100(%)
매출액[10] 증가율	개념	• 상품, 제품, 용역의 판매금액으로 조직의 외형적 성장을 보여준다.
	산식	((당기매출액 - 전기매출액) ÷ 전기매출액)) × 100(%)
순이익[11] 증가율	개념	• 기업의 최종적인 경영성과로 총수익에서 총비용을 뺀 것이 순이익이다
	산식	((당기순이익 - 전기순이익) ÷ 전기순이익)) × 100(%)

---

10 매출액증가율(賣出額增加率, Net sales growth rate).

11 순이익증가율(純利益增加率, Net profit growth rate).

자기자본 증가율[12]	개념	• 총자산 중에서 기업의 자기자본이 차지하는 비율을 말한다.
	산식	((당기말 자본 − 전기말 자본) ÷ 전기말자기자본비율)) × 100(%)

이는 총자산증가율, 매출액증가율, 순이익증가율, 자기자본증가율로 분석한다.

3.6. 시장가치분석

시장가치분석(市場價值分析, Market value analysis)은 기업이나 기관 등 조직에서 소유한 상품에 대하여 시장이 성립되어 거래될 때 현재의 사회적 가치를 분석하는 것이다.

이는 주당순이익, 주가수익비율, 주가순자산비율, 주가매출액비율을 이용하여 분석한다.

● 표 12-13 **시장가치분석의 개념과 구성**

시장가치분석의 개념		• 시장이 성립된 상품이 거래될 때의 사회적 또는 현재 가치이다.
주당 순이익	개념	• 수익력 평가에 가장 보편적으로 이용되는 지표이다. • 경영성과의 기간별, 기업 간 비교에 유용하게 이용된다.
	산식	(보통주당기 순이익 ÷ 유통보통 주식 수), 단위는 원
		주당순이익(EPS, Earnings per share)
주가수익 비율	개념	• PER 값이 큰 것은 주당순이익에 비해 주가가 높게 형성되었다는 것으로, 고성장이 기대되는 기업은 보통 PER 값이 크다
	산식	(주당 시가 ÷ EPS), 단위는 배(倍)
		주가수익비율(PER, Price earnings ratio)
주가순 자산비율	개념	• 시장가치 대(對) 장부가치 비율을 말하는데 주당 순자산은 순자산을 발행주식수로 나눈 값이 된다.
	산식	(주당 시가 ÷ 주당 순자산)
		주가순자산비율(PBR, Price to book ratio)
주가매출액 비율	개념	• 해당종목의 시가총액을 매출액으로 나눈 값인데, 현재의 주가 수준에서 본 매출액 성장여력의 기대치를 말한다. • 주당 매출액은 매출액을 발행주식수로 나누어 계산한다.
	산식	(주당 시가 ÷ 주당 매출액)
		주가매출액비율(PSR, Price sales ratio)

---

12 자기자본증가율(自己資本增加率, Growth rate of stockholder's equity).

4. 재무제표와 회계에서 활용할 수 있는 전략기법, 핵심과 산출물

제12장 재무제표와 회계에서 활용할 수 있는 전략기법은 〈표 12-14〉와 같고, 본 장의 핵심과 신출물은 〈그림 12-3〉과 같다.

● 표 12-14 **재무제표와 회계에서 활용할 수 있는 전략기법**

전략기법	개념	활용요도 및 특징
Profitability Analysis (수익성분석)	• 일정기간 동안의 기업전체 또는 분석하고자 하는 특정 대상의 성과를 측정하는 기법	• 경영의 효율성을 판단할 수 있다. • 매출액이익률과 자본이익률로 구분하여 분석한다.
Effectiveness Analysis (효율성분석)	• 기업이나 기관 등 조직에서 보유한 자원의 활용정도를 분석하는 기법	• 기업의 활동성을 분석할 수 있다. • 재고자산회전율, 매출채권회전율, 총자산회전율로 구분하여 분석한다.
Liquidity Analysis (유동성분석)	• 조직의 단기 채무에 대한 지급능력을 측정하는 기법	• 유동비율과 당좌비율을 분석한다.
Leverage Analysis (레버리지 분석)	• 기업이나 기관 등 조직이 어느 정도 타인자본에 의존하고 있는지를 분석하는 기법	• 기업의 부채의존도를 알 수 있다. • 부채비율, 자기자본비율, 이자보상배율로 분석한다.
Growth Ratio (성장성분석)	• 조직의 일정기간 동안 규모나 이익의 증가정도를 분석하는 기법	• 총자산증가율, 매출액증가율, 순이익증가율, 자기자본증가율로 분석한다.
Market Value Analysis (시장가치 분석)	• 조직에서 소유한 상품에 대하여 시장이 성립되어 거래될 때 현재의 사회적 가치를 분석하는 기법	• 주당순이익, 주가수익비율, 주가순자산비율, 주가매출액비율을 이용하여 분석한다.

● 그림 12-3 **재무제표와 회계의 핵심과 산출물**

경영전략 실행과 목표관리

성과보상제도

재무제표와 회계

재무제표와 회계

본 12장은 본 책 전략경영의 이해와 활용의 마지막 장이다. 저자와 함께 본 장까지 학습한 식자들은 경영전략을 수립할 수 있다. 또한 제2장에서 제12장까지 소개한 각종의 경영전략 및 마케팅 조사 기법 39가지를 숙지하고 활용할 수 있게 되었음에 진심으로 축하를 드린다.

경영전략기법과 마케팅조사 기법을 많이 알고 있어도 재무 및 회계에 대한 기본지식이 부족하면 기업체의 고급간부나 중역이 되기 쉽지 않을 뿐 아니라, 승진하고도 당분간 멀어질 각오를 하여야 한다. 재무와 회계는 기업의 혈관이자 숨통이기 때문이다.

본 장에서는 이와 같은 것을 고려하여 내용을 수록하였다. 충분히 학습하면 그러한 걱정과 두려움 또한 할 필요가 없다.

• 회계의 종류와 정의를 이해한다.
• 재무제표에는 무엇이 있는지 알고 있고 각각의 특성을 파악하고 있다.
• 회계정보를 분석하는 각종 기법을 알고 있고, 이를 이용하여 내가 필요로 하는 정보를 분석해 낼 수 있다.

If you understood up-to here, You are strategist

영문색인

국문색인

저자소개

구병모(COO, Byung-Mo)

[주요 경력 및 학력]

저자 구병모는 한진그룹에서 신입사원으로 실전을 시작한 후, 삼성그룹, 유진그룹, KG그룹, 컨설팅 회사인 전략기술경영연구원 등에서 파트너 및 상무이사까지 근속하면서 프랜차이즈 경영, 물류 및 SCM 효율화, 고객만족경영, 경영 및 마케팅 전략, 기업생존력 제고 컨설팅 등을 담당 및 수행하였다.

충남대학교에서 마케팅을 전공하였고 인천대학교에서 물류경영학을 전공하여 박사학위를 취득한 후 현재는 한세대학교 국제경영학과 교수로 재직하고 있다.

Certificate of Logistics & SCM Consultant, 물류지도사, Technology Valuation Analyst, Management of Technology, R&D전략기획전문가, Certificated Professional Logistician 등의 전문자격증을 보유하고 있으며 왕성한 컨설팅 활동을 하고 있다.

박사과정 최우수졸업생표창, 한국물류대상 국토해양부장관표창, 녹색물류학회 우수논문상 등 많지 않은 표창경력으로 지금도 표창장을 준다면 표정관리하기가 쉽지 않은 위인이다.

[활동분야와 주요 실적]

■ 경영·전략 컨설팅 및 연구
- 분야: 비즈니스모델링, 사업타당성분석, 마케팅&경영전략, 프랜차이즈경영, R&BD 전략기획, 기술가치 평가 등
- 주요 실적: 화물정보망사업 타당성 분석 용역 컨설팅(NH경제지주), 미얀마 무역투자정책 자문 및 무역진흥기구 설립 컨설팅사업(KOICA & KOTRA), 첫 수출성공 기업의 수출현황 및 성공전략조사 컨설팅(SBC), 농협의 택배사업 필요성 및 진출 타당성 연구 컨설팅(NH물류), 3D객체형상 모델링 R&BD 경영컨설팅(미래창조과학부 & KIBO), 물류O2O 사업의 비즈니스 모델에 관한 연구, 택배물류 본사의 관계지향성이 대리점의 경영성과에 미치는 영향연구, 유통물류프랜차이즈 본사와 대리점의 관계 결속과 몰입이 경영성과와 재계약의도에 미치는 영향 연구 등 다수

■ 효율화·혁신·원가절감 컨설팅 및 연구
- 분야: 물류센터·크로스도킹 터미널 운영효율화, 수·배송 최적화, Cost 절감 등
- 주요 실적: Eland Retail 하이퍼/모던/패션 통합 수·배송운영제안 컨설팅(Kolonet), 경영진단 프로젝트 컨설팅(Logen), 거점 및 간선체계 최적화 프로젝트 컨설팅(Logen), 국토해양부 자동차분야 기업물류비 상세해설서의 제정과 특질, Factor Development of Goods Handling Quality in Cross Docking Logistics Terminal, 수·배송물류에서 탄소발자국과 물발자국의 산정과 관리, 물류기업의 조직공정성이 SCM성과에 미치는 영향 등 다수

■ 기타 컨설팅 및 연구
- 분야: 요인개발, 인식연구, 시스템 구축 PM 등
- 주요 실적: 화물정보망 전산개발 프로젝트 매니저 용역 컨설팅(NH경제지주), 통합물류정보시스템과 연계한 BPR재정립 컨설팅(Logen), A Study on Selecting Green Indexes of a Seaport, 프랜차이즈 본사와 대리점의 성과향상 및 관계 유지 강화를 위한 요인도출에 관한 연구, 통화품질에 영향을 미치는 요인에 관한 실증연구, 유통물류산업에서 계약주체 간 공간적 분리집단 간 인식된 요인에 대한 지각차이 검증, 화물유통 O2O 비즈니스모델에 대한 차주의 인식 연구 등 다수

전략경영 이해와 활용

초판발행	2017년 8월 19일
중판발행	2024년 1월 31일
지은이	구병모
펴낸이	안종만·안상준
편 집	전채린
기획/마케팅	김한유
표지디자인	김연서
제 작	고철민·조영환
펴낸곳	(주) **박영사**
	서울특별시 금천구 가산디지털2로 53, 210호(가산동, 한라시그마밸리)
	등록 1959. 3. 11. 제300-1959-1호(倫)
전 화	02)733-6771
f a x	02)736-4818
e-mail	pys@pybook.co.kr
homepage	www.pybook.co.kr
ISBN	979-11-303-0453-3 93320

정 가   23,000원